RALPH WIENER

Als das Lachen tödlich war

RALPH WIENER

Als das Lachen tödlich war

Erinnerungen und Fakten 1933–1945

Greifenverlag zu Rudolstadt

Mit 19 Karikaturen von George Grosz, John Heartfield, Walter Trier, Carl Meffert u. a.

1. Auflage 1988
Lizenz-Nr. 384-220/10/88
LSV 7009
Gesamtgestaltung: Armin Wohlgemuth
Printed in the German Democratic Republic
Gesamtherstellung: Karl-Marx-Werk Pößneck V 15/30
Gesetzt aus der Korpus Garamond-Antiqua
Bestell-Nr. 525 430 3

ISBN 3-7352-0114-8

01150

Wie schnell doch die Zeit vergeht!
Schon sind tausend Jahre um.

Stoßseufzer 1945

Vorwort

Im Frühjahr 1945 – zu einer Zeit, als auch der größte Fanatiker nicht mehr mit einem Sieg Hitlerdeutschlands rechnen konnte – machte unter der deutschen Bevölkerung folgender Flüsterwitz die Runde:

Hitler tritt aus dem Bunker, nimmt sein falsches Oberlippenbärtchen ab, setzt eine Brille auf, schlüpft schnell in die Uniform eines amerikanischen Sergeanten und meldet General Eisenhower: »Auftrag zur Vernichtung Deutschlands ausgeführt!«

Abgesehen vom historischen Anachronismus einer Erstürmung des Führerbunkers durch die Amerikaner – bei Entstehung des Witzes war die konkrete militärische Situation vom Mai 1945 offenbar noch nicht abzuschätzen –, berührt der zunächst frappierende Vorgang eine durchaus wahrheitsgemäße Feststellung, nämlich die, daß das letztendliche Ergebnis der faschistischen Politik einem Auftrag zur Vernichtung Deuschlands gleichkam. Hitler hatte so gehandelt, als ob er Agent einer ausländischen Macht gewesen sei, und die Bitterkeit des Witzes verlagert das »als ob« in die Realität, wobei der Erfolg, den dieser Witz seinerzeit hatte, dem Umstand zuzuschreiben ist, daß Hitler tatsächlich in Hinsicht auf sein Kriegsziel das Gegenteil erreichte.

Aber der Witz deckte noch eine andere, für uns heute selbstverständliche, der damaligen Bevölkerung jedoch kaum erkennbare Seite auf, nämlich jene Tatsache, daß der Imperialismus Hitler in den Sattel gehoben hatte, um mit seiner Hilfe am Rüstungsgeschäft und schließlich am Krieg zu profitieren. Der vergötterte »Führer« wird plötzlich klein, er wird zum bloßen Agenten und erstattet als letzte Amtshandlung seine Meldung: »Auftrag zur Vernichtung Deutschlands ausgeführt!«

An diesem Beispiel, das im Grunde nicht nur den Faschismus, sondern zugleich den Imperialismus bloßlegte, ist erkennbar, mit welch einfachen – mitunter bewunderungswürdig naiven – Mitteln der Flüsterwitz in der Zeit des nazistischen Terrors arbeitete.

Die Autoren beziehungsweise Urheber aller dieser Witze sind unbekannt. Aus der Mitte des Volkes heraus sind sie entstanden, und eine spätere Nachprüfung hat ergeben, daß auch jene Witze, die in der Zeit ihrer Verbreitung bekannten Kabarettisten wie Werner Finck, Karl Valentin oder Weiß Ferdl in den Mund gelegt wurden, ihren wahren Ursprung in anonymen Volksschichten hatten.

Das Erzählen politischer Witze war im höchsten Grade gefährlich. Zwar wurden in den ersten Jahren der Naziherrschaft derartige Vorgänge noch als »Beleidigung« oder »Heimtücke« angesehen und demzufolge mit Gefängnis bestraft, aber man darf nicht vergessen, daß außer einer gerichtlichen Verurteilung die Verschleppung in ein Konzentrationslager drohte.

Ab Kriegsbeginn erfüllte das Erzählen eines politischen Witzes den Tatbestand der »Wehrkraftzersetzung« und unterlag in vielen Fällen der Todesstrafe. Insbesondere nach der militärischen Katastrophe von Stalingrad wurde eine witzige Äußerung über das faschistische System zu einem todeswürdigen Verbrechen. Die Aburteilung wegen derartiger »Delikte« war durch eine Verfügung Hitlers dem Volksgerichtshof übertragen worden.

Zu denen, die wegen Erzählens eines politischen Witzes vor dem Volksgerichtshof standen, gehörte – und dieses Beispiel möge an dieser Stelle für viele stehen – eine technische Zeichnerin, die ihren Mann im Krieg verloren hatte und in einem Rüstungsbetrieb arbeitete. Einem Angestellten hatte sie folgenden Witz zugetragen:

Hitler und Göring stehen auf dem Berliner Funkturm. Hitler sagt, er möchte den Berlinern eine Freude machen. Darauf Göring zu Hitler: »Dann spring doch vom Turm herunter!«

Die technische Zeichnerin wurde durch Urteil des Volksgerichtshofs vom 26. Juni 1943 mit dem Tode bestraft.

Angesichts dessen, daß der Volksgerichtshof im darauffolgenden Jahr von 4379 Angeklagten 2097 zum Tode verurteilte, unter welchen die Witzerzähler als »Defätisten« und »Wehrkraftzersetzer« einen beträchtlichen Teil ausmachten, kommt der Kategorie des politischen Witzes im faschistischen Deutschland eine besondere, in der historischen Forschung allerdings kaum beachtete gesellschaftliche Bedeutung zu.

Der Mangel einschlägiger Forschungen mag sich daraus erklären, daß eine Zeit, die von Verbrechen und Grausamkeiten derartig angefüllt ist wie die nazistische, nur schwerlich in Zusammenhang gebracht werden kann mit Dingen, die einer heiteren, wenngleich oft bitter-satirischen Betrachtung unterliegen. Witz und Faschismus – wie paßt das zusammen?

Zweifellos fällt die Vorstellung schwer, daß es auch in der düstersten Epoche der deutschen Geschichte Menschen gab, die lachen konnten (wobei man freilich unterscheiden muß, worüber sie lachten), und zumindest beim Ansehen bestimmter Filme aus dieser Zeit – erinnert sei an Namen wie Hans Moser, Theo Lingen und Heinz Rühmann – werden junge Zuschauer von heute ihre Verwunderung nicht verbergen können. Tatsache bleibt, daß so erfolgreiche Schöpfungen der heiteren deutschen Literatur wie z. B. die Romane von Heinrich Spoerl, die Lustspiele von Curt Goetz, die Verse von Eugen Roth und vieles andere ausgerechnet in jener Zeit, die wir zu Recht als die barbarischste unserer gesamten Geschichte geißeln, entstanden sind!

Nein, das Lachen war nicht ausgestorben, es hatte nur einen anderen Hintergrund erhalten, einen oftmals tödlichen, wie im Fall des Zeichners E. O. Plauen, dessen witzige Bildergeschichten »Vater und Sohn« im ganzen Nazireich bekannt waren und belacht wurden und der sich infolge einer Denunziation in Freislers Todeszelle das Leben nahm.

Und so seltsam es klingen mag: Auch die jüdischen Bürger bewahrten sich ihren Humor, und der jüdische Witz wurde zu einer Art Anker, an dem sie sich festklammerten, oftmals bis in die Vernichtungslager.

Der Witz im Deutschland der Jahre von 1933 bis 1945 hat seine besondere Geschichte, eine mit anderen Ländern und anderen Zeiten wenig vergleichbare. Ihn darzustellen und von den verschiedensten Seiten zu beleuchten, soll Aufgabe dieses Buches sein.

Im wesentlichen geht es um persönliche Erinnerungen; wichtig ist es zu wissen, wann diese Witze erzählt wurden, unter welchen Umständen, wie man sie aufnahm, wer sie verbreitete und dergleichen mehr.

Ich habe während der Nazizeit nicht zielgerichtet Witze gesammelt; diese Tätigkeit ergab sich vielmehr aus meiner persönlichen Situation heraus. Väterlicherseits stamme ich aus einer jüdischen Familie, die zum großen Teil in Wien lebte, bin aber von den Eltern meiner Mutter in Eisleben aufgezogen worden und nur hin und wieder nach Wien gefahren, wo ich jedoch das letzte Kriegshalbjahr – nach der Flucht aus einem faschistischen Zwangsarbeitslager – in der Illegalität lebte. Die Handlungsorte, wenn man sie als solche bezeichnen will, sind also Wien und Eisleben, zwei grundverschiedene Städte.

Die Mentalität der Wiener ist eine andere als die der Menschen im Mansfelder Land. Aber eines hatten sie – vor allem in den letzten Kriegsjahren – gemeinsam: die innere Gegnerschaft zum Hitlerregime. Im »Roten Mansfeld«, dessen zentraler Sitz Eisleben war, gab es eine alte antifaschistische Tradition, und Wien war nach dem künstlich geschürten Rausch vom Anschlußjahr 1938 inzwischen ernüchtert und sehnte das Ende des Nazireichs herbei. Hier wie dort machten sich die Menschen mit erbitterten Flüsterwitzen Luft, und mein Tagebuch, das ich damals führte, enthält eine Fülle derartiger Beispiele.

Es wäre jedoch falsch, nur von Gegnern des Systems zu reden. Der Faschismus hatte eine Massenbasis, und es gab demzufolge auch Witze, die von den Verfechtern dieser Weltanschauung verbreitet wurden. Auch solche Geistesschöpfungen sind zu berücksichtigen. Sie werden heute zu einer Anklage gegen ihre eigenen Urheber.

Im ganzen haben wir es mit einer Zeit zu tun, die in der Rückschau ans Paradoxe grenzt, nur daß diese Paradoxie von der Mehrheit der Menschen nicht wahrgenommen wurde.

Die drei Weisen aus dem Sorgenland

Der Flüsterwitz

Angesichts der terroristischen Atmosphäre, die durch das Hitlerregime geschaffen wurde, könnte der Eindruck entstehen, es habe sich bei den politischen Flüsterwitzen um Einzelerscheinungen gehandelt, hier und dort auftretend, aber durchaus selten, weil die Menschen nicht wagten, sich irgendwie oppositionell zu äußern.

Nichts ist falscher als diese Ansicht. Der Flüsterwitz durchzog alle Bereiche des persönlichen und öffentlichen Lebens, und ich habe beobachtet, daß sich sogar bei Nazikundgebungen einige Teilnehmer die neuesten Witze zutuschelten. Auf sie mag zutreffen, was damals eine spöttische Bemerkung folgendermaßen ausdrückte:

> Wenn sich zwei Deutsche nach einem Gespräch verabschieden, so deuten sie mit den Fingern aufeinander und sagen drohend: »Sie haben aber auch was gesagt!«

Diese Rückversicherung – für den Fall einer Anzeige mit einer Gegenanzeige zu antworten und damit dem eventuellen Denunzianten den Wind aus den Segeln zu nehmen – war keineswegs satirische Überspitzung, sondern ein Element des Alltags; denn jeder Witzerzähler gab sich seinem Gesprächspartner in gewisser Weise in die Hand, und nur die Mittäterschaft konnte Gewähr dafür bieten, unbehelligt zu bleiben.

Der Flüsterwitz schuf eine Gemeinschaft, deren einigendes Band die Opposition gegen Hitler war, und oft war er die einzige Möglichkeit, den wahren Gefühlen freien Lauf zu lassen. Es war ein Akt des Widerstandes von Menschen, die ansonsten ohnmächtig dem sie bedrückenden System gegenüberstanden.

Bemerkenswert ist, daß bereits in den ersten Jahren der Naziherrschaft die nominellen Mitglieder der

NSDAP und ihrer Gliederungen zum Gegenstand von Flüsterwitzen wurden:

An einem SA-Lokal steht eines Tages mit Kreide angeschrieben: »Noch lebt die KPD!«
Am nächsten Tag steht darunter: »Wer ist der feige Hund, der das geschrieben hat? Er soll sich melden!«
Tags darauf steht darunter: »Keine Zeit! SA-Dienst.«

Die Wirkung dieses Witzes kann nur begreiflich werden, wenn man die Zeit seiner Entstehung vor Augen hat: den Frühsommer 1934, als Hitler im Einvernehmen mit der Schwerindustrie und der Reichswehr – nicht zuletzt unter dem Druck von Göring und Himmler – die lästig gewordene SA unter Ernst Röhm ausschaltete. Es war dies ein Ereignis, das alle Familien bewegte, zumal die von Hitler abgegebene Erklärung, er sei einem Putschversuch der SA und ihrer homosexuell veranlagten Führer zuvorgekommen, Stoff für alle möglichen Mutmaßungen bot. In diese Zeit fallen die ersten politischen Witze, die ich bewußt aufnahm, darunter einer, der besonders in den Schulen verbreitet wurde:

»Weißt du, wann die Hermannsschlacht stattfand?«
»Am 30. Juni 1934, Herr Lehrer, als Hermann die Röhmer schlug.«

Hierzu sei vermerkt, daß Göring weithin unter seinem Vornamen »Hermann« bekannt war und als größter Widersacher Röhms galt.

Die Degradierung der SA zu einer Art Wehrsportorganisation und die damit verbundene Aufwertung von SS und Reichswehr gab allen möglichen Gerüchten Auftrieb, und es ist bezeichnend, daß um diese Zeit jene Anekdote kursierte, welche beinhaltete, der Kreisleiter einer kleinen Industriestadt in Sachsen habe die Aufforderung erhalten, alle ihm bekannten Meckerer listenmäßig zu erfassen und diese Liste sofort an die Gauleitung weiterzusenden. Darauf übersandte der Kreisleiter das Adreßbuch der Stadt.

Was hier überspitzt dargestellt wurde, kam jedoch der Realität sehr nahe. Der Propagandaminister Goebbels hatte eine Aktion gegen Meckerer und Miesmacher eingeleitet, und ich erinnere mich, daß bei einem unserer Schulfeste, die alljährlich in der Eisleber »Terrasse« stattfanden, zwei Studienassessoren auftraten, die als »Meckermann und Nörglein« jene unzufriedenen Volksgenossen symbolisierten.

Zu diesen unzufriedenen Volksgenossen gehörten offenbar auch jene, die das Gut Neudeck als das kleinste deutsche Konzentrationslager bezeichneten: es habe nur einen Gefangenen, nämlich Hindenburg.

Diese wenigen Beispiele erhellen, daß die ersten Nazijahre eine vielschichtige Plattform für satirische Angriffe boten. Die größten Folgen zeitigte jedoch die Einführung des Hitlergrußes, eine aus heutiger Sicht abnorm wirkende Gepflogenheit, die sich zum erstenmal beim Naziparteitag 1926 in Weimar eingeschlichen hatte und sieben Jahre später zum offiziellen Gruß wurde.

Es ist bezeichnend, daß sowohl Werner Finck und Karl Valentin als auch Weiß Ferdl für folgenden Witz herhalten mußten: Eines Abends begrüßt einer von ihnen zur Vorstellung die Anwesenden ernst und würdig mit dem Hitlergruß. Das Publikum lacht schallend. »Weshalb lachen Sie?« fragt der Grüßende. »*So hoch* liegt der Schnee draußen!«

Zuweilen wurde der Hitlergruß gedeutet mit: aufgehobene Rechte!

Von einem Drucker wurde berichtet, er sei zu sieben Monaten Gefängnis verurteilt worden, weil in seinem Blatt der deutsche Gruß mit »Heilt Hitler« wiedergegeben worden war.

Die peinlich detaillierten Vorschriften zur Ausübung dieses Grußes – der Direktor unserer Schule achtete darauf, daß der Arm lang ausgestreckt wurde und die Hand genau in Augenhöhe lag – gaben immer neuen Witzeleien Nahrung. Mit diesem Gruß wurde eine unerschöpfliche Quelle zuweilen frappierender Witze erschlossen.

Meine Tante Irma gab zum besten, wie ein junger Mann bei einer Jüdin klingelte und ihr das zum Passahfest rituell vorgeschriebene ungesäuerte Brot mit den Worten überreicht: »Heil Hitler, Frau Cohn! Ich bringe die Matze.«

Wie man an diesem Beispiel sieht, machte der politische Witz vor nichts halt, und wieder ist es Weiß Ferdl, dem man sogar einen Bericht über ein faschistisches Konzentrationslager in den Mund legte:

»Ich hab' einen kleinen Ausflug gemacht, nach Dachau. Na – da sieht's aus! Stacheldraht, Maschinengewehre, Stacheldraht, nochmal Maschinengewehre und wieder Stacheldraht! Oaber, das soag i euch – wann i will – i kumm rein!«

Es mag aus heutiger Sicht – nach Aufdeckung der schweren, in den Konzentrationslagern begangenen Verbrechen – makaber erscheinen, daß sich der Volksmund dieses Themas bemächtigte, und doch muß man sagen: Wieviel Mut gehörte dazu, das Wort Dachau in den Flüsterwitz einzubeziehen. Allein das Weitererzählen eines solchen Witzes:

»Was gibt es für neue Witze?«

»Sechs Monate KZ!«

konnte die Einlieferung in ein Konzentrationslager zur Folge haben. Das gilt nicht zuletzt für jenes Zwiegespräch, das man dem allmächtigen Reichsführer SS Heinrich Himmler und einem KZ-Häftling in den Mund legte.

Himmler: »Welches meiner beiden Augen ist aus Glas?«

Häftling: »Das linke.«

Himmler: »Wie hast du das so schnell erkennen können?«

Häftling: »Es sieht so menschlich aus.»

Ein Offizier soll nach der Sondermeldung vom 10. September 1943 zur Übernahme des Schutzes des Vatikans durch deutsche Truppen erklärt haben: »Nun ist der Papst dem Himmler näher als dem Himmel.«

Ich erinnere mich auch, daß Ende 1944 einer meiner Mithäftlinge im Zwangsarbeitslager Sitzendorf-Unterweißbach, einem Nebenlager von Buchenwald, in bezug auf neue verschärfte Anordnungen der Lagerleitung äußerte: »Das macht alles der Herr Himmelreich!«

Der Name war sozusagen der einzige Anknüpfungspunkt, und in der Tat wurde Himmler in weiteren Flüsterwitzen kaum erwähnt.

Hauptangriffsfläche war neben Hitler die NSDAP, und in dieser Hinsicht machte vor allem folgender Witz die Runde: Vor Gericht stehen drei Angeklagte. Sie werden beschuldigt, einen Parteigenossen verprügelt zu haben. Überraschenderweise kommen sie mit der milden Strafe von zwei Jahren Gefängnis davon. Im Urteil wird diese Milde folgendermaßen begründet: »Angesichts der Verwerflichkeit der Tat war zwar eine ungleich höhere Strafe angemessen, doch hat das Gericht als strafmildernd gelten lassen, daß den Angeklagten ihre Täterschaft in keiner Weise nachgewiesen werden konnte.«

Nicht nur Tätlichkeiten gegenüber faschistischen Funktionären, sondern auch bloße Beleidigungen wurden von den Gerichten schärfstens geahndet. So bestätigte der I. Strafsenat des Reichsgerichts durch Urteil vom 17. April 1934 die Verurteilung eines Mannes zu einer mehrmonatigen Gefängnisstrafe, weil er in einem Friseurgeschäft am 26. April 1933 geäußert hatte: »Die SA und SS sind lauter Lumpe!«

Die Bezeichnung »Lump« fand übrigens Eingang in zahlreiche Flüsterwitze, deren Aggressivität während des Krieges ständig zunahm. Einer dieser Witze wurde mir in der Illegalität in Wien zugetragen, wo ich vom Sommer 1943 bis zum Sommer 1944 wohnte. In dieser Zeit lernte ich den Musikprofessor Rudolf Kleiner kennen, einen Antifaschisten, der mich nach der späteren Flucht aus dem Zwangsarbeiterlager in seinem Domizil in der Mittelgasse beherbergte. Damals bekam ich auch Verbindung zu einer Familie Lettocha im neunten Bezirk (meine eigenen Verwandten waren teils in Auschwitz, teils in der Emigration). Da Frau Lettocha Jüdin war, wurde deren Wohnung zu einem kleinen Zentrum rassisch Verfolgter. Ein großer Teil der mir bekannt gewordenen Flüsterwitze stammt aus diesem Kreis. Und um auf den erwähnten Witz zurückzukommen: Eines Tages erschien ein junger Mann, ebenfalls Verfolgter des Regimes, und erzählte:

Ein Mann trägt einen schweren Sack auf dem Rücken und wird unter dem Verdacht, ein Schieber zu sein, von einem Gendarmen gestellt. »Was haben Sie in dem Sack?« schnauzt dieser ihn an. Der Mann setzt mühsam den Sack ab. »Die Regierung«, sagt er. »Was?« entrüstet sich der Gendarm, öffnet den Sack, schüttet ihn aus, und es kommen nur Fetzen von alten Kleidungsstücken zum Vorschein. »Das sind doch lauter Lumpen!« Der Mann erwidert hastig: »Das haben aber jetzt *Sie* gesagt, Herr Wachtmeister!«

Um diese Zeit – Ende 1944 – richteten sich die Attakken des Flüsterwitzes nicht mehr gegen nebensächliche Dinge oder Begleiterscheinungen des faschistischen Systems, sondern gegen das System selbst, im genannten

Fall gegen die Regierung, die ungeschminkt mit Lumpen verglichen wurde.

Aber dies war beileibe keine Wiener Eigentümlichkeit. So wurde aus Hamburg berichtet: Fietje und Tetje stehen mit Sammelbüchsen auf der Straße. Fietje erscheint alle Augenblicke mit voller Büchse auf der Sammelstelle, um sich eine neue leere Büchse zu holen; Tetje bekommt fast nichts. »Wie mockst du dat bloß, dat du so veel insammelst?« fragt Tetje. »Dat is doch ganz licht«, grient Fietje, »ick flüster immer: Dat is ne Sammlung för de nee Regierung!«

Diese Beispiele machen deutlich, daß es sich um Ausdrucksformen des Widerstandes handelte, um eine Art geistige Waffe, die von den im allgemeinen hilflos zusehenden Bürgern ergriffen wurde, um wenigstens auf diese Weise einen Teil zu der ihnen versagt gebliebenen anderweitigen Aktivität beizutragen.

Inwieweit sie sich damit selbst in Gefahr brachten, zeigen die geheimen Lageberichte des Sicherheitsdienstes der SS, die in vielfältiger Weise auf derartige Dinge eingehen. So wurde am 9. Oktober 1939 die kommunistische Umdichtung des Horst-Wessel-Liedes angeprangert und die Tatsache beklagt, daß in Köln und Heidelberg bei der Leerung von Briefkästen Zettel gefunden wurden, die Sticheleien gegen Hitler und Goebbels enthielten.

1943 mußte ich eine besondere Prüfung wegen Umdichtung bestehen: Ich hatte in der Eisleber Gaststätte »Goldene Kugel«, in der durchweg antifaschistisch eingestellte Arbeiter verkehrten, ein selbstverfaßtes Gedicht über Stalingrad vorgetragen, das die Wende des Krieges und den bevorstehenden Sieg der Sowjetunion zum Inhalt hatte. Ein Vorbeigehender muß das verraten haben, denn ich wurde wenig später zur Polizeiwache abgeholt. Der dortige Wachtmeister, der darüber zu entscheiden hatte, ob ich an die Gestapo überführt werden sollte, hielt mir die Beschuldigung vor, und ich erklärte, daß mein Gedicht die Ausdauer der deutschen Soldaten lobe und daß ich mich wundere, hierfür zur Rechenschaft gezogen zu werden. Nun forderte er mich auf, das Gedicht aufzuschreiben. Instinktiv dichtete ich um. Aus den Anfangszeilen

»Endlos, geschlagen, durch Eis und Schnee
ziehn die Kolonnen der sechsten Armee«

wurde:

»Kühn und verwegen durch Eis und Schnee
ziehn die Kolonnen der sechsten Armee«

und so ging es weiter bis zu den letzten zwei Zeilen, an denen ich gar nichts mehr zu ändern brauchte, weil es auf den Blickwinkel ankam:

»Sprecht ihr von Helden und göttlicher Tat,
denkt an ein Wort nur: Stalingrad!«

Der Wachtmeister rief den für Eisleben zuständigen Gestapobeamten, einen gewissen Hoppach, an und las ihm das Gedicht vor. »Dagegen ist nichts einzuwenden«, entschied dieser, und ich wurde entlassen.

Soviel zum Thema »Umdichtung«, auf welches ich später – bei Besprechung einiger Parodien – noch zurückkommen werde.

Ein Lagebericht des Sicherheitsdienstes der SS vom 9. Juli 1942 vermerkt »eine in letzter Zeit verstärkt feststellbare Anfälligkeit gegenüber Flüsterparolen, die sich bei den Männern in einer größeren inneren Bereitschaft für nahezu ausschließlich durch ihre Gehässigkeit wirkende politische Witze und bei den Frauen in einer auffallenden Leichtgläubigkeit von irgendwelchen Gerüchten und ›dunklen‹ Prophezeiungen zeigt«.

Im Lagebericht vom 8. Juli 1943 wird festgestellt, daß das Erzählen von staatsabträglichen und gemeinen Witzen, selbst über die Person des Führers, seit Stalingrad erheblich zugenommen hat. Bei Gesprächen in Gaststätten, Betrieben und sonstigen Zusammenkünften erzählen die Volksgenossen sich gegenseitig die ›neuesten‹ politischen Witze und machen dabei vielfach keinen Unterschied zwischen solchen einigermaßen harmlosen Inhalts und eindeutig gegnerischen. Selbst Volksgenossen, die sich kaum kennen, würden politische Witze austauschen.

Aber nicht nur die Erzähler von Witzen wurden zur Rechenschaft gezogen, sondern oft waren bestimmte gemachte oder unterlassene Gesten für die Gestapo Anlaß einzugreifen. In Köln beispielsweise wurde ein Bürger verhaftet, weil er einer herannahenden Fahnenkolonne von Faschisten in – wie die Gestapo feststellte – »böswillig verächtlichmachender Weise den Rücken zukehrte.«

Bis zum Sommer 1939 hatten die Faschisten etwa eine Million Männer, Frauen und Jugendliche für kürzere oder längere Zeit in Haft gehalten. Zu diesem Zeitpunkt befanden sich rund 300000 Hitlergegner in Gefängnissen, Zuchthäusern und Konzentrationslagern. Die darauffolgenden Kriegsjahre brachten eine unermeßliche Steigerung dieser Zahlen, aber auch – wie der zitierte Lagebericht aus dem Jahre 1943 zeigt – eine Zunahme der geistigen Auflehnung. Der Flüsterwitz wurde zu einer wichtigen, für viele Bürger einzigen Form eines Aufbegehrens, und immer mehr setzte sich jene Erkenntnis durch, die ein weitverbreiteter Satz der damaligen Zeit kurz und treffend ausdrückte:

»Alle Wege führen nach Rom – aber alle Straßen Hitlers führen nach ›Irrland‹!«

Es ist unschwer zu erkennen, daß es sich beim politischen Witz der Nazizeit nicht um irgendwelche bedeutungslosen Scherze handelt – vergleichbar etwa den Stammtischwitzen philisterhafter Prägung –, sondern um gezielte, oftmals feinsinige Spitzen, die eine gewisse Kenntnis gesellschaftlicher Zusammenhänge voraussetzten. Sie waren an den klassenbewußten Arbeiter ebenso gerichtet wie an den kritischen Intellektuellen, und ihr Hauptmerkmal bestand darin, daß sie in wenigen Worten eine Fülle von Nebengedanken und Konsequenzen bargen. In ihrem Aufbau ähnelten sie einer bestimmten Kunstform, nämlich der literarischen Miniatur:

Frage: »Können Sie mir einen deutschen Minister nennen – intelligent und arisch –, dessen erste Namenssilbe ›Gö‹ lautet?«
»Göring.«
»Ich sagte: Intelligent!«
»Goebbels.«
»Ich sagte: Arisch!«
(Auflösung: Goethe!)

Schlag auf Schlag wurden drei Hiebe auf einmal verteilt: der erste gegen Göring, dem man jegliche Intelligenz absprach; der zweite gegen Goebbels, an dessen Arität man zweifelte; der dritte gegen die Ministerrunde als solche, von der sich die Gestalt Goethes leuchtend abhob.

Shakespeares Wort: »Da Kürze denn des Witzes Seele ist«, dürfte hier voll zutreffen, wobei der Seitenhieb auf Goebbels der frappanteste ist – wird doch damit einem Manne, der neben Julius Streicher als der größte Judenhetzer galt, das unterschoben, was er fanatisch bekämpfte.

Goebbels, dessen Doktorvater ein jüdischer Professor war, stand bereits in den zwanziger Jahren in dem Ruf, nicht »rein arisch« zu sein, und Kurt Tucholsky ließ in einer Glosse über eine Naziversammlung, in der Goebbels den Ruf: »Juden 'raus!« provozierte, eine Stimme ertönen: »Den Anwesenden natürlich ausgenommen!«

Die Verdachtsäußerung bezüglich der Abstammung bestimmter Naziführer war ein beliebtes Mittel, um jene Rassenfanatiker mit ihren eigenen Waffen zu schlagen.

Teilweise waren – wie sich später herausstellte – diese Verdachtsmomente begründet (z. B. bei Alfred Rosenberg), meistens jedoch wurde durch gezielte Vernichtung der Abstammungsunterlagen allen weiteren Verdächtigungen ein Riegel vorgeschoben, wie es beispielsweise auch im Fall Hitler alias Schickelgruber, dem man die Abstammung von einem Grazer Juden namens Frankenberger nachsagte, geschehen ist.

In der Bevölkerung verstummten jedoch die besagten Gerüchte nie, und ich erinnere mich, daß im Hause meiner Großeltern bemerkt wurde, Görings Luftwaffengeneral Milch sei Halbjude, und meine Mutter zitierte Görings bekannten, vom Wiener Bürgermeister Lueger entlehnten Ausspruch: »Wer Jude ist, bestimme ich!«

Es war dies die Zeit, als der Volksmund behauptete, Göring sei tüchtiger als Jesus; denn Jesus habe zwar aus Wasser Wein, Göring aber aus Milch einen General gemacht.

Ganz im Stile einer literarischen Miniatur – und zugleich als Attacke auf den geistigen Horizont der braunen Machthaber – ist folgende Anekdote gestaltet:

Die Partei ist der Ansicht, daß die Universität etwas für den Glanz ihrer Prominenten tun müsse, und beantragt, Himmler und Ley den Ehrendoktortitel zu verleihen. Der Rektor ist dazu bereit, erklärt aber eine kleine, ganz formelle Prüfung für unerläßlich und lädt beide Herren zu sich. Im Laufe der Unterhaltung stellt er Himmler die Frage: »Wer hat den Wallenstein ermordet?«, worauf Himmler erregt erklärt, das gehöre nicht hierher und er sei es außerdem bestimmt nicht gewesen. Ley, dem die gleiche Frage vorgelegt wird, sagt, er habe soviel mit KdF-Reisen zu tun, daß er sich nicht um jeden ermordeten Juden kümmern könne. Der Rektor begibt sich zur Audienz in die Reichskanzlei, erzählt Hitler die Geschichte und bemerkt, daß bei dieser Sachlage die Verleihung eines Ehrendoktors schwierig sei. Hitler darauf: »Ley hat ganz recht. Die Hauptsache ist, daß der Jude tot ist. Der Doktorgrad ist zu erteilen!«

Es ist dies eines der wenigen Beispiele, in denen Himmler vorkommt, doch ist dieser nicht die Hauptperson. Vielmehr wird, einer in der literarischen Kunstform der Satire oft geübten Praxis folgend, eine sich steigernde Dreigliederung vorgenommen (vergleichbar dem oben zitierten Goethe-Witz) und über Ley unter Anspielung auf dessen KdF-Seligkeit geradewegs auf Hitler zugesteuert, der schließlich die Summe der Torheiten beider in sich vereinigt.

Die Bezeichnung »KdF« = »Kraft durch Freude« (eine Organisation, die mit dem Namen Robert Ley eng verknüpft war) wurde schon unmittelbar nach ihrer Einführung Objekt verschiedenster spöttischer Bemerkungen. War die Ableitung »Mumm durch Fez«, die ich 1935 von einem Nachbarn hörte, noch harmloser Natur, so konnte man dies von einer Parodie auf das Lied »Kleine Möwe, flieg nach Helgoland«, die im Jahre 1938 von Jugendlichen im Eisleber Männerturnverein gesungen wurde, nicht mehr sagen:

»Kraft durch Freude« fährt nach Helgoland.
Jeder Volksgenosse muß mal an die See!
Sechs Mark achtzig,
die Sache macht sich.
Und den Rest bezahlt die NSDAP!«

Einige Jahre später – ungefähr 1940 – ging die parodistische Umformung dieser Bezeichnung ins Vulgäre, so daß zum Beispiel der damals populäre Schlager »Am Abend auf der Heide, da küßten wir uns beide« umgedichtet wurde in: »Am Abend auf der Heide verlor ich Kraft durch Freude« – ein Zeichen, wie diese Organisation jeden Respekt verloren hatte und ihr Name nur noch für Obszönitäten Verwendung fand.

Auch der zur Rettung des Ansehens gedrehte Film »Petermann ist dagegen« konnte nichts mehr bewirken, obwohl man hierzu den Komiker Ernst Waldow bemühte, der als weltfremder Buchhalter auf einer KdF-Reise »umgekrempelt« werden sollte.

Folgender literarisch gestalteter Flüsterwitz unterlag ebenfalls der erwähnten Dreigliederung:

Eine Frau hat das Pech, daß ihr Papagei eines Tages vom offenen Fenster auf die Straße herunterschreit: »Nieder mit Hitler! Nieder mit dem Nazigesindel!« Natürlich erfolgt Anzeige, und sie muß sich schweren Herzens mit dem Papagei als Beweisstück zum Gericht begeben. Unterwegs trifft sie den Pfarrer und klagt ihm ihr Leid. »Liebe Frau«, sagt der, »ich habe auch einen Papagei, nehmen Sie den mit und behaupten Sie einfach, der Papagei habe nichts derartiges gesagt!« Die Frau tauscht hoffnungsvoll den Papagei aus und leugnet vor Gericht die defätistischen Äußerungen des Vogels. Der Richter sucht sie zu überführen, indem er dem Papagei die Worte vorspricht: »Nieder mit Hitler! Nieder mit dem Nazigesindel!« Der Vogel schweigt. Die Beisitzer beteiligen sich und sprechen dem Papagei den ominösen Satz immer und immer wieder vor. Schließlich dröhnt der ganze Saal, so strengt der Gerichtshof seine Lungen an: »Nieder mit Hitler! Nieder mit dem Nazigesindel!« Da gibt der Papagei plötzlich seine passive Haltung auf und krächzt: »Der Herr erhöre unser Flehen!«

Im Grunde nimmt dieser Witz die Form einer literarisch äußerst wirksam gestalteten Kabarettszene an. Man hat förmlich den Gerichtshof vor Augen; der Pfarrer, der die Sache eingefädelt hat, ist völlig vergessen – und plötzlich, mit der Schlußpointe, wird er zur Hauptperson: er ist es letztendlich, der den Papagei so abgerichtet und das entstandene Dilemma heraufbeschworen hat.

Der Pfarrer war in der Witzgestaltung eine oft und gern verwendete Persönlichkeit:

Sepp Muckenhuber geht wieder einmal beichten. »Ist es eine Todsünde, Hochwürden«, fragt er, »wenn ich so eine Viechswut auf einen hab', daß ich ihm den Tod wünsch'?«

»In diesem besonderen Fall nicht«, sagt der Pfarrer.

Jeder, der im Nazireich diesen Witz hörte, wußte, wer mit den Worten des Pfarrers gemeint war.

Der ästhetische Grundsatz »Kein Wort zuviel«, der besonders für politische Witze gilt, wurde hier gewahrt, und zu meinen eigenartigsten Beobachtungen während der Nazizeit gehört die Tatsache, daß sich dieselben Witze – von verschiedenen Personen an verschiedenen Orten erzählt – um ein Haar glichen und kaum ein Wort verändert wurde. Das betrifft sogar längere Passagen, wie sie in folgendem Pfarrerwitz enthalten sind:

Der Pfarrer sprach von der Kanzel die Worte: »Die Lüge hinkt heute durch das Land, und die Wahrheit ist verloren!«

Ein Gestapo-Mann hatte die Predigt heimlich überwacht; so wurde der Pfarrer vor die Gestapo zitiert. »Haben Sie bei Ihren Worten an eine Persönlichkeit unserer Regierung gedacht?« wurde er gefragt.

»Wie sollt' ich wohl dazu kommen?« erwidert der Pastor.

»Nun, unser Herr Propagandaminister hinkt doch bekanntlich!«

»Aber l ü g t er denn auch?«

Der feine Hieb, dem Gestapobeamten die eigenen Gedanken zu unterschieben, wurde auch in einem Flüsterwitz angewandt, der vorwiegend in Gaststätten verbreitet wurde:

Ein Herr bestellt im Restaurant nacheinander verschiedene Speisen, Getränke, Zigarren und Zigaretten, erhält aber jedesmal die Auskunft, daß nichts mehr vorhanden sei. Er gerät in Wut und ruft aus: »Und das alles wegen dem einen!» Zwei Herren am Nebentisch geben sich als Gestapobeamte zu erkennen und verhaften ihn. Beim Protokoll gibt er alles zu, sagt aber auf die Frage, wen er gemeint habe: »Natürlich Churchill!« Als die Beamten stutzen, fügt er hinzu: »Wen haben denn Sie gemeint?«

Angesichts einer solchen, in diesem Witz skizzierten Atmosphäre ist es nicht verwunderlich, daß im Volksmund die katholischen Marientage umbenannt wurden. Sie hießen jetzt:

Maria Denunziata
Maria Haussuchung
Maria Gefängnis

Übrigens hatte sich in der evangelischen Kirche eine Richtung herausgebildet, die sich »Deutsche Christen« nannte, beziehungsweise »Deutsch-Christliche Einung«, eine Gruppe beflissener, sich opportunistisch anpassender Kirchenmitglieder, an denen der Flüsterwitz ebenfalls nicht vorüberging. Zur Charakterisierung dieser Personen – und zum Verständnis des folgenden – sei erwähnt, daß es in Eisleben einen Pastor gab, der dieser Richtung angehörte, seine Religionsschüler auf altpreußische Art mit Ohrfeigen traktierte und ihre Konfirmationsurkunden mit einem Hitler- oder Goebbelszitat versah. Man kann annehmen, daß es in anderen Städten ähnliche Erscheinungen gab, so daß der folgende Witz durchaus seine Existenzberechtigung hatte:

Ein evangelisch getaufter Jude hört die Predigt eines Pfarrers, der sich zu den »Deutschen Christen« bekennt. Geduldig läßt der Mann die schwersten antisemitischen Ausfälle über sich ergehen. Er möchte sich nicht aus der Gemeinde der Gläubigen ausschließen lassen. Schließlich beginnt der Pfarrer eine wüste Haßtirade gegen die

Juden. Der Jude schwankt: soll er nun gehen oder nicht? Da spürt er plötzlich, wie sich eine Hand auf seine Schulter legt, und hört, wie eine sanfte Stimme zu ihm sagt: »Nun müssen wir beide aber wohl gehen.« Es ist Jesus.

Charakteristisch für derartige, oftmals intellektuell angelegte, immer aber nach bestimmten literarischen Prinzipien aufgebaute Witze war, daß sie die Zuhörerkreise in Stadt und Land gleichermaßen ansprachen. Man kann sogar sagen, daß sie auf dem Lande größeren Widerhall fanden, weil es dort weniger Spitzel gab und einer den anderen kannte. Jedenfalls war mein langjähriger Nachbar, ein alter Eisleber Bauer, in dieser Hinsicht für mich eine Fundgrube, und viele der hier wiedergegebenen Witze hörte ich aus seinem Munde, zum Beispiel diesen:

Der Hund vom Gastwirt Zieger wurde von einem Auto totgefahren. Im Auto saßen aber Hitler, Göring und Goebbels, denen der Vorfall peinlich war, weil ihre Volkstümlichkeit dadurch hätte Schaden nehmen können. Goebbels wurde deshalb abgeordnet, um den Gastwirt in passender Weise zu versöhnen. Nach seiner Rückkehr berichtete Goebbels: »Ich trat in die Gaststube, wandte mich zum Wirt und sagte nur: ›Heil Hitler! Der Hund ist tot!‹ Den Jubel hättet ihr hören sollen!«

Es war dies einer jener Witze, die wegen ihrer drastischen Pointe noch lange im Bewußtsein hafteten, und der Gruß: »Heil Hitler! Der Hund ist tot!« wurde zu einem geflügelten Wort. Noch Wochen danach begrüßten wir uns nicht anders.

Den Hitlergruß hatte noch folgender Witz zum Gegenstand:

Hitler besucht die Staatskrankenanstalt Friedrichsberg, die früher die Bezeichnung »Irrenanstalt« trug. Die

Patienten sind in geschlossenem Block aufgestellt und begrüßen ihr Staatsoberhaupt infolge langer Instruktion sehr hübsch mit dem deutschen Gruß. Hitler sieht jedoch, daß sich einige Arme nicht zum Gruß erheben. Befremdet fragt er: »Warum grüßen Sie nicht?«, worauf ihm geantwortet wird: »Mein Führer, wir sind die Wärter; wir gehören nicht zu den Verrückten!«

Hier wird augenscheinlich, was die meisten derartigen Witze bezweckten: Der unterdrückte Bürger ging gegenüber seinem Herrscher auf geistige Distanz. Er verbannte die faschistische Idee in das Reich der Verrückten und kam damit der Wahrheit sehr nahe. Besonders in den Kriegsjahren wurde die Konfrontation von geistloser Macht auf der einen und ohnmächtiger Weisheit auf der anderen Seite in der Gestaltung literarischer Flüsterwitze ausgebaut:

Hitler erfährt, daß im Konzentrationslager Theresienstadt ein alter Wunderrabbi sitzt, der prophetische Gaben hat.

Sofort läßt er ihn zu sich bringen.

»Wer wird siegen?« fragt er ihn.

»Da muß ich das Münzorakel befragen«, antwortet der Rabbi.

»Wie geht das?«

»Wenn die Münze so fällt, daß der Adler oben ist – dann siegt Rußland.«

»Und was ist, wenn der Kopf oben ist?«

»Dann siegt England.«

»Und sonst gibt es keine Möglichkeit?«

»O ja! Die Münze kann auch so fallen, daß sie auf der Kante stehenbleibt.«

»Und was ist dann?«

»Dann siegt Frankreich.«

»Ist das alles?« braust Hitler auf.

»Nein. Vielleicht tut Gott ein Wunder, und die

Münze bleibt in der Luft hängen. Dann siegt die Tschechoslowakei.«

Die Bloßstellung des »Führers« und die damit zusammenhängende Lächerlichmachung seines Größenwahns konnte kaum wirkungsvoller aufgezeigt werden.

Auch ein im Sommer 1940 angesiedelter Flüsterwitz zielt in diese Richtung:

Nach dem Sieg über Frankreich steht Hitler an der Kanalküste und schaut sehnsüchtig zum Kreidefelsen nach Dover hinüber.

»Wie komme ich nur dahin?« fragt er seine Mitarbeiter.

Keiner weiß Rat. Nur Goebbels meldet sich: »Wie sind die Juden durchs Rote Meer gekommen?« fragt er. »Moses hat das Wasser geteilt!«

Hitler schnauzt den Reichsführer SS Himmler an: »Her mit dem Mann!«

Sofort werden alle Konzentrationslager durchgekämmt. Moses wird gefunden und zu Hitler gebracht.

»Wie hast du das Rote Meer geteilt?«

»Mit einem Stab.«

»Her damit! Wo ist der Stab?«

»Im Britischen Nationalmuseum in London.«

Gesichter und Gelichter

Zu den Eigentümlichkeiten der in der Nazizeit entstandenen politischen Witze gehört, daß sie überwiegend persönlichen Charakter hatten. Der Volksmund nahm die ihm offenbar mehr anschaulich gewordenen verhaßten Repräsentanten aufs Korn. Die betreffenden Personen boten sowohl in ihrer äußeren Erscheinung als auch in ihren Lebensgewohnheiten genügend Stoff für satirische Spitzen.

Berücksichtigt man ferner, in welch großem Maße jeder – auch der unpolitische – Witz vom Anschaulichen lebt, ist das Überwiegen personifizierter Attacken nicht verwunderlich.

Und noch etwas ist zu bemerken: Selbst in den Fällen, in denen sich ein Witz gegen die Nazipartei oder gegen die Aufrüstung wendet, also sachliche Zielpunkte hat, wird irgendeine Person zu Hilfe genommen, um überhaupt eine Wirkung erzielen zu können. Der Begriff »Schwerindustrie« wird erst anschaulich, wenn ein Industrieller auftaucht, und das »Großkapital« bleibt ohne einen Repräsentanten ein armseliges Wort.

Der Flüsterwitz hat seine eigenen Gesetze, und vielleicht liegt gerade in seiner Unbekümmertheit – man könnte auch sagen: seiner verblüffenden Vereinfachung – eine große Stärke; denn er sollte jedermann verständlich sein, und das konnte er nur mit knappen anschaulichen Mitteln.

Eines dieser Mittel war der Angriff auf führende Personen des faschistischen Regimes.

Bereits bei seinen ersten Auftritten sorgte Hitler, der dem unwiderstehlichen Drang verfallen war, sich ständig in der Öffentlichkeit zu produzieren, für angemessene Unterhaltung und bot Stoff für Witzeleien aller Art.

Aus der Frühzeit seiner agitatorischen Tätigkeit möge die »Münchner Post« (Nr. 125) vom 1. Juni 1920 zitiert werden:

»Es sprach Herr Adolf Hitler, der sich mehr wie ein Komiker benahm. Sein coupletartiger Vortrag enthielt in jedem dritten Satz den Refrain: Schuld sind die Hebräer!«

Politische Harlekinaden am laufenden Band, dabei ein sich immer mehr vergrößerndes Publikum, das nicht – wie es richtiger gewesen wäre – über seine Worte lachte, sondern sie ernst nahm, und darüber hinaus kräftige Finanzspritzen durch die Monopolbourgeoisie, das alles charakterisierte den Aufstieg jenes Mannes.

Was übrigens seine Reden betrifft, so berühre ich hier eine eigene persönliche Beziehung. Ich hatte mich im Jahre 1942 als damals Achtzehnjähriger einer antifaschistischen Widerstandsgruppe in Eisleben angeschlossen, die unter Leitung des Bautechnikers Willi Wieser stand, der bereits 1933 im KZ gewesen war und nun innerhalb der Baufirma Rost eine zielgerichtete politische Tätigkeit entfaltete. In dieser Widerstandsgruppe verfaßte ich Flugblätter unter dem Titel »Also sprach Adolf Hitler«, d. h., ich stellte Auszüge aus seinen Reden den Tatsachen gegenüber und verteilte die Blätter unter der Arbeiterschaft. Auch der Betriebsinhaber erhielt ein solches Flugblatt von seinem Sohn, las und verbrannte es, ohne mich anzuzeigen. Solche Betriebsinhaber gab es also auch.

In meinem großelterlichen Hause in Eisleben wurde

jede Hitlerrede im Radio aufmerksam – und vor allen Dingen kritisch – verfolgt, und ich erinnere mich beispielsweise, daß mein Großvater, der Fahrsteiger Hellmuth Ecke, als Hitler in seiner Reichstagsrede vom 11. Dezember 1941 spöttisch bemerkte: »Wenn Herr Churchill oder Herr Roosevelt erklären, daß sie später eine neue soziale Ordnung aufbauen wollen, dann ist das ungefähr so, als wenn ein Friseur mit kahlem Kopf ein untrügliches Haarwuchsmittel empfiehlt«, hinzufügte: »Jetzt macht er auch noch Witze!«

In der Hauptsache wurden allerdings Witze über Hitler selbst gemacht.

Eine Antwort auf den Gruß »Heil Hitler!« lautete häufig: »Bin ich Psychiater?«

»Warum schreien in Deutschland jetzt alle Leute so laut ›Heil Hitler‹?« fragte einer. Er erhielt die Auskunft: »Weil sie in Deutschland keinen ›Guten Tag‹ mehr kennen.«

In Österreich setzte sich der Hitlergruß nur schwer

durch. Insbesondere die Wiener, die bei jeder Gelegenheit betonten, der Nationalsozialismus sei »ka Weltanschauung, sondern a Strapazen«, blieben bei ihrer gewohnten Grußform oder formten das Verlangte sinnig um: »Küß d'Hand, gnä'Frau, und a fesches ›Heil Hitler‹ an Herrn Gemahl!«

Als Beispiel einer besonders witzigen Persiflierung sei folgende Episode erwähnt:

Eine Berliner Firma schließt ihren Geschäftsbrief an ein Amsterdamer Kaufhaus routinemäßig mit der Floskel: »Mit deutschem Gruß: Heil Hitler!« Der holländische Geschäftspartner schließt sein Antwortschreiben mit folgenden Worten: »Mit holländischem Gruß! Und unsere gute Königin Wilhelmina läßt auch schön grüßen.«

Einem Deutschen, der einen Schweizer mit »Heil Hitler!« begrüßte, antwortete dieser: »Heil Hodler! Wir haben auch einen Maler!«

Ein Jude will seinen Namen ändern lassen.

»Wie heißen Sie denn?«

»Adolf Stinkfuß.«

»Ja – da muß man schon Verständnis haben. Und wie möchten Sie heißen?«

»Moritz Stinkfuß.«

Alle diese Beispiele sind auch heute noch völlig aus sich heraus verständlich. Anders verhält es sich hiermit:

Churchill soll einem Korrespondenten der »Times« erklärt haben, Hitler habe es leicht, den Krieg zu gewinnen, da er nur gegen Betrunkene, Verrückte und Paralytiker zu kämpfen habe, er dagegen habe als Gegner den größten Feldherrn aller Zeiten.

Hier muß man zum näheren Verständnis daran erinnern, daß Hitler die in dem Witz von Churchill herangezogenen Bezeichnungen tatsächlich in den Mund genommen hat, was natürlich, als dieser Witz kursierte, allgemein bekannt war. Der Vollständigkeit halber seien einige Zitate aus seinen Reden wiedergegeben:

»Es wäre schöner, wenn man achtenswerten Kämpfern sich gegenübersähe und nicht diesem Zeug, dieser Fabrikware der Natur.« (15. 3. 1932)

»Unsere Gegner sind kleine Würmchen.« (22.8.1939)

»Ich habe im Innern und nach außen nur das Unglück gehabt, gegen lauter Nullen kämpfen zu müssen.« (24. 2. 1940)

»Für mich und meine Mitarbeiter ist es daher oft geradezu eine Beleidigung, uns mit jenen demokratischen Nullen abgeben zu müssen, die selbst noch auf keine einzige wahre große Lebensleistung zurückzublicken in der Lage sind.« (3. 10. 1941)

»Dieser Schwätzer und Trunkenbold Churchill, was hat er wirklich an besonderen Werten geschaffen, dieses verlogene Subjekt, dieser Faulpelz ersten Ranges? ... Und von seinem Spießgesellen im Weißen Haus möchte ich dabei gar nicht reden, denn dieser ist nur ein armseliger Irrer.« (30. 1. 1942)

»Wenn ich einen Gegner von Format hätte, dann könnte ich mir ungefähr ausrechnen, wo er angreift. Wenn man aber militärische Kindsköpfe vor sich hat, da kann man natürlich nicht wissen, wo sie angreifen, es kann ja auch das verrückteste Unternehmen sein. Und das ist das einzig Unangenehme, daß man bei diesen Geisteskranken oder ständig Betrunkenen nie weiß, was sie anstellen werden.« (30. 9. 1942)

Obwohl die unmittelbar Zuhörenden stürmisch applaudierten, hatte sich ein Großteil der Bevölkerung seine eigene Meinung über Hitler gebildet.

»Was ist der Unterschied zwischen Hitler und einem Leberkranken?« wurde gefragt, und die Antwort lautete: »Der eine ist leberleidend, der andere leider lebend!«

Ein ähnlicher Gedanke lag folgender Anekdote zugrunde:

Als Hitler im November 1939 kurz vor der Explosion einer Höllenmaschine den Bürgerbräukeller verlassen hatte und aus diesem Zufall oder Regieeinfall die Vorsehung gepriesen wurde, die damals und später in so wunderbarer Weise den Führer erhielt, da fand sich an der Attentatsstelle eine Tafel mit der Inschrift: »Dem leider zu früh Heimgegangenen!«

Auch Hitlers vermutete Paralyse fand Eingang in die Witzerzählungen, was nicht zuletzt dem Umstand zuzuschreiben ist, daß er weithin dafür bekannt war, in Zuständen der Erregung in den Teppich zu beißen. So wird berichtet, daß er beim Aussuchen eines Teppichs für seine Reichskanzlei von der Verkäuferin gefragt wurde: »Wollen der Herr Führer ihn gleich essen oder soll ich ihn einpacken?«

Die ersten Anregungen, mit Hilfe des gesprochenen Wortes Einfluß zu gewinnen, hat Hitler im Jahre 1910 – also noch während seines Aufenthaltes im Wiener Obdachlosenasyl – erhalten.

In dem Film »Der Tunnel« (nach dem gleichnamigen Roman von Bernhard Kellermann) trat ein Volksredner auf, der die arbeitenden Massen durch seine Reden in Aufruhr versetzte. Dieser Film faszinierte Hitler so stark, daß er tagelang von nichts anderem sprach als von der Macht der Rede. Er besorgte sich bald darauf den Roman und berauschte sich an den gewagten Superlativen, vor allem an der Redewendung »aller Zeiten«, die zu einem seiner Lieblingsausdrücke werden sollte. So nannte er den ersten Weltkrieg den »blutigsten Krieg aller Zeiten« (30.1.1937), das Winterhilfswerk »größtes soziales Werk aller Zeiten« (5.10.1937), den Westwall die »gewaltigste Leistung aller Zeiten« (12.9.1938), den Versailler Vertrag den »größten Wortbruch aller Zeiten«

(8. 9. 1939), den Fall von Dünkirchen die »größte Schlacht aller Zeiten« (5.6.1940), Dr. Todt den »größten Straßenbaumeister aller Zeiten« (12. 2. 1942) und Franklin D. Roosevelt den »größten Kriegsverbrecher aller Zeiten« (13.4.1945).

Als Redner Erfolg zu haben, war sein Ziel. »Die Macht aber«, hatte er in seinem Elaborat »Mein Kampf« geschrieben, »die die großen historischen Lawinen religiöser oder politischer Art ins Rollen brachte, war seit urewig nur die Zauberkraft des gesprochenen Wortes.«

Das erwähnte Buch »Mein Kampf«, das jedem Hochzeitspaar vom Standesbeamten als eheliche Pflichtlektüre übergeben wurde, erreichte längst nicht die Wirkung seiner Reden, und es ist bezeichnend, daß er diesem Buch ursprünglich den monströsen Titel »Viereinhalb Jahre Kampf gegen Lüge, Dummheit und Feigheit« vorangestellt hatte, bevor es vom Geschäftsführer des Parteiverlages auf die wirkungsvolleren Worte »Mein Kampf« reduziert wurde. Aber auch so hatte das Buch vom Literarischen her keinen Erfolg, und selbst seine engsten Mitarbeiter gaben zu, sich nicht der Mühe des Lesens unterzogen zu haben. Seitenlange schwülstige Ausführungen, verbunden mit einem wortreichen, langweiligen Stil, gespickt mit falschen und lächerlichen grammatikalischen Konstruktionen, machten das Lesen zur Qual, und der in hohe Auflagen gehende Zwangsvertrieb konnte daran naturgemäß nichts ändern.

Mehr Erfolg hatte Hitler mit dem gesprochenen Wort, das zum wesentlichen Medium seiner Macht werden sollte.

Er war im September 1919 als Reichswehrspitzel zur Deutschen Arbeiterpartei (Vorläufer der NSDAP) gestoßen und sprach einen Monat später zum erstenmal im Münchner Hofbräuhauskeller. Anfang 1920 wurde er Propagandaleiter der Partei und bekam bei seiner ersten

Massenversammlung am 24. Februar 1920 im Festsaal des Hofbräuhauses, als das Parteiprogramm verkündet wurde, nahezu zweitausend Menschen zusammen. Am 29. Juli 1921 wurde er Vorsitzender der NSDAP. Durch seine unaufhörliche rednerische Tätigkeit erlangte er immer größere Popularität, so daß man allmählich die NSDAP mit Hitler identifizierte. Die Partei ohne Hitler war etwas Undenkbares geworden.

Zur Erklärung dieser Erscheinung mag ein Zeitgenosse zitiert werden, der nach seinen eigenen Worten allein durch Hitlers Redekraft (!) zum Parteigänger und schließlich Mitverbrecher wurde:

»Er war der einmalige deutsche Volksredner ... Er sprach über zweieinhalb Stunden, oft von geradezu frenetischen Beifallsstürmen unterbrochen – und man hätte ihm weiter, immer weiter zuhören können ... Am Schluß wollte der Beifall schier kein Ende nehmen ... Von diesem Abend an war ich, auch ohne Parteimitglied zu sein, überzeugt, daß, wenn überhaupt noch ein Mann, Hitler allein imstande sein würde, das deutsche Schicksal zu meistern ... Ich glaube wohl, daß es für alle, die in der Kampfzeit bis 1933 Adolf Hitler nicht selbst gehört haben, schwer ist, sich die unwiderstehliche Kraft seiner Rede vorzustellen.«

Diese Worte – in der Nürnberger Todeszelle von dem berüchtigten Hans Frank als eigene Rechtfertigung geschrieben – geben sicherlich etwas von dem Fluidum wieder, das die erwähnten Veranstaltungen kennzeichnete. Aber Hitlers Redegabe allein hätte nichts genützt, wenn ihm nicht als zweiter Aktivposten die chaotischen Verhältnisse im damaligen Deutschland zur Seite gestanden hätten. Die hohe Arbeitslosenquote, die politische Labilität der Massen, das innen- und außenpolitische Chaos – alles dies trug dazu bei, einem unbekannten Agitator Gehör zu verschaffen, zumal dieser mit Kraftworten wie »vernichten«, »Gewalt«, »rücksichtslos«, »Haß« und ähnlichen um sich warf, diese auch noch ständig wiederholte und damit an die primitivsten Instinkte appellierte.

»Wenn wir ans Ruder kommen, dann werden wir wie die Büffel vorgehen!« hatte er am 27. April 1920 ausgerufen, »der germanische Wille werde den Kopf des Juden schon zerschellen« am 11. Juni und »Lieber sind mir 100 Neger im Saal als ein Jude!« am 24. November desselben Jahres. Das Vulgäre seiner Ausdrucksweise verschaffte ihm immer mehr Zulauf, zumal er sich die demagogische Weisheit zunutze machte, daß nichts erfolgreicher sei, als eine Behauptung ohne Begründung zu verkünden und diese konsequent zu wiederholen, da das Wiederholte sich so sehr in den Köpfen befestige, daß es schließlich als eine bewiesene Wahrheit angenommen werde.

Das Mittel der Wiederholung wandte Hitler bei ganzen Passagen seiner Reden an; so beispielsweise in den Einleitungen, die zumeist eine weitschweifige »Parteierzählung« enthielten. In diesem ersten Teil seiner Reden sprach er langsam und gemessen, seine Stimme willkürlich tief ansetzend (meistens mit der Floskel beginnend: »Wenn ich heute auf die vierzehn Jahre unseres Kampfes zurückblicke ...«), um dann im zweiten Teil ein immer schnelleres Redetempo anzuschlagen und sich auch in der Tonart förmlich in eine Ekstase hineinzusteigern.

Wie sehr diese Art seiner Redetechnik bereits in damaliger Zeit von einem Teil der Bevölkerung kritisch betrachtet und glossiert wurde, belegt folgender Witz:

Hitler muß operiert werden. Während der Narkotisierung brüllt er bei »vierzehn« in üblicher Manier los (»Vierzehn Jahre haben wir die Schmach getragen!« usw.). Da blickt der Arzt die Schwester bedeutsam an und sagt: »Schwester, ich gehe jetzt zum Mittagessen. In zwei Stunden bin ich wieder zurück, vorher dürfte der Mann doch nicht fertig werden.«

Übrigens war es bei der in allen Einzelheiten vorausberechneten, auf Wirkung bedachten Redemethodik selbstverständlich, daß Hitler keine Zwischenrufe duldete. Sie hätten ihn aus dem Konzept und um einen Teil seiner Wirkung gebracht. Nach seinen eigenen Angaben hatte die SA am Anfang nur die Aufgabe, Zwischenrufer niederzuschlagen oder gewaltsam zu entfernen. Auch eine Diskussion duldete er nicht, wobei er wieder auf psychologische Erkenntnisse zurückging, daß nämlich ein diskutierter Nimbus kein Nimbus mehr sei. Im ganzen legte Hitler ein selbstherrliches, die Massen verachtendes Benehmen an den Tag und hatte damit großen Erfolg.

Er sprach – von wenigen Ausnahmen abgesehen – frei. Grundsatz: Das geschriebene Wort ist für das Auge, das gesprochene für das Ohr. Auch über den Rundfunk – also ohne gesehen zu werden – erzielte er Wirkung. Man kann sogar davon ausgehen, daß die über den Rundfunk erzielte Massenwirkung noch größer war, da sie das weit empfindsamere Ohr ansprach und der bildhaften Phantasie freien Raum ließ. Die Propagierung des »Volksempfängers« gleich nach Hitlers Machtantritt erfolgte ausdrücklich mit dem Hinweis, daß die Stimme des Führers nun in jede Wohnung dringen könne.

Über das Radio sprach er jetzt nicht mehr nur zu Tausenden, sondern zu Millionen. Das Volk wurde von einer Hitlerrede zur anderen in Bewegung gehalten und mußte sich an seinen Ausführungen orientieren. Was der Führer sagte, wurde zur allgemeinen Richtschnur. Er stand über dem Gesetz.

»Mein Führer!« hatte sein Stellvertreter Rudolf Heß auf dem Reichsparteitag 1934 ausgerufen. »Sie sind Deutschland! Wenn Sie handeln, handelt die Nation.

Wenn Sie richten, richtet das Volk!« Und auf der Jahrestagung der Akademie für Deutsches Recht 1935 hatte Hans Frank in Anwesenheit Hitlers erklärt, daß »zum ersten Mal in der Geschichte der Nation die *Liebe zum Führer* zu einem *Rechtsbegriff* geworden« sei.

Bei den Rundfunkübertragungen wurden in Schulen und Betrieben geradezu theatralische Possen veranstaltet. In unserem Eisleber Gymnasium, das ich bis zu meinem im Frühjahr 1940 erzwungenen Abgang besuchen durfte und das den Namen »Staatliche Lutherschule« trug, wurden zu jeder Führerrede alle Schüler in der Aula versammelt, auf der Bühne nahm das Lehrerkollegium Platz, drei in SA-Uniform, einer in der Uniform eines Hauptmannes, die meisten mit Parteiabzeichen, und – nicht zu vergessen – der »Kreisbeauftragte des Rassenpolitischen Amtes«, ein verkrüppelter Studienrat mit umgehängtem Ehrendolch; sie alle waren während der gesamten Rede den Blicken der Schüler ausgesetzt und dadurch gezwungen, durch entsprechendes Mienenspiel ihre Zustimmung zu den Worten des »Führers« zu bekunden. Seitlich saß der Direktor, ein »alter Kämpfer« namens Dr. Wendt, der das Mienenspiel seiner Untergebenen kontrollierte. Und wehe, ein alter Studienrat hätte nach zwei oder drei Stunden den Versuch gemacht, ein bißchen einzunicken! Da wäre ein Raunen durch die Reihen der Schüler gegangen, und Dr. Wendt hätte den Missetäter nach Schluß der Rede unbarmherzig zur Verantwortung gezogen.

Ähnlich spielte sich die Sache in den Betrieben ab, wobei jedoch gesagt werden muß, daß trotz der zur satirischen Betrachtung verleitenden Begleitumstände der von den Faschisten beabsichtigte Erfolg solcher Rundfunkübertragungen nicht geschmälert wurde. Was uns heute in der Rückschau unverständlich vorkommt, erschien damals keineswegs kritikwürdig, vielmehr übten

Hitlers Worte eine magische Kraft aus, und es gab zahlreiche Frauen, die seufzend bemerkten: »Wenn ich diesem Manne einmal begegnen könnte!«

Dietrich Eckarts seinerzeitige Vorstellung von einem künftigen Diktator (»Er muß ein Junggeselle sein, dann kriegen wir die Weiber!«) schien sich hier zu bewahrheiten.

Victor Klemperer hat in seinem Buch »LTI« darauf hingewiesen, daß Hitler zwei Tonarten bevorzugte, zwischen denen er immer wechselte: salbungsvoll oder höhnisch.

Das Salbungsvolle nahm zuweilen den Charakter biblischer Zitate an, und er nahm – um als getaufter Katholik (später empfand er sich nicht mehr als solcher) den evangelischen Christen zu imponieren – häufig Zuflucht zur Doxologie, zum Beispiel am Schluß seiner Rede vom 10. Februar 1933:

»Das ist mein Glaube: Es wird wieder auferstehen ein neues Deutsches Reich der Größe, der Ehre, der Kraft und der Herrlichkeit und der Gerechtigkeit! Amen!«

Dieses von einem politischen Scharlatan ausgerufene »Amen!« hätte eigentlich die Kirche empören müssen, aber dem war nicht so. Im Gegenteil, sie registrierte derartige Redewendungen mit Befriedigung, was Hitler zu weiteren salbungsvollen Tiraden anspornte:

»Das Bibelwort, das den Heißen oder Kalten anerkennt, den Lauen aber zum Ausspeien verdammt, sehen wir in unserem Volke in Erfüllung gehen.« (1. 1. 1932)

»Herr, wir lassen nicht von Dir! Nun segne unseren Kampf um unsere Freiheit und damit unser deutsches Volk und Vaterland!« (2. 5. 1933)

»So wie ich der Eure bin, so seid Ihr die Meinen!« (7. 5. 1933)

»Alles, was ihr seid, seid ihr durch mich, und alles, was ich bin, bin ich durch euch allein!« (30. 1. 1936)

»Aus dem Volke bin ich gewachsen, im Volke bin ich geblieben, zum Volk kehre ich zurück!« (20.3.1936)

»Ihr habt einst die Stimme eines Mannes vernommen, und sie schlug an eure Herzen, sie hat euch geweckt, und ihr seid dieser Stimme gefolgt!« (11.9.1936)

»Das ist das Wunder unserer Zeit, daß ihr mich gefunden habt unter so vielen Millionen! Und daß ich euch gefunden habe, das ist Deutschlands Glück!« (13.9.1936)

Alle diese Redewendungen – und noch unzählige andere – gehen auf bekannte Bibelworte zurück, und Hitler machte der Bezeichnung »Nazi-Feldprediger«, die ihm die sozialdemokratische Presse seit Jahren beigelegt hatte, wahrhaftig alle Ehre. Aber es war ein gut vorbereitetes Feld, das er bebaute: Die christliche Erziehung lag den Menschen im Gemüt, Religion war erstes Fach in den Schulen, und die Bibelsprache war eine Sprache, die sie verstanden. Hitler hielt sich ohnehin nicht lange damit auf, aber ein paar Wendungen genügten – und die Herzen hatten sich ihm geöffnet. Sie waren aufnahmebereit für den Hohn und Spott, der das Salbungsvolle ablöste, um dann – meist am Schluß seiner Rede – wieder von diesem verdrängt zu werden. Heiße und kalte Wechselbäder, darin lag seine eigentliche Rhetorik, die nach Klemperer gerade deshalb so ungeheure Wirkung tun mußte, weil sie mit der Virulenz einer erstmalig auftretenden Seuche auf eine bisher von ihr verschonte Sprache eindrang, weil sie im Kern so undeutsch war wie der den italienischen Faschisten nachgeahmte Gruß; die nachgeahmte Uniform (das Schwarzhemd durch ein Braunhemd zu ersetzen, ist keine sehr originelle Erfindung), wie der gesamte dekorative Schmuck der Massenveranstaltungen, und angesichts all dessen ist jener Witz verständlich, der seinerzeit aufkam und kurz und bündig lautete:

Was ist paradox? – Wenn ein Österreicher mit italienischem Gruß und amerikanischer Uniform deutscher Reichskanzler wird!

Wenn ich mir heute, nach einem Abstand von über vierzig Jahren, die Frage vorlege, was eigentlich für die Masse des deutschen Volkes an Hitlers Redeweise so anziehend war, so komme ich immer wieder zu der Vermutung zurück, daß wohl entscheidend für diese Faszination das Fremdartige, sozusagen exotisch Wirkende in seinem Tonfall gewesen sein muß. Er sprach einen bajuwarischen Akzent und oft, wie Thomas Mann kritisierte, ein verballhorntes Deutsch – und das reizte die Massen mehr, als es sie abstieß. Selbst wenn sich seine Stimme hysterisch überschlug, nahmen die Zuhörer daran keinen Anstoß. »Niemand hat ihm widerstanden. Ich auch nicht. Man kann ihm nicht widerstehen«, sagte nach Auskunft Klemperers ein Münchner Jude (!), ohne einen Grund hierfür nennen zu können.

Genau besehen, war das, was Hitler sagte, völlig einfach, wenn nicht gar primitiv. Kriegsschuldlüge, Versailler Schandvertrag, deutsche Wiedergeburt, jüdisch-bolschewistische Gefahr, Volk ohne Raum und immer wieder Kampf, Kampf, Kampf – das waren, auf einen Nenner gebracht, seine Reden, die er – den Anlässen entsprechend – variierte.

Dabei machte es ihm nichts aus, zuweilen in einen gehobenen Stil zu verfallen, wenn es die Situation erforderte. Dies gilt insbesondere für seine Rede vom 26. Januar 1932 vor dem Industrieklub in Düsseldorf, in der er die finanziellen und ökonomischen Weichen seiner weiteren Politik stellte.

Nachdem er die Demokratie eine »Herrschaft der Dummheit, das Prinzip der Zerstörung« genannt und erklärt hatte, daß es ein Wahnsinn sei, »wirtschaftlich das Leben auf der Autorität der Persönlichkeit aufzubauen, politisch aber diese Autorität zu leugnen und die Demokratie an diese Stelle zu schieben«, rief er pathetisch aus: »Wir haben den unerbittlichen Entschluß gefaßt, den Marxismus bis zur letzten Wurzel in Deutschland auszurotten!«

Ausgerechnet an dieser Stelle, die den rhetorischen Rückfall ins Vulgäre darstellt, wird vom Protokoll »stärkster Beifall« verzeichnet. Die gleiche »lebhafte Zustimmung« wurde bekundet, als er sich als der »Trommler des nationalen Deutschlands« empfahl.

Das aufschlußreichste zeitgenössische Resümee dieser Veranstaltung zog der spätere faschistische Reichspressechef Otto Dietrich, indem er bekannte:

»Der 27. Januar (eigentlich 26. Januar – R. W.) 1932 wird immer ein denkwürdiger Tag sein in der Geschichte der NSDAP. An diesem Tag gelang dem Führer der Durchbruch bei den westdeutschen Industriekapitänen. Noch heute sehe ich diese Versammlung der Prominenten vor mir. In den Stuhlreihen gedrängt die Elite der westdeutschen Wirtschaft. Die im Rampenlicht der Öffentlichkeit Arbeitenden und jene stillen, aber nicht minder einflußreichen Mächte, die die Geschicke der Wirtschaft unsichtbar leiten, jene, von denen man gesagt hat, daß sie statt des Herzens ein Hauptbuch in der Brust tragen. Der Eindruck auf diesen Kreis nüchterner Zuhörer ist erstaunlich. Beifallssalven rauschen. Als Adolf Hitler endete, hatte er eine Schlacht gewonnen.«

Hitlers Rede vor dem Industrieklub hat jedoch noch eine andere Bedeutung: Sie widerlegt in ihrem veröffentlichten Wortlaut die spätere Entschuldigungsformel der Industriellen, zwar Hitler finanziert, aber seinen Terror nicht gewollt zu haben. Seine zweieinhalbstündige Rede strotzte von Drohungen wie der »Wiederherstellung eines schlagkräftigen (!) Volkskörpers«, der »unduldsam und unerbittlich« sein müsse gegen jeden, der die Lebensinteressen der Nation nicht anerkenne, und daß ihm im Anschluß an diese Rede der »Nibelungenschatz« der deutschen Industrie, ein Geheimfonds zur Bekämpfung des Bolschewismus, geöffnet wurde, macht die erwähnte Entschuldigung völlig hinfällig – ganz zu schweigen vom »Freundeskreis Himmler«, den ein führender Kreis deutscher Industrieller zu keinem anderen Zweck als der Unterstützung der Mordtaten Himmlers und seiner SS gegründet hatte.

Unmittelbares Ergebnis der Rede vor dem Industrieklub war, daß die Schwerindustrie bedeutende Spenden in die Nazikasse fließen ließ. So wie die Reichswehroffiziere in Hitler den Mann sahen, der Deutschlands militärische Macht wiederherstellen werde, begannen die Industriellen nun in ihm den Mann zu erblicken, der ihre Interessen gegen den drohenden Kommunismus und die Forderungen der Gewerkschaften verteidigen und dem Unternehmertum und der wirtschaftlichen Ausbeutung im Namen des Prinzips der »schöpferischen Persönlichkeit« freie Hand lassen werde.

Diese ökonomischen Hintergründe zu verschleiern, war der hauptsächliche Inhalt der Reden Hitlers und eigentlich seine ihm von der Großbourgeoisie übertragene Hauptaufgabe. Man muß ihm bescheinigen, daß er diese Aufgabe wirkungsvoll bewältigte, nicht zuletzt dadurch, daß er es verstand, seinen Reden humorige Passagen einzufügen, die von den Zuhörern begierig und mit entsprechendem Gelächter aufgenommen wurden. Wenn er beispielsweise am 8. November 1940 im Münchner Löwenbräukeller erklärte, daß sich sein »sogenannter autoritärer Staat« von den Demokratien dadurch unterscheide, daß er die »Massen des Volkes hinter sich« habe, so löste dies, wie die Zeitungen bestätigten, »schallende Heiterkeit« aus.

Allerdings wurde ein solches Gelächter – anders als

beim Hören politischer Witze – nicht vom Volksgerichtshof geahndet.

Im übrigen war der Witz Hitlers, soweit er sich in seinen Reden offenbarte, stets ein zynischer, den Gegner verunglimpfender, der nicht einmal vor ehemaligen Vertragspartnern haltmachte. Den Mitunterzeichner des Münchner Abkommens, Chamberlain, den er bereits am 26. Oktober 1938 auf dem Marktplatz von Znaim mit den

»Ich aber beschloß, Politiker zu werden.«

Worten brüskiert hatte: »Heute kann ich es offen aussprechen: Am 2. Oktober, morgens 8 Uhr, wären wir hier einmarschiert, so oder so«, verspottete er am 6. November 1938 auf dem Gautag der thüringischen Faschisten in Weimar als »Regenschirmtyp«, was von den Versammlungsteilnehmern mit frenetischem Beifall und Gelächter quittiert wurde. Chamberlain, der durch das Münchner Abkommen am Verrat der Tschechoslowakei entscheidend beteiligt war, dürfte diese Art Dank mit eigenartigen Gefühlen vernommen haben.

Mit besonders bissigen Worten machte sich Hitler über rechtsstaatliche Prinzipien lustig. Der »ganze Schwindel von Schöffen« müsse beseitigt werden, und er wolle »ein für allemal einen Riegel vorschieben, daß ein Richter sich vor der Verantwortung für seine Entscheidung mit der Ausrede herumdrücke, daß die Schöffen ihn überstimmt hätten«. Am 10. Dezember 1940 rief er vor Arbeitern eines Berliner Rüstungswerkes aus: »Ich bin nicht einmal Jurist, bedenken Sie, was das heißt! Und ich bin trotzdem Ihr Führer!« Demzufolge sah er sich veranlaßt, ergangene Urteile zu revidieren, wozu ihn der »Großdeutsche Reichstag« durch Beschluß vom 26. April 1942 sogar ermächtigte.

Es klingt heute unglaublich, aber selbst derartig abscheuliche Einrichtungen wie die Konzentrationslager wurden Gegenstand spöttischer Bemerkungen, und die Zurückführung ihrer Entstehung auf den englischen Burenkrieg in seiner Rede am 30. Januar 1940 fand beifälliges Gelächter: »Damals wurde das Konzentrationslager erfunden. In einem englischen Gehirn ist die Idee geboren worden. Wir haben nur im Lexikon nachgelesen und haben das dann später kopiert.«

Angesichts derartiger Äußerungen ist es begreiflich, daß Bürger, die ihren gesunden Menschenverstand bewahrt hatten, zu Hitler auf Distanz gingen. Nicht zu Unrecht mißtraute er den sogenannten Intellektuellen, die in seinem Bewußtsein einen besonderen Platz einzunehmen schienen. Aufschlußreich ist eine Passage aus seiner Geheimrede vor der deutschen Presse am 10. November 1938: »Wenn ich so die intellektuellen Schichten bei uns ansehe – leider, man braucht sie ja, sonst könnte man sie eines Tages ja, ich weiß nicht, ausrotten oder so was – aber man braucht sie leider. Wenn ich mir also diese intellektuellen Schichten ansehe und mir nun ihr Verhalten vorstelle und es überprüfe, mir gegenüber, unserer Arbeit gegenüber, dann wird mir fast angst.«

Am 21. November 1937 gab er während einer Rede in Augsburg eine Definition der im Faschismus zugelassenen Kritik: »Wir haben auch Kritik, nur kritisieren bei uns die Vorgesetzten die Untergebenen und nicht die Untergebenen die Vorgesetzten!«

Und um jede Kritik an ihm selbst von vornherein zu unterbinden, bevorzugte er es, vermeintliche Tugenden besonders herauszukehren, was zuweilen – zum Beispiel in seiner Rede am 4. September 1940 im Berliner Sportpalast – seltsame Blüten trieb: »Wenn es England nicht gefällt, dann wird die Kaffee-Einfuhr einfach gesperrt. Mich persönlich berührt das gar nicht. Ich trinke keinen.«

Makaber mutet es an, wenn man darauf hinweisen muß, daß Hitler seinen Zynismus wiederholt auf die von ihm unterdrückten Juden ergoß, um billiges Gelächter zu ernten. So erklärte er am 30. Januar 1940: »Ich kann nur sagen: Es ist nicht gut, wenn man seine Kriegsberichte und besonders seine Rundfunkansprachen von Angehörigen eines Volkes halten läßt, das seit einigen tausend Jahren nicht mehr gekämpft hat; denn der letzte nachweisbare Kampf der Makkabäer scheint allmählich doch seinen militärischen erzieherischen Wert verloren zu haben.« Und am 24. Februar fügte er hinzu: »Wir kennen die Herren, wir kennen vor allem ihre Ratgeber. Die kennen wir ganz genau, weil sie zum Teil noch vor acht Jahren hier bei uns waren. Wir hören das am Dialekt ihrer Aussprache. Sie sprechen ein ebenso komisches Deutsch, wie sie wahrscheinlich auch ein komisches Englisch reden.«

Den Gipfel spöttischer Auslassungen erklomm er in seiner Sportpalastrede am 4. September 1940: »Diese Schwätzereien des Mr. Churchill oder des Mr. Eden – vom alten Chamberlain zu reden, verbietet einem die Pietät – diese Schwätzereien lassen das deutsche Volk ganz kalt oder bewegen es höchstens zum Lachen. Es gibt in unserer hochdeutschen Sprache für eine Erscheinung wie Duff Cooper kein passendes Wort. Da muß man schon zur Mundart greifen, und hier ist nur im Bayrischen ein Wort geprägt, das so einen Mann charakterisiert: Krampfhenne!«

Das war der sogenannte »Humor von oben«, der im Gegensatz zum »Humor von unten« stand, den der politische Flüsterwitz repräsentierte.

Es sei jedoch noch auf den »unfreiwilligen Witz« hingewiesen, den Hitler mit ernstgemeinten Großsprechereien lieferte, die sich sehr bald als lahme Enten entpuppten. Wie bereits erwähnt, waren sie seinerzeit Gegenstand eines Flugblattes innerhalb unserer Widerstandsgruppe, und es seien hier nur einige Äußerungen Hitlers wiedergeben:

»Jeder Fußbreit deutscher Erde, auf dem erst einmal die Flagge des Deutschen Reiches eingerammt ist, bleibt ewig deutsch!« (6. Oktober 1938 in Rumburg)

»Wenn Sie mich fragen: ›Führer, wie lange wird der Krieg dauern?‹, so kann ich Ihnen nur etwas sagen: so lange, bis wir gesiegt haben! Unter allen Umständen!« (29. April 1941 vor 9000 Offiziersanwärtern im Berliner Sportpalast)

»Ich spreche das hier heute aus, weil ich es heute sagen darf, daß dieser Gegner bereits gebrochen ist und sich nie mehr erheben wird!« (3. Oktober 1941 im Berliner Sportpalast)

»Der Krieg kann dauern, so lange er will – das letzte Bataillon aber auf diesem Feld wird ein deutsches sein!« (8. November 1941 in München)

»Sie können der Überzeugung sein, daß uns kein Mensch von dieser Stelle mehr wegbringen wird!« (30. September 1942 in bezug auf Stalingrad)

»Immer neue Divisionen sind im Anrollen begriffen. Unbekannte, einzigartig dastehende Waffen befinden sich auf dem Weg zu euren Fronten!« (Proklamation vom 19. Februar 1943)

»Einmal hieß es, daß der Krieg aus sein würde, ehe noch die Blätter fallen, das andere Mal wieder, daß Deutschland vor der Kapitulation stünde, ehe der neue Winter gekommen sein würde ... Jetzt erklärt man vorsichtigerweise, es sei der August. Im Juli wird man sicher wieder vom Winter 1946 reden, außer es findet unterdes der Krieg tatsächlich sein Ende, und zwar nicht durch die deutsche Kapitulation, denn diese wird nie kommen, sondern durch den deutschen Sieg!« (Neujahrsaufruf vom 1. Januar 1945)

Weniger die Tatsache, was hier ein Größenwahnsinniger von sich gab, dürfte in der Rückschau von heute bemerkenswert sein, als vielmehr das schier unbegreifliche Phänomen, daß Millionen Deutsche diesen Mann vergötterten und seinen Worten bis zum letzten Moment unbedingten Glauben schenkten.

Die Einstellung der Österreicher zu Hitler war in den ersten Jahren nach dem Anschluß eine ähnliche. In Linz und Wien hatte man ihm im März 1938 einen triumphalen Empfang bereitet, und bei der Abstimmung am 10. April 1938 lag der Prozentsatz der Ja-Stimmen im ehemaligen Österreich höher als im sogenannten Altreich.

Nicht ohne Grund wurde er von vielen als alter Freund angesehen; denn eigentlich war Hitler Österreicher und hatte nur durch einen nazistischen Schachzug – er war am 25. Februar 1932 von der braunschweigischen Regierung zum Regierungsrat an der braunschweigischen Gesandtschaft in Berlin ernannt worden – die deutsche Staatsbürgerschaft erlangt. Auch mag bei zahlreichen Enthusiasten das Gefühl mitgespielt haben, daß die alldeutsche Idee aus Österreich stammte und das Wort »nationalsozialistisch« eine österreichische Erfindung war: Die 1904 gegründete Deutsche Arbeiterpartei in Österreich nannte sich seit dem 11. Mai 1918 »Deutsche Nationalsozialistische Arbeiterpartei Österreichs«. Nach diesem Vorbild wurde auf Betreiben der »Thule«, eines reaktionären Geheimbundes, am 5. Januar 1919 von dem Werkzeugausgeber Anton Drexler die »Deutsche Arbeiterpartei« (ab 1920 NSDAP) in München gegründet.

Es waren also sowohl persönliche als auch sachliche Umstände, die der faschistischen Anschlußpolitik entgegenkamen; sie wurden noch bereichert durch religiös-mythische Beteuerungen wie die aus Hitlers Rede am 9. April 1938 in der Halle des Wiener Nordwestbahnhofs:

»Ich glaube, daß es auch Gottes Wille war, von hier einen Knaben in das Reich zu schicken, ihn groß werden zu lassen, ihn zum Führer der Nation zu erheben, um es ihm zu ermöglichen, seine Heimat in das Reich hineinzuführen. Es gibt eine höhere Bestimmung, und wir alle sind nichts anderes als ihre Werkzeuge.«

Der Wahn, von der Vorsehung auserkoren worden zu sein, hat ihn nie verlassen und mußte zur Rechtfertigung von Millionen Opfern herhalten.

Zur Ehre der Österreicher und besonders der Wiener muß jedoch gesagt werden, daß der Rausch aus dem Jahre 1938 bald verflogen war, und in den Jahren nach der Schlacht von Stalingrad gab es nur noch wenige, die sich für Hitler begeisterten. Wien war ein Tummelplatz von Flüsterwitzen geworden, und die Vorliebe der Wiener für die Musik ließ antifaschistische Schlagerparodien in großer Anzahl aus dem Boden sprießen. Eine davon lernte ich kennen, als ich durch Vermittlung des bereits genannten Musikprofessors in die Familie des Schauspielers Rolf Karg am Wiener Opernring eingeführt wurde, wo in einem kleinen Kreis antifaschistischer Freunde die später sehr oft zu hörende politische Fassung des bekannten Schlagers »Heut' kommen d'Engerln auf Urlaub nach Wean« ertönte:

Original	*Parodie*
Heut' kommen d' Engerln	Heut' kommen d' Piefkes
auf Urlaub nach Wean,	auf Urlaub nach Wean,
denn dort warn's z'Haus,	da fühl'ns sich z'Haus,
drum hab'ns d'Weanastadt	drum hab'ns d'Weanastadt
gern,	gern,
hör'n dann die Schrammeln	fressen die Schnitzeln
und singen dazua,	und saufen dazua,
d' Leuteln beim Weinderl	reißen noch 's Maul auf
die kriag'n gar net gnua.	und kriag'n gar net gnua!
Hinter a Bam	Hinter a Bam
steht Gott Amor und lacht,	steht der Hermann und lacht:
viel wird er anstell'n	»Adolf, dös hast
in Wean heute nacht.	wieder prima g'macht!«
Der Petrus im Himmel	Der Petrus im Himmel
schaut runter auf Wien,	schaut runter und flennt:
Weanaleut', Weanafreud',	»Weanaleut', Weanaleut',
da liegt was drin!	euch hab'ns derrennt!«

In Wien selbst war eine besondere Art der Verspottung Hitlers aufgekommen, die unter ausländischen

Fremdarbeitern – vor allem aber unter griechischen Studenten – betrieben wurde: Man begrüßte sich nämlich mit dem Hitlergruß! Äußerlich von anderen nicht unterscheidbar, gaben jedoch Tonfall und Mimik diesem Gruß eine spöttische Bedeutung und reihten ihn ein in die Vielfalt konspirativer Tätigkeit.

Es war dies zu jener Zeit, als eine Anekdote über einen Arbeiter aus der Leopoldstadt in Umlauf war, der auf der Straße über einem bestimmten Häufchen ausglitt, sofort die rechte Hand hochriß und »Heil Hitler!« brüllte. »Bist narrisch?« fragte sein Begleiter, »'s ist doch ka Mensch in der Näh'!« »I richt' mich nach der Vorschrift, die jetzt überall hier hängt«, erwiderte der Arbeiter und zitierte:

»Trittst du in ein Geschäft hinein,
so soll dein Gruß ›Heil Hitler!‹ sein.«

Im übrigen hatte der im Verlauf des Krieges immer geläufiger gewordene Ausdruck »Piefke«, der auch in der oben erwähnten Parodie vorkam, einen ganz konkreten historischen Ursprung: Piefke hieß jener preußische Musikmeister, der 1864 nach der Erstürmung der Düppeler Schanzen den »Düppeler Sturmmarsch« komponiert hatte. Preußen und Österreich kämpften damals gemeinsam gegen die Dänen. Als zwei Jahre später die Preußen bei Königgrätz die Österreicher schlugen und damit im Deutschen Reich Vormacht wurden, war Piefke im österreichischen Heer zum Schimpfwort auf die preußischen Soldaten geworden. Später wurde der Ausdruck verallgemeinert, und die Österreicher bezeichneten im zweiten Weltkrieg die sogenannten »Altreichler« als Piefkes.

»Die Piefkes kommen herein und fressen die Ganseln und Hendeln auf und machen sich groß«, hatte eine Salzburger Kellnerin gesagt und wurde hierfür zu einem Jahr Gefängnis verurteilt.

Die Musiklehrerin Leopoldine Wrazek aus St. Pölten erhielt für die Bemerkung »Die Preußen sind Piefkes« eine Gefängnisstrafe von acht Monaten.

Die Hakenkreuzfahne wurde als »Symbol der Piefkes« bezeichnet, und der Straßenbahner Franz Obdrzalek vom Bahnhof Hernals war es, dem es gelang, die faschistische Justiz in Bewegung zu setzen, nicht indem er diese Fahne herunterriß, sondern indem er sie hißte! Sein Delikt: »Verächtlichmachung der Staatsflagge, begangen durch Anbringung zweier Hakenkreuzfähnchen als Vogelscheuche in seinem Schrebergarten«. Am 8. Juni 1943 erfolgte Anzeige gemäß § 2 des Heimtückegesetzes, und der schwejkhafte Straßenbahner gab zu Protokoll, er habe sich bei der »Tat« nichts gedacht, er habe einfach eine Vogelscheuche gebaut, »um einige Kirschen für seine kranke Frau vor den Vögeln zu retten.« Mit dieser Taktik erreichte er es, daß das Verfahren mit einer Geldbuße von 30 RM abgeschlossen wurde.

Eine besondere Eulenspiegelei leistete sich der Präsident der Reichsbahndirektion Wien mit einem Rundschreiben vom 22. Oktober 1938 »an alle Postämter der I. und II. Klasse des Direktionsbereichs«, das wegen seiner ausdrücklichen Bezugnahme auf die Person Hitlers hier wörtlich wiedergegeben werden soll:

> *Vertraulich!*
>
> Es ist kürzlich vorgekommen, daß eine in Mauer bei Wien aufgegebene Postkarte an den Führer und Reichskanzler bis nach Berchtesgaden befördert wurde, obwohl Inhalt und *Anschrift* gemeine Beschimpfungen aufwiesen. Die Beschimpfungen waren derart offensichtlich und auffällig, daß sie nicht übersehen werden konnten. Um so beschämender ist es, daß eine ganze Reihe von Bediensteten der Deutschen Reichspost, die mit der Karte Befassung hatten (Stempeldienst, Abfertigungs-

dienst, Bahnpostdienst usw.) die Karte unbeanstandet weiterleitete, anstatt sie sofort aus dem Verkehr zu ziehen.

Ich weise Sie an, die in Betracht kommenden Bediensteten Ihres Amtes zu beauftragen, alle Sendungen an den Führer und leitende Persönlichkeiten der Partei und des Staates, deren Außenseite oder sichtbarer Inhalt derartige Beleidigungen enthält, zuverlässig sofort aus dem Verkehr zu ziehen und der RPD Wien (zu Handen des PK Dr. Hajek) vorzulegen. Es muß unter allen Umständen vermieden werden, daß sich derartige beschämende Vorfälle wiederholen.

Mit der Leitung der Reichspostdirektion beauftragt: Ing. Hille

Man könnte dieses Schreiben den Witzen über Hitler zuordnen, wenn es nicht authentisch verbürgt wäre.

In Wien erzählte man sich 1943 folgenden Witz:

Hitler ist mit einem Sonderzug unterwegs. Auf einer kleinen Station gibt es eine Riesenaufregung, weil der Zug wegen eines Geleiseschadens halten muß. Der Fahrdienstleiter wurde sofort von der Gestapo verhaftet, denn er hatte auf dem Bahnsteig mit voller Stimmstärke gerufen: »Bitte zurücktreten!«

Besonders entzündete sich der Volkswitz an Hitlers angeblich vielseitigen Fähigkeiten. Er baute das Haus der Kunst in München und befehligte das Kunstschaffen in Deutschland, hieß es, weil er in seiner Jugend einmal gemalt hatte. Er schwang sich zum Oberbefehlshaber der Wehrmacht auf, weil er einmal Gefreiter gewesen war. Als in einer Gesellschaft diese Zusammenhänge erörtert wurden, meinte Furtwängler: »Wie danke ich dem Himmel, daß der Führer nicht in seiner Jugend einmal Mundharmonika gespielt hat!«

Anteil an der Gloriole, in die Hitler gehüllt wurde,

hatte vor allem Goebbels, der am 20. April 1942 erklärt hatte: »Wenn der Führer spricht, ist das wie Gottesdienst!« Solche Bekundungen bestärkten Hitler in seinem Sendungsbewußtsein, und er pflegte des öfteren zu sagen: »Was für ein Glück für die Regierenden, daß die Menschen nicht denken!«

Letzteres traf jedoch nicht auf alle zu, und gerade die Witze über den »unfehlbaren« Führer widerlegen seine diesbezügliche Feststellung.

Als er eine Melodie falsch pfiff, wurde er aus seiner Umgebung darauf aufmerksam gemacht. »Nicht ich pfeife verkehrt«, erwiderte Hitler, »sondern der Komponist hat hier einen Schnitzer gemacht.«

Als sein Leibfotograf Heinrich Hoffmann ihn mit dem Terrier Eva Brauns fotografierte, meinte Hitler: »Sie dürfen den Schnappschuß nicht veröffentlichen, Hoffmann. Ein Staatsmann gestattet es sich nicht, mit einem kleinen Hund fotografiert zu werden.«

Als Göring fortwährend rauchte, versuchte ihn Hitler mit der Begründung abzuhalten, daß man ja auch als Denkmal nicht »mit einer Zigarre im Mund« dargestellt werden könne.

Alle diese Witze – teilweise in Form von Anekdoten – wurden natürlich stets »unter vorgehaltener Hand« weitergegeben, und dennoch gelang es hin und wieder, das Hitlerregime in aller Öffentlichkeit lächerlich zu machen, und zwar durch Inserate, die in ihrer maßlosen Übertreibung einen raffinierten, allerdings nicht jedermann erkennbaren (sonst wären sie nicht gedruckt worden) Angriff auf das faschistische System darstellten. Als Beispiel sei ein 1935 veröffentlichtes Inserat aus »Münchener Neueste Nachrichten« (Nr. 169) zitiert:

> 52jähriger, rein arischer Arzt,
> Tannenbergkämpfer, mit Siedlungsabsicht,
> wünscht

männliche Nachkommenschaft
durch standesamtliche Ehe
mit gesundem, altarisch,
jungfräulich jungem, anspruchslosem,
auch für grobe Arbeit geeigneten,
wirtschaftlichen Weibe
mit breiten Absätzen,
ohne Ohrringe,
möglichst ohne Vermögen,
Vermittler abgelehnt,
Verschwiegenheit zugesichert.
Briefe unter AEH 151094 an die M. Neust. N.

Daß diese Satire gedruckt wurde, zeugt zum einen von der bornierten Arglosigkeit der nazistischen Redakteure, zum andern von einer besonderen Wendigkeit des Autors, der die lächerlichen Floskeln so formulierte, daß man ihm nichts anhaben konnte.

Die meisten – zum Teil in ziemlicher Offenheit – gegen Hitler gerichteten Äußerungen erlebte ich in Wien nach den Ereignissen des 20. Juli 1944. Allenthalben wurde bedauert, daß das Attentat mißlungen war, und als wir in der Wohnung Rolf Kargs die angeschlagene Stimme des »Führers« im Radio hörten (»Eine ganz kleine Gruppe ehrgeiziger, gewissenloser und zugleich verbrecherischer, dummer Offiziere hat ein Komplott geschmiedet, um mich zu beseitigen ...), da wußten wir, daß trotz des Fehlschlags das Ende nicht mehr weit war.

Zu den ihn umgebenden »Nullen«, »kleinen Würmchen«, »Trunkenbolden« und »armseligen Irren« hatten sich nun noch »gewisssenlose« und »dumme« Offiziere gesellt – und das Bild rundet sich ab mit jenem unfreiwilligen Witz, den er am Tage seines Selbstmordes seinem Chefpiloten gegenüber machte: »Baur, man müßte mir auf meinen Grabstein setzen: ›Er war das Opfer seiner Generale‹!«

Der Prächtige

In der Hierarchie der braunen Machthaber gab es keinen, der es so verstand, sein wahres Wesen mit einer volkstümlich wirkenden Maske zu verschleiern, wie Göring, und es ist bezeichnend, daß er sich von Anfang an mit seinem Vornamen populär machte, so daß – wenn irgendein Witz über einen gewissen »Hermann« auftauchte – jedermann wußte, wer gemeint war.

Dieser raffiniert geschaffene Nimbus, mit dem er sich umgab, stand im krassen Gegensatz zur verbrecherischen, brutalen Natur dieses Mannes, welch letztere allerdings bei vielen Gelegenheiten durchbrach, wie zum Beispiel bei den Nacht-und-Nebel-Aktionen im Anschluß an den Reichstagsbrand, wo er in einer öffentlichen Rede am 3. März 1933 in Frankfurt am Main mit wutverzerrter Stimme ausrief: »Hier habe ich keine Gerechtigkeit zu üben, hier habe ich nur zu vernichten und auszurotten, weiter nichts!«

Druckten damals die Zeitungen dergleichen noch wörtlich nach, war man später dazu übergegangen, gewisse Retuschen vorzunehmen. So hatte er in einer Rede nach Kriegsbeginn Chamberlain über den Äther zugerufen, sein Flugblatt interessiere ihn »einen Dreck«. Die Presse am nächsten Tag korrigierte dies in die Worte »überhaupt nicht« – obwohl die drastische Wendung »einen Dreck« das einzige war, was die Zuhörer von der gesamten Rede behalten hatten.

Meinen ersten Eindruck von Göring bekam ich, als wir im großelterlichen Hause in Eisleben am Radio den Prozeß um den Reichstagsbrand verfolgten und hierbei die Kontroverse zwischen Göring und seinem Rivalen Dimitroff, dem er in keiner Weise gewachsen war, erlebten. Als Göring wutschnaubend mit den Worten: »Warten Sie nur, bis wir Sie außerhalb der Rechtsmacht dieses Gerichtshofes haben werden!« den Saal verließ und Dimitroff ihm nachrief: »Sie haben wohl Angst vor meinen Fragen, Herr Ministerpräsident?« – da ging es uns wohl wie vielen Familien in Deutschland: Wir hatten das Gefühl, daß das herrschende Regime eine wichtige Schlacht verloren hatte. Aus gutem Grund wurden seitdem keine Direktübertragungen von diesem Prozeß mehr gesendet, aber dieser eine Eindruck blieb haften, und die Retusche kam – wie in der vorhin erwähnten Rede – zu spät.

Der von Dimitroff geäußerte Verdacht, daß die Faschisten selbst den Brand gelegt hätten, war durch diese Rundfunkübertragung in weite Kreise der Bevölkerung getragen worden, und es dauerte nicht lange, bis die ersten Flüsterwitze im Umlauf waren:

Am Abend des 27. Februar 1933 kommt Görings Adjutant atemlos ins Arbeitszimmer seines Chefs gestürzt: »Herr Ministerpräsident!« schreit er aufgeregt. »Der Reichstag brennt!« Göring schaut auf die Uhr und schüttelt verwundert den Kopf. »Schon?«

»Gestern hab' ich Göring in der Leipziger Straße gesehen«, sagt ein Bürger zum anderen. »So?« erwidert dieser. »Wo hat's denn da gebrannt?«

Zur Kennzeichnung der Situation mag erwähnt werden, daß historische Recherchen ergeben haben, daß Göring kurz nach dem Reichstagsbrand in der Reichskanzlei vor Himmler, Frank und einigen Gauleitern erklärte, »seine Jungens« hätten den Brand angelegt, und später – im Zusammenhang mit der Röhm-Affäre – dafür sorgte, daß diese Jungens (zu ihnen gehörte der Anführer des Brandstiftertrupps Karl Ernst) als lästige Mitwisser ermordet wurden.

Göring, der sich zu Beginn des Nürnberger Kriegsverbrecherprozesses so benahm, als ginge ihn die ganze Sache nichts an, wurde der vielfältigsten Verbrechen überführt, auf die hier einzugehen nicht der Platz ist.

Es möge nur, um die wahre Natur dieses in der Öffentlichkeit so jovial wirkenden Mannes aufzuzeigen, die stenographische Niederschrift der »Besprechung über die Judenfrage«, die unter Vorsitz Görings im Anschluß an die »Reichskristallnacht« am 12. November 1938 im Reichsluftfahrtministerium stattfand, herangezogen werden. Hier machte Göring unter anderem folgende Äußerungen:

»Meine Herren, die heutige Sitzung ist von entscheidender Bedeutung. Ich habe einen Brief bekommen, den mir der Stabsleiter des Stellvertreters des Führers, Bormann, im Auftrag des Führers geschrieben hat, wonach die Judenfrage jetzt einheitlich zusammengefaßt werden soll und so oder so zur Erledigung zu bringen ist ...

Bei der Arisierung der Wirtschaft ist der Grundgedanke folgender: Der Jude wird aus der Wirtschaft ausgeschieden und tritt seine Wirtschaftsgüter an den Staat ab ... Das Sichtbarste, meine Herren, für das Volk sind die jüdischen Kaufläden und nicht etwa die Beteiligungen. Deshalb muß hier begonnen werden ...

Ein weiterer Punkt! Ich habe festgestellt, daß Arier ein jüdisches Geschäft übernommen haben und dann so geschäftstüchtig waren, den Namen dieses jüdischen Geschäftes in irgendeiner Form mit ›vormals‹ beizubehalten oder überhaupt beizubehalten. Das darf nicht sein; das darf ich nicht erlauben. Denn sonst kommen Dinge vor, wie sie jetzt wieder passiert sind, daß Läden eingeschmissen wurden, deren Aushängeschild jüdisch klang und auch einmal jüdisch war, die aber jetzt längst arisiert waren. Hier darf und muß der jüdische Name der früheren Firma restlos ausgelöscht werden ...

Also wir werden den Juden einen gewissen Waldteil zur Verfügung stellen, und Alpers wird dafür sorgen, daß die verschiedenen Tiere, die den Juden verdammt ähnlich sehen – der Elch hat so eine gebogene Nase –, dahin kommen und sich da einbürgern …

Mir wäre lieber gewesen, ihr hättet 200 Juden erschlagen und hättet nicht solche Werte vernichtet …

Noch eine Frage, meine Herren: Wie beurteilen Sie die Lage, wenn ich heute verkünde, daß dem Judentum als Strafe diese 1 Milliarde als Kontribution auferlegt wird? … Ich werde den Wortlaut wählen, daß die deutschen Juden in ihrer Gesamtheit als Strafe für die ruchlosen Verbrechen usw. usw. eine Kontribution von 1 Milliarde auferlegt bekommen. Das wird hinhauen. Die Schweine werden einen zweiten Mord so schnell nicht machen. Im übrigen muß ich noch einmal feststellen: ich möchte kein Jude in Deutschland sein!«

Stellt man diese authentischen Äußerungen dem Bild gegenüber, das Göring in der Bevölkerung über sich verbreiten ließ, so ist ein größerer Kontrast kaum denkbar. Er selbst war nach Kräften bemüht, diesen Kontrast zu verstärken, vor allem in jenen Positionen, die eine besondere Natur- und Volksverbundenheit dokumentieren sollten. Bekanntlich war er – neben unzähligen anderen Funktionen – auch Reichsjägermeister, und die Präambel die er dem von ihm inspirierten Reichsjagdgesetz vom 3. Juli 1934 voranstellen ließ, spricht für sich:

»Die Liebe zur Natur und ihren Geschöpfen und die Freude an der Pürsch in Wald und Feld wurzelt tief im deutschen Volk. Aufgebaut auf uralter germanischer Überlieferung, hat sich so im Laufe der Jahrhunderte die edle Kunst des deutschen Waidwerks entwickelt. Für alle Zukunft sollen Wald und Jagd als wertvolle deutsche Volksgüter dem deutschen Volk erhalten bleiben, die Liebe des Deutschen zur heimatlichen Scholle vertiefen, seine Lebenskraft stärken und ihm Erholung bringen von der Arbeit des Tages.«

Zu diesem romantisierenden Bild paßt, daß Göring die Vivisektion an Tieren aller Art verbot – zu einer Zeit, als Mißhandlungen von Menschen in den Konzentrationslagern an der Tagesordnung waren. Auch das von ihm initiierte Tierschutzgesetz vom 24. November 1933, welches das Verbot enthielt, »ein Tier unnötig zu quälen oder roh zu mißhandeln«, erweist sich als bloße Heuchelei, was sich besonders aus einem Vergleich mit dem am gleichen Tage (!) unterzeichneten Gesetz gegen gefährliche Gewohnheitsverbrecher und über Maßnahmen der Sicherung und Besserung ergibt. Im Artikel 2 dieses Gesetzes wird als Maßregel der Sicherung und Besserung »die Entmannung gefährlicher Sittlichkeitsverbrecher« angeführt, während es im Abschnitt II des Tierschutzgesetzes heißt: »Verboten ist, an einem Tier in unzweckmäßiger Weise oder ohne Betäubung einen schmerzhaften Eingriff vorzunehmen. Die Kastration ist als schmerzhafter Eingriff anzusehen bei Pferden, bei über drei Monate alten Rindern und Schweinen und bei geschlechtsreifen Schaf- und Ziegenböcken.«

In zynischer Weise wurden hier, wie die vergleichende Gesetzesanalyse ergibt, Gebote der Menschlichkeit unter die des Tierschutzes gestellt, was im übrigen einer ganz bestimmten Einstellung Hitlers entgegenkam, der das Leben der Tiere höher schätzte als das der Menschen, die er zu Millionen opferte. Er ergriff angeblich für die unschuldigen Hasen und Rehe Partei, beschimpfte die Jäger und lehnte es ab, Tierfleisch zu essen. Am 17. April 1943 erklärte er gegenüber dem ungarischen Reichsverweser von Horthy, daß man – wenn sogar unschuldige Naturgeschöpfe wie Hasen und Rehe getötet werden müßten, damit kein Schaden entstehe – die »Bestien, die uns den Bolschewismus bringen wollten«, nicht mehr schonen solle.

In diesem Durcheinander der Gefühle und Argumente nahm Göring, der eigentlich als Reichsjägermeister von Hitler in erster Linie hätte abgelehnt werden müssen, eine höchst widerwärtige Stellung ein: Er betätigte sich sowohl an der systematischen Tötung der von Hitler als »unschuldige Naturgeschöpfe« bezeichneten Hasen und Rehe als auch – und das in gesteigertem Maße – an der Ermordung unzähliger Menschen, wie ihm im Nürnberger Prozeß detailliert nachgewiesen werden konnte.

Er war ein Mörder in stets glänzend sitzender Uniform, und da er diese Uniformierung in eitler Selbstgefälligkeit übertrieb, ist es nicht verwunderlich, daß sich an diesem Umstand der Volkswitz besonders entzündete.

»Göring zieht nach neuesten Meldungen nach Leipzig«, hieß es. »Warum? Weil es dort ein Gewandhaus gibt!«

Verschiedentlich wurde erzählt, er läge mit verbundenem Kopf auf dem Sofa, und zwar in Forstmeisteruniform. (Grund: Der Bedauernswerte hatte eine Kieferoperation hinter sich!)

In dieselbe Richtung weist ein Witz über Petrus, der wütend fluchte: »Jedesmal, wenn der Göring hier zum Wochenende gewesen ist, fehlt mir nachher ein Stern!«

Bei einer Reise durch den Teutoburger Wald – so berichtet eine zeitgenössische Anekdote – erblickt Göring in der Ferne ein großes Bauwerk. Auf seine Frage, was das sei, wird erwidert: »Das ist das Hermannsdenkmal!« Darauf Göring, geschmeichelt lächelnd, mit repäsentativer Bescheidenheit: »O, das wäre für die paar Tage nicht nötig gewesen!«

Hitler ist in einer Lohengrinvorstellung eingenickt. Goebbels, der neben ihm sitzt, befürchtet, das Publikum möchte die menschliche Schwäche seines vergötterten Führers bemerken, und versucht ihn zu wecken. Hitler

Die Anziehpuppe

richtet seinen schlaftrunkenen Blick auf die Bühne und ruft: »Was hat denn der Hermann jetzt wieder angezogen?«

Eigentlich hatte dieser Flüsterwitz zwei Spitzen: einmal den Uniformfimmel Görings, zum anderen den Richard-Wagner-Kult Hitlers. Beides lag ziemlich auf einer Linie, nämlich der Betonung des Dekorativen, und die Bayreuther Festspiele erhielten durch Hitler den Beigeschmack einer uniformen Geisteshaltung, die das Wirken germanischer Helden auf die Gegenwart übertragen sollte. Wenn auch Hitler und seine Getreuen in ihrem Äußeren keineswegs dem faschistischen Rassenideal entsprachen, so umgaben sie sich doch angesichts dieser Festspiele mit dem Nimbus sogenannter Edelgermanen.

Ein Verdienst des antifaschistischen Flüsterwitzes ist es, daß er diesen Nimbus zuweilen durchlöcherte und hierbei oft in die intimsten Bereiche seiner Helden vorstieß. Die Ehelosigkeit Hitlers wurde ebenso verspottet wie die zweite Verehelichung Görings. Der Pomp, der Görings Hochzeit mit der Schauspielerin Emmy Sonnemann begleitete, war Anlaß genug, über diese Ehe gebührende Glossen zu machen.

»Hermann Göring war gezwungen, seine Emmy zu heiraten«, hieß es, »weil er eine alte Schachtel für seine vielen Orden brauchte.«

Hier blitzte natürlich wieder der Gedanke an seine Eitelkeit und seine Vorliebe für das Dekorative durch. Göring war als letzter Kommandeur des Jagdgeschwaders Richthofen und »Pour-le-mérite«-Träger 1922 zur NSDAP gestoßen und hatte das Kommando über die SA erhalten. Nach dem Münchner Bierkellerputsch von 1923 floh er nach Schweden, wo er ein paar Jahre als Schauflieger und Leiter von Luftfahrtgesellschaften lebte und von wo er seine erste Frau Karin geb. Baronin v. Fock-Kantzow mitbrachte, deren Vermögen ihm einen komfortablen Lebensstil gestattete. Seine Beziehungen machten ihn für Hitler als Kontaktmann zu großkapitalistischen und erzkonservativen Kreisen unentbehrlich. Aber sein protziger Lebensstil bedingte, daß er mehr Geld ausgab, als er besaß, und vom September 1925 bis zum Sommer 1926 hatte er sich in der schwedischen Irrenanstalt Langbro einer schweren Morphiumentziehungskur unterwerfen müssen. Gemäß einer photokopierten Urkunde, die 1933 durch die Weltpresse ging, war er von zwei schwedischen Ärzten 1925 offiziell für verrückt erklärt worden. Die Drogensucht verfolgte ihn bis ins Nürnberger Hauptkriegsverbrechergefängnis.

Der Tod seiner ersten Frau Karin im Oktober 1931 warf ihn wiederum aus dem Gleichgewicht, es folgten Exzesse aller Art, Intrigen und blutige Terrorakte, und schließlich das Verhältnis zur Schauspielerin Emmy Sonnemann, einer blonden Walküre und mittelmäßigen Darstellerin romantischer Heldinnen. Es ist überliefert, daß sie sich insgeheim daran ergötzte, um wie vieles mehr ihr Äußeres dem Germanen-Idol entsprach als das Aussehen der faschistischen Führer. Der innere, vor allem aber äußere Gegensatz zwischen ihr und Göring (letzterer stellte einen Fleischberg von 140 kg dar) mag zu folgendem Witz Anlaß gegeben haben:

»Wenn Emmy von Hermann ein Kind bekommt, was ist das?«

»Ein Triumph des Willens!«

»Und wenn Hermann glaubt, das Kind sei von ihm, was ist das?«

»Ein Sieg des Glaubens!«

In diesem Flüsterwitz wurden zum erstenmal die als heilig zu geltenden Namen zweier Reichsparteitage eingeflochten, und da die dokumentarischen Reichsparteitagsfilme von Leni Riefenstahl weithin bekannt waren, kommt diesem Witz eine besondere damalige aktuelle Bedeutung zu. Der polnische Filmhistoriker Jerzy Toeplitz bemerkt:

»›Triumph des Willens‹ ist eine nicht alltägliche und einzigartige Erscheinung in der Filmkunst: zwei Stunden und zwanzig Minuten konzentrierte Hysterie; eine ungeheure Menschenmasse, die unter der Fahne der finstersten, reaktionärsten, abstoßendsten Ideologie, die man sich nur vorstellen kann, mobilisiert wurde; ein lächerlich aussehender, mit sich überschlagender Stimme brüllender Führer als zentraler Punkt des Films – das war es, was Leni Riefenstahl zeigte. Sie zeigt es mit Verehrung, mit Liebe und mit demselben Glauben, von dem die marschierenden Massen beseelt sind, die ganz mechanisch den Arm zum germanischen (möglicherweise römischen) Gruß heben und ›Heil!‹ schreien, bis ihnen die Luft wegbleibt. Sie zeigt es mit Glauben und Liebe und mobilisiert dabei alle ihre schöpferischen Kräfte und ihr unbestrittenes Talent. Das, was für uns schon damals, so wie es auch jetzt ist, eine apokalyptische Vision einer heraufziehenden Vernichtung, einer Verkündigung der braunen Barbarei, der Zeit der Krematorien und der Verachtung war, war für Leni Riefenstahl der Morgen einer neuen, glücklichen Ära, war das Dritte Reich, das tausend Jahre bestehen sollte.«

Diese Schilderung ist keineswegs übertrieben, und wer – wie ich als seinerzeitiger Gymnasiast – die beiden Dokumentarfilme »Triumph des Willens« und »Sieg des Glaubens« über sich ergehen lassen mußte, kann bezeugen, daß die Massenpsychose, welche die Teilnehmer dieser Veranstaltungen ergriffen hatte, von beängstigendem Ausmaß war. Es sei hinzugefügt, daß die wesentlich kleineren Kundgebungen im Lande einen durchaus ähnlichen Charakter besaßen, und ich erinnere mich an eine Kundgebung mit dem faschistischen Erziehungsminister Rust auf der Eisleber Wiese, die sich im Stil (zakkige Aufmärsche und enthusiastische Heilrufe) vom Reichsparteitag durch nichts unterschied.

Es waren also heilige Begriffe, die in dem erwähnten Witz über Göring und seine Frau Emmy untergebracht waren, aber das erhöhte auf alle Fälle ihre Wirkung.

Die Ehe der beiden hatte noch ein anderer Flüsterwitz zum Gegenstand:

Man bespricht im Reichsluftfahrtministerium die geplanten Feierlichkeiten anläßlich der bevorstehenden Niederkunft Emmy Görings.

»Was gedenken Exzellenz zu tun, wenn es ein Mädel wird?«

»Dann werden hundert Flieger über Berlin kreisen!«

»Und wenn es ein Junge wird?«

»Tausend Flieger über Berlin!«

»Und wenn gar nichts kommt?«

»Dann fliegt mein Adjutant!«

Indem hier der Tatbestand des Ehebruchs mit dem höchstgestellten Ehepaar des Deutschen Reiches in Verbindung gebracht wurde, erfolgte gleichzeitig die Brechung eines von den faschistischen Ideologen strikt bewahrten Tabus, nämlich der Verpönung sexueller Dinge, die man kurzweg als jüdische Entartung kennzeichnete und mit Namen wie Magnus Hirschfeld, Sigmund Freud und anderen in Verbindung brachte.

Es ist klar, daß sich der Flüsterwitz nicht an derartige Richtlinien hielt, im Gegenteil, der sexuelle Bereich wurde keinesfalls ausgespart.

Das auffallendste Merkmal der faschistischen Moral war nämlich eine in alle gesellschaftlichen Bereiche vorgedrungene Prüderie, die bis zur Verdrängung natürlicher Wünsche und Vorstellungen ging. Im Gegensatz zum ausschweifenden Leben der obersten Führer (erinnert sei an die Exzesse von Goebbels und Streicher) bis zu den Gauleitern, die sich auf prunkvollen Schlössern ihre Mätressen hielten, wurde dem Volk ein gleichsam geschlechtsloses, nur dem Führer und seiner Bewegung gewidmetes Dasein als Ideal hingestellt. Demzufolge hatte in der Jugenderziehung jede sexuelle Anspielung zu unterbleiben, und selbst das BDM-Werk »Glaube und Schönheit« erschöpfte sich in sittlich-strenger Gymnastik, folkloristischen Tänzen und patriotisch-musikalischer Untermalung.

Da das weite Gebiet der Liebe nicht gänzlich ignoriert werden konnte, wurde es zwar geduldet, aber durch rassistische Vorbedingungen in einen völkisch-penetranten Kult gezwängt, der in vielen Fällen jegliche freie Willensentscheidung auf dieser Ebene hemmte und unmöglich zu machen versuchte. Das gilt nicht zuletzt auch für die Herausstellung des nackten menschlichen Körpers, die man – besonders in Filmen – weitgehend vermied, und es war schon eine Sensation, als ausgerechnet im Jahre 1937, das für den Kampf gegen die sogenannte »entartete Kunst« charakteristisch war, ein Film herauskam, der dieses Tabu brach. Es handelt sich um den Willi-Forst-Film »Serenade«, in welchem die Schauspielerin Hilde Krahl – allerdings nur unter Wasser – hüllenlos zu sehen war. Es folgte ein Jahr später »Verwehte Spuren«, den der berüchtigte Jud-Süß-Regisseur Veit Harlan gedreht hatte und der im Rahmen von Geschehnissen während der Pariser Weltausstellung einige auf Pferden reitende Damen mit entblößtem Oberkörper zeigte. Derselbe Regisseur baute dann in seinem Film »Das unsterbliche Herz« (1939) eine Art Striptease ein, in welcher sich die Schauspielerin Kristina Söderbaum entkleidete, um ihren in seine Arbeit vertieften Ehemann auf andere Gedanken zu bringen.

Wie sehr die faschistische Moralerziehung Fuß gefaßt hatte, war aus den Publikumsreaktionen auf diese Szene zu entnehmen, die überwiegend – sogar von meinen Altersgenossen – abgelehnt wurde. »Das hätten sie weglassen sollen«, wurde in meiner Klasse mehrfach geäußert, während man merkwürdigerweise gegen den Prolog des Riefenstahl-Films »Olympia 1936« nichts hatte, der zum großen Teil aus Aktaufnahmen bestand. Aber hier war es die rassistische Komponente, die jedem möglichen Einwand den Boden untergrub, und Himmlers Polizeiverordnung zur Regelung des Badewesens vom 10. Juli 1942, die in § 3 eine Lanze für die Freikörperkultur brach, veranschaulicht einmal mehr die Doppelbödigkeit der faschistischen Moral; denn das Nacktbaden wurde vor allem Bestandteil der SS-Einrichtung »Lebensborn«, diente also dem Rassenzuchtgedanken.

Die erotischen Pfade im damaligen Deutschland waren mithin sehr verschlungen, und es ist kein Wunder, daß der politische Witz unter geheimer Auflehnung gegen derartige Verhältnisse oft seine Zuflucht zur Analerotik fand, wobei das Ehepaar Göring nicht ausgespart wurde:

Emmy Göring geht mit einer Kerze um ihren Nachttopf herum. Ihrem darüber verwunderten Ehemann sagt sie: »Na, ihr macht doch auch um jeden Sch …dreck einen Fackelzug!«

In diesem Witz, den ich seinerzeit von meinem bäuerlichen Nachbarn hörte, machte sich die Stimme des Volkes auf drastische Weise Luft, und es dürfte nicht uninteressant sein, wann ich den Begriff »Volkes Stimme« zum erstenmal hörte. Es war im ersten Jahr der faschistischen Herrschaft, als in der neben unserem Eisleber Wohnhaus befindlichen Mitteldeutschen Waffel- und Keksfabrik (Miwafa) gestreikt wurde. Dies war etwas Einmaliges, und der Streik richtete sich gegen den Wohlstand des Fabrikbesitzers Fricke auf der einen und die niedrigen Löhne auf der anderen Seite. »Volkes

Stimme!« riefen einige, und ein faschistischer Provokateur fragte spöttisch: »Was soll das sein: Volkes Stimme?« Da rief meine dabeistehende Großmutter: »Volkes Stimme ist Gottes Stimme!« und erntete lauten Beifall.

Später habe ich die »Volkesstimme« auf vielfältige Weise schätzen gelernt, und es war wieder Göring, der auf besondere Weise attackiert wurde:

Als er seine Garage betritt, muß er feststellen, daß an seinem Auto sämtliche Räder fehlen. Dafür klebt ein Zettel an der Windschutzscheibe mit der Aufschrift: »Räder müssen rollen für den Sieg!« Anschließend begibt er sich in den Gänsestall, wo sämtliche Gänse fehlen. Ein Zettel klärt ihn auf: »Vom Feindflug nicht zurückgekehrt!«

Zu den Eigentümlichkeiten jener Zeit gehört es, daß Göring selbst nicht parodiert werden konnte. Zwar forderte sein Äußeres die Karikatur heraus (»schlank wie Göring« solle die deutsche Jugend sein, hatte der Zeichner Trier gespöttelt, »blond wie Hitler« und »groß wie Goebbels«), seine Stimme jedoch war zu unpersönlich, zu nichtssagend, ohne unverkennbares Timbre, so daß – während Hitler und Goebbels fortwährend Imitatoren auf den Plan riefen, die freilich nur im Untergrund wirkten – Göring der Mann blieb, der wohl in Wut geraten und brüllen konnte, aber keine individuelle Note besaß, die zur Parodie hätte reizen können.

Insofern erschöpfen sich die über ihn in Umlauf gelangten Witze an seiner Eitelkeit, seiner Großmannssucht, seiner Vorliebe für Uniformen und Orden, und demzufolge ist auch der folgende Witz in diese Kategorie einzureihen:

In Deutschland wird eine neue Gewichtseinheit eingeführt, Göring genannt. »Eine Göring« ist die Summe von Blech, die ein Mann an der Brust tragen kann!

Der Schmächtige

Im Bewußtsein der damaligen Bevölkerung nahm Goebbels ungefähr dieselbe Stelle wie Hitler ein, nur in etwas konzentrierterer Form: Er war der Propagandaredner schlechthin und außerhalb dieser Reden ein unbeschriebenes Blatt. Seine sonstige Tätigkeit bekamen nur jene zu spüren, die mit kulturellen Dingen zu tun hatten, und der sogenannte Normalbürger hätte auf die Frage nach Dr. Joseph Goebbels, wenn er frei von der Leber weg hätte reden dürfen, geantwortet: »Das ist doch der kleine Schreihals vom Sportpalast!«

In der Tat war die Erinnerung an Goebbels identisch mit jener Kundgebung vom 18. Februar 1943, in welcher er die Bevölkerung zum totalen Kriegseinsatz aufrief. Dabei kam es zu der auch von Hitler häufig geübten »Kasperltheater-Befragung«, die darin bestand, daß die Zuhörer auf mehrere Fragen stereotyp mit »Ja!« zu antworten hatten, ohne Zulassung jeglicher Diskussion.

»Ich frage euch: Wollt ihr den totalen Krieg?«

»Jaaa!«

Und so folgte Frage auf Frage, und jedesmal erscholl ein hysterisches »Ja!«, bis die Rede schließlich in dem pathetischen Ausruf endete: »Nun, Volk, steh auf und Sturm, brich los!«

Man würde jedoch den historischen Fakten nicht gerecht werden, wenn man die künstlich angeheizte Atmosphäre im Berliner Sportpalast mit der Stimmung des Großteils der Bevölkerung gleichsetzen wollte, und folgender in den Industriegebieten seinerzeit kursierender Vers dürfte der allgemeinen Stimmung entsprochen haben:

Lieber Tommy, fliege weiter,
wir sind alle Bergarbeiter.
Fliege weiter nach Berlin,
die hab'n alle »ja« geschrien.

Natürlich konnte man auch nicht die Berliner alle in einen Topf werfen, aber es ist durchaus richtig, daß sich die Arbeiter in den Industriegebieten eine besondere Distanz zu derartigen Erscheinungen bewahrt hatten. Ein besonderes Erlebnis sei erwähnt: Ich befand mich, als die besagte Goebbels-Rede im Radio übertragen wurde, in der bereits erwähnten Gaststätte »Goldene Kugel« auf der Eisleber Nußbreite, und beim Höhepunkt der Veranstaltung, den bewußten Fragen an das Volk, sagte ein Bergmann zu mir: »Weißt du, was jetzt einer machen müßte?« – und er erhob seine rechte Hand, dabei einen imaginären Revolver haltend, und drückte mit dem Zeigefinger ab.

Ich habe diese Geste nie vergessen, sie bildete einen deutlichen Kontrast zu dem fanatischen Gebrüll, das aus dem Lautsprecher drang, und war irgendwie ein Beweis für die Ohnmacht der faschistischen Demagogie.

Dabei war diese Demagogie nicht ungeschickt vorgegangen. Sie hatte es zum Beispiel erreicht, daß die Olympischen Spiele 1936 unter einer künstlichen Fassade der Völkerfreundschaft abrollten, wie es der Aufruf Goebbels' vom 15. Juli 1936 verkündet hatte:

»Nach dem Willen des Führers hat Deutschland für die Olympischen Spiele 1936 Vorbereitungen wie kein anderes Land getroffen. Die hunderttausende ausländischen Gäste sollen würdig empfangen werden und ein besonders glänzendes Beispiel deutscher Gastfreundschaft erleben.«

Diese propagandistische Finesse führte dazu, daß beim Einmarsch der Olympiateilnehmer auf dem Berliner Sportfeld am 2. August 1936 der faschistische »deutsche Gruß« zum »olympischen Gruß« geworden war und fast alle Mannschaften (die Sowjetunion nahm nicht teil) mit erhobener rechter Hand grüßten.

Unmittelbar nach Beendigung der Olympischen

Spiele wurde die gesamte Beschwichtigungsaktion eingestellt, und beim Reichsparteitag 1936, dem »Parteitag der Ehre«, kam es zu Ausfällen von noch nie dagewesenem Ausmaß. So rief Hitler am 9. September aus: »Wir sehen um uns die Zeichen einer bösewerdenden Zeit«, und zwei Tage später fügte Goebbels hinzu: »Unterdes wollen wir nicht müde werden, immer wieder den Völkern zuzurufen: ›Die Juden sind schuld, die Juden sind schuld!‹« – – und das, obwohl zum Beispiel vier Wochen zuvor die jüdische Sportlerin Helene Mayer im Florettfechten für Deutschland die Silbermedaille gewonnen hatte.

Es ist charakteristisch, daß Goebbels' Maßnahmen zur Manipulierung des Bewußtseins der Massen mit politisch weittragenden Ereignissen auf anderen Ebenen einhergingen. So kam es während der Verhandlungen zwischen Roosevelt und Schacht, die einer Wiederaufrüstung Deutschlands die Wege ebneten, am 10. Mai 1933 zur Aktion der Bücherverbrennung, was den amerikanischen Präsidenten keineswegs davon abhielt, weiterhin mit Hitlers Abgesandten den Kontakt aufrechtzuerhalten. Goebbels konnte also unangefochten sein mittelalterliches Werk vollenden und ließ jeden Bücherstapel mit einem dazugehörigen Feuerspruch versehen. »Gegen Klassenkampf und Materialismus«, lautete der Begleittext zu den Werken von Karl Marx, »für Volksgemeinschaft und idealistische Lebenshaltung!«

Dabei nahm sich seine persönliche Erscheinung gegenüber diesen pompösen Vorgängen äußerst kläglich aus. Er war von kleiner Statur (den »kleinen Doktor« nannten ihn seine Gefolgsleute) und hatte ein verkürztes Bein, weshalb er vom Volksmund »Humpelstilzchen« oder »Schrumpfgermane« genannt wurde, zuweilen auch »Reichslügenmaul«. »Die Lüge hat ein kurzes Bein«, wurde oft bissig gesagt.

Um diesen Klumpfuß hatte übrigens innerhalb der Parteihierarchie jahrelang ein wüster Kampf getobt, da die Brüder Strasser behaupteten, es sei ein Geburtsfehler, was Goebbels natürlich bestritt. Bestreiten mußte, da die faschistische Rassenlehre derartige Gebrechen für ein Zeichen der Minderwertigkeit nahm.

Besonders peinlich wirkte das Ganze, als Goebbels im Jahre 1933 als Vertreter des Reiches in Genf erschien und die dortige Presse eine Karikatur von ihm veröffentlichte, die ihn als verkrüppeltes, schwarzhaariges Männchen zeigte.

Darunter stand:

»Wer ist denn das?«

»Aber das ist doch der Vertreter der hochgewachsenen, gesunden, blonden und blauäugigen nordischen Rasse!«

Zur selben Zeit bezeichnete der Chef der englischen Presse, Lord Rothermere, Hitler als »Judenstämmling« – eine in den Augen der faschistischen Partei unerhörte Brandmarkung.

Da auch Kabarettisten und Conférenciers hin und wieder solche Andeutungen wagten – wenngleich in vorsichtiger und äußerst geschickter Form –, ist es kein Wunder, daß Goebbels dieser Berufsgruppe ein besonderes argwöhnisches Augenmerk widmete. Am 30. Januar 1941 kam es sogar zu einer »Anordnung betreffend Verbot des Conférence- und Ansagewesens«, in der sich Goebbels folgendermaßen über die von ihm geächteten Künstler ausließ:

»In sogenannten politischen Witzen üben sie offen oder versteckt Kritik an der Politik, Wirtschafts- und Kulturführung des Reiches ...

Auf Grund des § 25 der Ersten Verordnung zur Durchführung des Reichskulturkammergesetzes vom 1. November 1933 ordne ich hiermit an:

1. Jegliche sogenannte Conférence oder Ansage wird ab sofort für die ganze Öffentlichkeit grundsätzlich verboten.
2. Glossierungen von Persönlichkeiten, Zuständen oder Vorgängen des öffentlichen Lebens, auch angeblich positiv gemeinte, sind in Theatern, Kabaretts, Varietés und sonstigen öffentlichen Unterhaltungsstätten verboten.

Dieser Erlaß stellt eine letzte ernste und eindringliche Mahnung dar. Übertretungen werden auf Befehl des Führers mit schärfsten Strafen geahndet.«

In seinen Aktionen gegen den politischen Witz bemächtigte sich Goebbels auch der Presse, so daß der »Kladderadatsch« (Nr. 19/1941) ein Gedicht von Fred Endrikat unter dem Titel »Der Flüsterwitz« veröffentlichte, in welchem es wörtlich hieß:

Der Flüsterwitz ist eine Fliege,
die ausgebrütet auf dem Mist,
aus den Bazillen: Bosheit, Lüge.
Kein Mensch weiß, wer der Vater ist.

Der Flüsterwitz dünkt sich verboten.
Sein Lebenszweck ist zweierlei:
Verleumdung oder platte Zoten,
auf jeden Fall nur Schweinerei.

Am Stammtisch oder andern Winkeln
grinst er uns heimlich ins Gesicht,
mit plump vertrautem Augenzwinkeln.
Er lebt zwar – doch er traut sich nicht.

Der Flüsterwitz nach der Entstehung
schleicht um im Kreise, tief geduckt.
Er ist wie die versetzte Blähung,
die man vom lieben Nachbar schluckt.

Zu den auf solch zotige Art verpönten und von Goebbels offiziell verbotenen Witzen gehörte natürlich auch der folgende:

Hitler steht mit seinen Getreuen auf dem Balkon der Reichskanzlei. Auf der Straße zieht ein endloser Fackelzug vorbei.

Plötzlich wendet sich Hitler verwundert an seine Umgebung: »Was ist denn dem Göring jetzt wieder eingefallen? Jetzt schleppt er gar eine Schildkröte mit im Zug!«

Da bemerkt der neben ihm stehende Himmler: »Das ist keine Schildkröte, mein Führer, das ist Goebbels mit dem Stahlhelm!«

Immer wieder blitzten derartige Vorwürfe auf.

Im allgemeinen verstand es Goebbels jedoch, seine körperlichen Gebrechen zu verdecken, und für jene Deutschen, die ihn lediglich in der Filmwochenschau zu sehen bekamen, blieb der Makel des verkürzten Beines unbemerkt, wie überhaupt die faschistischen Führer darauf bedacht waren, negative Seiten zu vertuschen. Ich kann mich beispielsweise nicht erinnern, während der nazistischen Ära von einem Verhältnis zwischen Goebbels und der Filmschauspielerin Lida Baarova gehört zu haben, obwohl dies authentisch ist und Hitler seinen Propagandaminister deswegen für einige Zeit in die Verbannung geschickt hat. Auch das Verhältnis zwischen Himmler und der Barsängerin Nini Diehl, welches die Geburt eines Kindes zur Folge hatte, blieb der Bevölkerung verborgen, ganz zu schweigen von Hitlers Liebschaft zu seiner späteren Frau Eva Braun, die als Modell des Photographen Hoffmann wenig geeignet war, dem Ansehen des untadeligen Führers Würde zu verleihen. Das gleiche gilt für die Liebesabenteuer Streichers.

Erinnert man sich ferner, daß die Vergangenheit der Frau des Reichswehrministers Blomberg – nämlich ihre Tätigkeit als Prostituierte – ebenfalls erfolgreich vertuscht wurde, kommt der Vernebelungsfunktion der faschistischen Propaganda eine besondere Bedeutung zu. Sie wurde allerdings hier von dem Umstand unterstützt, daß sich erotische Beziehungen im geheimen abspielten, während die Saufgelage des Robert Ley angesichts seines entsprechenden öffentlichen Verhaltens nicht zu verleugnen waren.

Die Gesellschaft, in der sich Goebbels befand, bot somit genügend Anlaß zu satirischen Spitzen, und der Volksmund richtete seinen politischen Witz sowohl auf Goebbels' persönliche Erscheinung als auch auf die Stellung, die er kraft seines Amtes innerhalb der Nazihierarchie einnahm.

»Ich habe meinen Knirps vergessen«, soll eine bekannte Filmschauspielerin gesagt haben, worauf ihre Zofe wegeilt und bei ihrer Rückkunft meldet: »Der Herr Propagandaminister liegt noch im Bett!«

Ebenfalls auf die äußere Erscheinung von Goebbels war folgender Flüsterwitz gemünzt:

Petrus begrüßt Goebbels an der Himmelspforte mit dem Ausruf: »Apoll!« Goebbels fühlt sich geschmeichelt und wehrt bescheiden ab: »Heiliger Petrus, man hat mich schon mit vielen berühmten Männern verglichen, auch mit Göttern, aber daß ich Apoll gliche, das hat mir bisher noch niemand gesagt.« Petrus brummt unwillig. »Halt's Maul und laß mich ausreden: A polnischer Jud' hat hier im Himmel nichts zu suchen!«

Der bereits an anderer Stelle erwähnte Verdacht, jüdischer Herkunft zu sein, kommt auch in den Gebetsworten zum Ausdruck: »Lieber Gott, mach mich blind, daß ich Goebbels arisch find'!«

Dieses Themas hat sich der Flüsterwitz in großem Maße bemächtigt; deutlich ist darin das Bestreben zu erkennen, die Faschisten mit ihren eigenen Waffen zu schlagen, so auch in folgender Anekdote:

Göring und Goebbels gehen in Görings Jagdgebiet spazieren und begegnen einem Waldhüter, der mit »Guten Tag« grüßt. Göring ist das peinlich, und er läßt andern Tags den Mann zu sich rufen und sagt zu ihm: »Warum grüßen Sie mich nicht mit Heil Hitler, wenn Sie mich sehen?« Der Waldhüter erwidert: »Ich dachte, Sie wollten mit dem kleinen Juden ein Holzgeschäft machen, und das wollte ich nicht vermasseln!«

Ein anderes Beispiel:

Goebbels wird in Hamburg sprechen. Er kommt inkognito an und nimmt sich vor der Rede ein Taxi, um sich die Stadt ein wenig anzusehen. Nach einiger Zeit hält der Chauffeur an und sagt, er könne jetzt nicht weiterfahren, da er die Goebbelsrede nicht versäumen wolle. Goebbels ist hocherfreut über die Anziehungskraft seiner Versammlung und drückt ihm beim Aussteigen einen 20-Mark-Schein in die Hand. Da sagt der Chauffeur vor sich hin: »Ich hab' es bisher nicht geglaubt, aber die Juden sind doch die anständigsten Menschen!«

Derartige Witze hatten eine um so frappantere Wirkung, als die antisemitischen Ausfälle des Propagandaministers allgemein bekannt waren.

Auch seine Anfälligkeit gegenüber dem Charme mancher Filmschauspielerinnen war bekannt, wenn auch der konkrete Fall Lida Baarova nur Eingeweihten vertraut war. In diesen Kreisen mag das Gerücht, Goebbels verfolge die Baarova mit Liebeserklärungen, weshalb ihm der Filmschauspieler Fröhlich eine saftige Ohrfeige versetzt haben soll, immer neue Nahrung bekommen haben, so daß ein bekannter Conférencier auf der Brettlbühne unter stürmischem Beifall des Publikums ausrief: »Wir möchten einmal Fröhlich sein!«

Das Filmwesen selbst erlebte unter der Herrschaft Goebbels' eine noch nie dagewesene staatliche Reglementierung, und einige Erscheinungen innerhalb dieses

Bereiches bedurften nicht einmal des Flüsterwitzes, um komisch zu wirken; sie waren selbst Witz genug.

Hierzu zählte der von Goebbels eingestandene Reinfall mit dem Horst-Wessel-Film, einem Machwerk aus dem Jahre 1933, in welchem der Schauspieler Paul Wegener einen – wie die Presse schrieb – »teuflischen Moskauer Drahtzieher«, einen »asiatischen Kommune-Golem« spielte. Diesem Zerrbild eines Kommunisten wurde ein Genosse beigesellt, der im Verlauf der Filmhandlung schwankend wurde und schließlich zu den Faschisten überging. Als wir den Film in einer für alle Schulen obligatorischen Aufführung sahen (er trug inzwischen den Titel »Hans Westmar – einer von vielen«), beeindruckte uns vor allem das Schlußbild: Die geballte Faust des Kommunisten öffnete sich langsam und mündete im Hitlergruß. Eine Sequenz, die unter den Schülern begeisterte Diskussionen auslöste.

Unmittelbar nach der Presse-Voraufführung am 6. Oktober 1933 hatte Goebbels den Film verboten und ihn als sentimentalen Kitsch abgetan. »Wir legen nicht gesteigerten Wert darauf, daß unsere SA über die Bühne oder über die Leinwand marschiert«, hatte er geäußert, »ihr Gebiet ist die Straße.« Diese Begründung ist jedoch angesichts der Tatsache, daß der Film unter verändertem Titel zwei Monate später über die Leinwand ging, nicht stichhaltig. Es war wohl mehr die Furcht vor einer breiten Diskussion über die zweifelhafte Figur Horst Wessels, die Goebbels bewog, auf eine direkte Herausstellung dieses »Volkshelden« zu verzichten. Schließlich war dieser in Zuhälterkreisen eine bekannte Persönlichkeit.

Dabei war es gerade Goebbels, der diesen Zuhälter populär machte, indem er noch vor dessen Tod ein von Wessel gedichtetes Lied (»Die Fahne hoch«) zum Abschluß einer Sportpalastveranstaltung singen ließ. Als »Horst-Wessel-Lied« wurde es später bei Kundgebungen dem Deutschlandlied angefügt, wurde also zur zweiten Nationalhymne, was wiederum Stoff für Flüsterwitze bot. Im Kriege gab es »Horst-Wessel-Butter« (Begründung: Sie marschiert »im Geist in unsern Reihen mit«) – eine Anspielung auf die Schlußworte der Hymne.

Goebbels' Einwirkung auf den Film war äußerst vielgestaltig. So ließ er in propagandistischen Kurzfilmen zwei ständige Figuren (Tran und Helle) auftreten, die von den populären Schauspielern Ludwig Schmitz und Jupp Hussels gestaltet wurden. Hierbei stellte ersterer den negativen Typ dar und wurde in dieser Rolle so volkstümlich, daß sogar Hitler in einer Rede auf ihn Bezug nahm, und zwar bei Erwähnung nörgelnder Zeitgenossen (»Sie wissen, so in der Art Ludwig Schmitz!«)

Entscheidender jedoch war Goebbels' Einwirkung auf den Spielfilm, was bis zur direkten Einflußnahme auf das Drehbuch ging. So änderte er beispielsweise den Schluß des Jud-Süß-Films eigenhändig um und erhöhte dadurch die antisemitische Wirkung. Dabei bediente er sich grober historischer Fälschungen; denn es ist erwiesen, daß Süß Oppenheimer nach orthodox-jüdischem Ritus, also betend, gestorben ist, während die Goebbelssche Fassung dem Publikum einen jammernden, um sein Leben klagenden Delinquenten vor Augen führt.

Die Verfälschung historischer Fakten war Ausdruck vieler Flüsterwitze über Goebbels.

Friedrich der Große, Napoleon Bonaparte und Hindenburg unterhalten sich über die Kriegführung einst und jetzt.

Friedrich der Große: »Wenn ich soviel Flugzeuge gehabt hätte wie Göring, dann wäre der Siebenjährige Krieg in vier Monaten beendet gewesen.«

Hindenburg: »Wenn ich soviel Panzer gehabt hätte

»Schriftsteller ist er?«

wie Hitler, dann wäre nie ein Russe nach Ostpreußen hineingekommen.«

Napoleon: »Ich hätte nur den Doktor Goebbels haben sollen, dann hätte das französische Volk nie erfahren, daß es den russischen Feldzug verloren hat!«

In die gleiche Richtung zielt eine Anekdote, derzufolge Goebbels eine Konfession gegründet haben soll, die als »geschichtsgläubig« bezeichnet wurde – weil sie seinen Geschichten glaubte.

Natürlich erhebt sich bei alldem die Frage, inwieweit die faschistische Propaganda überhaupt in der Bevölkerung Fuß fassen konnte, und es ist vielleicht nützlich, hierbei auf einen ganz speziellen Vorgang einzugehen: Ende 1940 war der in Goebbels' Auftrag entstandene antisemitische Hetzfilm »Der ewige Jude« in die Kinos gelangt, der die Aufgabe hatte, die Bevölkerung gegen die Juden aufzuwiegeln und unterschwellig die Notwendigkeit einer »Endlösung« zu proklamieren. Zu diesem Zweck ließ Goebbels, dem auch die Presse unterstand, eine großangelegte Popagandaaktion anlaufen, und das »Eisleber Tageblatt« brachte am 11. Dezember 1940 einen Vorbericht unter der Überschrift »Das Judenproblem erstmalig im Dokumentarfilm«, der mit den Worten begann: »Seit langem wird das Judenproblem in Wort und Schrift behandelt und seine Bedeutung dem deutschen Volk klarzumachen versucht, aber bisher war das wichtigste Aufklärungsmittel des dokumentarischen Films noch nicht in Anwendung gekommen. Nun erscheint ein dokumentarisches Filmwerk, in dem von Anfang bis Ende nur Juden zu sehen sind … Dieser Film schließt eine spürbare Lücke, denn viele unserer vor allem jüngeren Volksgenossen konnten sich kein wirkliches Bild echten Judentums machen. Hier aber sehen wir den Juden in bisher noch nie gezeigten Aufnahmen bei einem Purimsfest, in der Synagoge bei den uns fremdartig-orientalisch anmutenden heiligen Handlungen, in seinen Rabbinerschulen und beim grausamen Ritual des Schächtens.«

Am 16. Dezember 1940 – einen Tag vor der Aufführung – wurde nochmals ein Vorbericht veröffentlicht: »Der von morgen ab im Eisleber ›Capitol‹ laufende Film ›Der ewige Jude‹ zeigt das Wesen und die geschichtliche Entwicklung des Judentums mit einer klaren Charakterisierung jüdischer Rassenmerkmale. Sein Wert liegt in der Beleuchtung der ewig gleich bleibenden jüdischen Ziele und der Entlarvung aller noch so gut gespielten jüdischen Tarnungsmanöver. Er verursacht ein instinktives Gefühl der Abwehr im Beschauer gegenüber einer fremden Rasse, an die ihn der Film so nahe heranrückt, daß er nicht mehr ausweichen kann. Da beginnt dann unser Rasseninstinkt zu sprechen in einem fast körperlichen Gefühl des Abscheus. Auf dieser instinktiven Abneigung beruht der kaum zu steigernde tiefe Eindruck, den dieser Film in jedem Besucher hinterläßt.«

Derartige Zeitungsartikel, die in ihrer Diktion den »Völkischen Beobachter«, zuweilen sogar den »Stürmer« zu überbieten suchten, waren keine Ausnahmen, sondern die Regel.

Auch die marktschreierische Reklame bei der offiziellen Aufführungsanzeige am 17. Dezember 1940 spricht für sich:

Mittwoch nachm. 4 Uhr große Familien- und Jugendvorstellung

»Der ewige Jude«

(in Jugendfassung, ohne Schächtszenen)

Kleine Preise! Kleine Preise!

Jedes deutsche Mädchen und jeder deutsche Junge müssen diesen Film gesehen haben.

Am 18. Dezember 1940 wurde unter der Überschrift »Juden ohne Maske« eine Rezension von Dr. Karl Krömmelbein veröffentlicht, in der es unter anderem hieß: »Führwahr, dieser Film ist ein ungemein wichtiger und aufschlußreicher Beitrag zur Judenfrage, die zu einer Schicksalsfrage Europas und der Welt geworden ist. Wo überall diese Filmszenen gezeigt werden, da werden sie dazu beitragen, das wahre Wesen des Judentums zu entschleiern und dieses kulturzerstörende Volk als das zu zeigen, was es ist: als eine Geißel der Menschheit, an der alle die Völker sterben, die sich ihrer nicht rechtzeitig zu erwehren vermögen ... Nein, dieses Volk lebt in einer anderen Welt als der unseren, in einer Welt, für die wir kein Verständnis haben, in einer Welt, die uns widerlich ist und uns in allen ihren Erscheinungen abstößt ... Nein und abermals nein: Wir wollen nie mehr etwas mit diesen Menschen, mit diesem Volke zu tun haben. Wir sind glücklich, daß der Führer und seine nationalsozialistische Bewegung uns von dieser Menschheitsgeißel befreit hat.«

Eine redaktionelle Nachbemerkung machte deutlich, daß das Ganze zu einem Volksfest hochstilisiert wurde: »Die gestrige Erstaufführung des Films ›Der ewige Jude‹ wurde von schneidigen Marsch- und Konzertweisen des Musikkorps unseres Infanterieregiments eingeleitet. Dann sprach als Beauftragter des Rassenpolitischen Amtes SA-Sturmführer Korsch. Er schilderte den Kampf des Führers gegen den jüdischen Ungeist der Systemzeit und zeigte an geschichtlichen Beispielen, daß Völker und Kulturen stets dann untergehen, wenn sie sich mit fremdem Blute mischen und artfremdem Geist Einlaß gewähren.«

Zu allem Überfluß wurde dann noch am 20. Dezember 1940 – sozusagen als sinnige Einstimmung auf das bevorstehende Weihnachtsfest – ein weiterer Arikel veröffentlicht, in dem es hieß: »Ein einzigartiger, noch nie im Film gezeigter Einblick in die östlichen Niststätten des Judentums. Wir kennen den Juden fast nur unter der Maske des zivilisierten Europäers: Hier sehen wir ihn in seiner wahren Gestalt als den kulturlosen, widerlichen Schmarotzer.«

Man sieht: An propagandistischer Aktivität fehlte es nicht – und dennoch war das erzielte Ergebnis trotz aller Anstrengungen mehr als mager. Der Film erregte wegen seiner vordergründigen Machart allgemeinen Widerwillen, und die mir bekannten Diskussionen aus dieser Zeit stimmten darin überein, daß sich ein Besuch des Films nicht lohnte.

Dabei mag allerdings der Umstand mitgespielt haben, daß der nur wenige Wochen zuvor gelaufene Film »Jud Süß« durch seine raffiniert gebaute Handlung und die Qualität der Darsteller andere Maßstäbe gesetzt hatte, wenngleich auch hier auf primitive Art geworben wurde, wie das Inserat im »Eisleber Tageblatt« vom 5. November 1940 zeigt:

Wir verlängern
bis einschließlich Donnerstag
das grandiose Filmwerk
JUD SÜSS
Noch nie zuvor ist das Wesen des Judentums
so von einem Film erfaßt worden wie hier …
Ein Film, den jeder Deutsche gesehen haben muß!

Was die erreichte Wirkung betrifft, war »Jud Süß« – eben wegen seiner besseren künstlerischen Qualität – weitaus gefährlicher als »Der ewige Jude«, und Goebbels ging folgerichtig dazu über, seine antisemitischen Tendenzen geschickt in Spielfilmen zu verpacken, von denen an dieser Stelle »Carl Peters«, »Ohm Krüger«, »Der

Weg ins Freie«, »Heimkehr« und »Wien 1910« genannt seien.

Neben dem Medium Film wurde vor allem die Presse zum verlängerten Arm Goebbels'; und zur Kennzeichnung der damaligen Atmosphäre, die im wesentlichen von den örtlichen Zeitungen geprägt wurde, seien im folgenden noch einige, sich chronologisch steigernde Beispiele aus dem „Eisleber Tageblatt« angeführt:

Am 12. September 1939 kommt über »Makow, die Stadt der Juden« ein Frontberichterstatter zu Wort: »Die finsteren jüdischen Typen aller Schattierungen scheinen sich in Makow ein Stelldichein gegeben zu haben. Juda in seiner unverfälschten Ausprägung bevölkert kleine schmutzige Nebenstraßen, zehn bis zwölf Kinder sitzen auf den Treppenstufen der niedrigen, vor Schmutz starrenden Katen, aus denen ein unerträglicher Gestank dringt. Der Kaftan beherrscht das Straßenbild. Schmierige, bärtige Juden schleichen in gedrückter und gebückter Haltung an der Wand entlang und grüßen devot jeden vorbeikommenden Soldaten. Doch hat dieses Gedrückte etwas Lauerndes, Katzenartiges.«

Am 30. September 1939 wurde erstmalig außer dem Hauptfilm »Sensationsprozeß Casilla« eine Wochenschau rezensiert, in welcher es heißt: »Mit treffenden Randbemerkungen des Publikums wurden die Bilder bedacht, in denen Ghettojuden mit Schippe und Spaten wohl zum ersten Male in ihrem Leben körperliche Arbeit leisten müssen.«

Am 6. Oktober 1939 wurde unter der Überschrift »SA räumt auf und die Juden wundern sich« folgendes berichtet: »Ein Zug wurde unlängst in einer kleinen polnischen Stadt eingesetzt, die eben in deutsche Hand gefallen war. Welch Bild bot sich der einrückenden SA! Da standen sie dem Typ des dreckig-speckigen Ostjuden gegenüber, wie er leibt und lebt! 800 langbärtige Kaftanträger wagten sich, kaum daß der Krieg über ihre Stadt hinweggeschritten war, schon aus ihren Hehlerhöhlen heraus, streckten die lange Nase in die Luft und witterten nach neuen Geschäften.«

Soweit das »Eisleber Tageblatt«, und die Tonart derartiger Artikel mag eine ungefähre Vorstellung davon vermitteln, unter welchen Bedingungen sich das Leben jüdischer Bürger im damaligen Deutschland gestaltete. Mit besonderer Genugtuung verweise ich auf Vorgänge, die sich von der beabsichtigten Wirkung der faschistischen Propaganda abhoben. Der damals achtzehnjährige Georg Krause wurde von dem Bannführer der Eisleber Hitlerjugend wegen seines Verhältnisses zu mir zur Rede gestellt und erklärte diesem bündig: »Das ist mein Freund!«

Solche einzelnen Aktionen offenbaren, daß der Propaganda Goebbels' Grenzen gesetzt waren, und sein Name wurde allmählich zum Synonym für Betrug und leere Versprechungen.

»Haben Sie schon gehört«, wurde in einem Flüsterwitz glossiert, »letzte Nacht ist im Propagandaministerium eingebrochen worden!«

»Wurde etwas gestohlen?«

»Ja, die Wahlergebnisse der nächsten zehn Jahre!«

Als besonders charakteristisch mag jene Anekdote erwähnt werden, nach welcher eine Hutfabrik »Goebbelshüte« herausbrachte mit der Kennzeichnung: Kleiner Kopf, großer Rand!

Die für die Versammlungen charakteristische Lautstärke griff auch auf den Schulbetrieb über, und in unserem Gymnasium war es üblich, daß ein Schüler beim Eintreten des Klassenlehrers nach vorn ging, die Hacken zusammenknallte und mit erhobener Hand meldete: »Klasse mit vierundzwanzig Mann angetreten, einer krank. Heil Hitler!«

Vor Beginn des Unterrichts mußte von einem Schüler ein Zitat des Tages (möglichst von Hitler oder Goebbels) verkündet werden. Die ganze Klasse schmunzelte, als ich an die Reihe kam und mich der heiklen Aufgabe mit dem alten Mansfelder Schutz- und Trutzwort »Dennoch!« entledigte.

In ähnlicher Weise verfuhr unser Geographielehrer, Studienrat Pomberg, der jeden Morgen bei seinem Eintreten den die obligatorische Landkarte aufziehenden Schülern das Schillerwort zurief: »Ziehet, ziehet, hebt!«, worauf die Klasse im Sprechchor erwiderte: »Sie bewegt sich, schwebt!« – und der Hitlergruß war damit umgangen.

Im übrigen wurde besonders in den Schulen die Stellung zum Judentum zu einem Gradmesser humanistischer Gesinnung, und der dadurch hervorgerufene ideologische Riß zog sich durch alle Bevölkerungskreise. Hierzu ein kurzes Beispiel:

Im Jahre 1941 war an der Eisleber Handelsschule ein Lehrer tätig, der die Verse Heinrich Heines:

»Anfangs wollt ich fast verzagen,
Und ich glaubt, ich trüg es nie;
Und ich hab es doch getragen –
Aber fragt mich nur nicht, wie?«

mit den Worten kommentierte: »Den hat der Schuh gedrückt!«

Damit sollte die Lyrik Heines lächerlich gemacht werden, und in derselben Unterrichtsstunde ging dieser Lehrer auf die Kompositionen Mendelssohns ein. »Die ›Lieder ohne Worte‹ mögen ganz schön klingen«, erklärte er, »aber ich spiele sie nicht!«

Eine wesentlich andere Gesinnung herrschte in der »Goldenen Kugel«, wo der Bergmann Paul Böttge, der mit einer klangvollen Tenorstimme begnadet war, fast ausschließlich verbotene Lieder jüdischer Komponisten sang, zum Beispiel das »Lied vom tanzenden Toren« von Alexander Schirmann – und das in aller Öffentlichkeit, zuweilen unter den Augen einiger als Spitzel eingeschleuster Gäste.

Es gab aber auch im offiziellen Theaterbereich verschiedentlich Kräfte, die sich der faschistischen Kulturpolitik entgegenstellten. So erlebte ich am 31. März 1939 in einer Aufführung der Oper »Rigoletto«, die vom Mitteldeutschen Landestheater Halle in der Eisleber »Terrasse« dargeboten wurde, daß die Koloratursängerin Julia Lührs vom Opernhaus Berlin in der Rolle der Gilda (getreu der von Victor Hugo konzipierten Urfassung) unbeirrt von ihren Gebeten im »Tempel« berichtete, obwohl die Richtlinien des Propagandaministeriums derartige Eigenmächtigkeiten untersagten. (»Wenn ich an Festestagen vor dem *Altare* kniete«, hätte sie in der nazistischen Textfassung singen müssen).

In der Hauptsache jedoch wurden Schenken und Tanzlokale oftmals zu Zentren oppositioneller Regungen, und das faschistische Propagandaministerium versuchte alles, durch gezielte Beeinflussung solchen Entwicklungen entgegenzuwirken.

Kaum hatte Goebbels in einer Rede Theodor Mommsen zitiert, welcher den Juden als »Ferment der Dekomposition« bezeichnet habe, hieß es in der »Eisleber Zeitung« vom 22. April 1943 unter der Überschrift »Führergeburtstag in der Staatlichen Lutherschule« prompt: »Dr. Sprockhoff streifte dann noch des Führers Kampf gegen das Judentum als ›Ferment der Dekomposition‹, wie es Mommsen nennt.«

Einige Jahre später – nach Zusammenbruch des Hitlerreichs – fuhr ich mit meinem Schulfreund Hans-Joachim Klein im Zug von Eisleben nach Halle, und in unserem Abteil saß Dr. Sprockhoff, jener Studienrat, der obige Sentenzen von sich gegeben hatte. »Ich besuche meinen alten Klassenkameraden Victor Klemperer«, sagte er, »wir haben seinerzeit zusammen das Abitur gemacht.« Und er zeigte uns eine vergilbte Photographie, auf welcher er neben dem »Juden« Victor Klemperer saß, also neben dem »Ferment der Dekomposition« – aber jetzt war dieser Professor in Halle, und Hitler war tot, und überhaupt: wer wird so nachtragend sein und eine geistige Verirrung von damals zum Maßstab von heute nehmen?

Nur war das leider nicht die Verirrung eines unerfahrenen Menschen, sondern eines reifen, intelligenten Mannes. Dr. Sprockhoff war unser bester Deutschlehrer, und wie er fielen viele Intellektuelle auf die Parolen Goebbels' herein. Oder war er gar nicht hereingefallen? Hatte er sich nur der Macht gebeugt? Der Klang seiner Stimme, als er nach dem Einmarsch der Amerikaner den Aufruf General Eisenhowers an die deutsche Bevölkerung mit lauter Stimme von der Litfaßsäule am Eisleber Postplatz ablas, deutete eher darauf hin, daß er kein Nazi war. Warum aber dann jene ausfällige, sogar in der Presse publizierte Äußerung?

Die Antwort liegt zum Teil in der Tatsache, daß es unter dem Einfluß der Goebbelsschen Propaganda gewissermaßen zum guten Ton gehörte, bei den verschiedensten Anlässen irgendein Wort über die Juden zu verlieren. So konnte sich zu Luthers Geburtstag, der in Eisleben an jedem 10. November traditionell begangen wurde, der Kreispropagandaredner Patzschke nicht enthalten, Luthers unglückselige antisemitischen Äußerungen hervorzuheben, während der Hauptredner, Rektor Hasse, hierüber kein Wort verlor, womit bewiesen wurde, daß es auch anders ging.

Faschistische Veranstaltungen rollten in den Kleinstädten nach dem Muster des Berliner Sportpalastes ab, hatten allerdings Miniaturformat, zumal die Gau- oder

Kreisredner an ihr Vorbild Goebbels nicht herankamen. Zwar logen sie genauso, doch wirkten sie steifer, hatten keine persönliche Note, und der äußere Rahmen tat in seiner Ideenlosigkeit ein übriges.

Ich habe während des Krieges einige solcher Veranstaltungen, die meistens in der Eisleber »Terrasse« stattfanden, besucht und mich immer wieder über die geistige Armut damaliger Kundgebungen gewundert. Höhepunkt war meistens, daß der betreffende Referent ausrief: »Komme, was da wolle – wir werden siegen!« – und dann erhob sich ein Siegheilgeschrei, wobei die primitivsten Zuhörer am lautesten mitmischten. Manchmal wurden solche Farcen künstlerisch angereichert. Eines Abends gab ein Opernsänger namens Schmidt eine Führerhymne zum besten: Auf der Bühne wurde ein riesiges Hitlerbild aufgestellt, der Opernsänger Schmidt stellte sich davor und sang mit erhobener Hand die sogenannte Führerhymne. (Daß er zu diesem Zweck ausgerechnet von dem bekannten Operettenbuffo und Komiker Fred Roland angesagt wurde, verlieh dem Ganzen einen ungewollten Zug Lächerlichkeit.)

Überhaupt war die Grenze zwischen Goebbelsscher Propaganda und Lächerlichkeit eng gezogen, und Goebbels selbst war beliebte Zielscheibe derartiger Attakken.

So wurde erzählt, er habe – um der allgemeinen Spendefreudigkeit mit gutem Beispiel voranzugehen – sogar sein Bett der Winterhilfe gegeben.

»Ja, aber wo schläft er denn jetzt?« wurde gefragt.

»Sehr einfach, in seiner eigenen Klappe!«

Nun hieß es aber, er habe sich sein Bett wiedergeben lassen.

»Also schläft er doch nicht in seiner eigenen Klappe?«

»Nein«, lautete die Anwort, »es war ihm darin zu laut!«

Verschiedentlich wurde gemunkelt, Goebbels sei Ehrenbürger von Schwetzingen geworden (weil er der einzige Deutsche ist, der den Spargel quer essen kann!)

Im Laufe des Krieges wurden die auf Goebbels abgezielten Witze immer bissiger, und man nahm ihn wiederholt in seiner Eigenschaft als Gauleiter von Berlin aufs Korn. Nach den furchtbaren ersten Luftangriffen auf die Stadt nannten ihn die Berliner ihren »Schuttpatron«.

Charakteristisch für sein angeschlagenes Image war folgende erfundene Pressenotiz:

»Wenn England bis zum 30. September 1943 nicht mit den Terrorangriffen auf schutzlose deutsche Städte aufhört, wird Reichsminister Dr. Goebbels eine vernichtende Vergeltungsrede halten.«

Sein verzweifelter Ausruf: »Die Schlacht auf den Meeren ist kriegsentscheidend!« gab den Anlaß für folgenden Flüsterwitz:

Hitler, Göring und Goebbels hängen nach dem Krieg am Galgen. Da wendet sich Göring noch einmal rechthaberisch zu Goebbels und röchelt ihm zu: »Ich habe es dir ja immer gesagt: Die Sache wird in der Luft entschieden!«

Im Grunde widerfuhr Goebbels in diesem Witz jenes Schicksal, das er in seiner Tagebucheintragung vom 26. Mai 1943 einem 73jährigen Rentner (!) zugedacht hatte:

»In Berlin hat man einen kommunistischen Zirkel ausgehoben ... Als Haupt ist ein 73jähriger Rentner gefunden worden, der offenbar nichts zu tun hatte und sich deshalb mit staatsfeindlichen Umtrieben beschäftigte. Wir werden ihn einen Kopf kürzer machen!«

Bei diesem von Goebbels mit so zynischen Worten bedachten Rentner handelte es sich um den 1869 geborenen Wilhelm Lehmann, der keineswegs einem kommunistischen Zirkel angehörte, sondern als »Alleintäter« am 28. Oktober 1942 an die Wand einer Bedürfnisanstalt am Mariannenplatz in Berlin die Worte geschrieben hatte:

»Hitler, der Massenmörder muß ermordert werden, dann ist der Krieg zu Ende.«

Gegen diesen Mann, der von einer Monatsrente von 78,80 RM leben mußte und hiervon noch 34,65 RM Monatsmiete zu zahlen hatte, entfaltete Goebbels eine großangelegte Hetzpropaganda, so daß am 22. Januar 1943 der Oberreichsanwalt die Mitteilung erhielt, »trotz des Alters des Beschuldigten sei es im Hinblick auf die Schwere des Angriffs, den der Beschuldigte gegen den Führer gerichtet habe, der Wunsch des Gauleiters von Berlin, daß Lehmann hingerichtet werde.«

Befehlsgemäß verurteilte der Volksgerichtshof den Rentner am 8. März 1943 zum Tode und stellte in der Begründung fest: »Durch die von ihm gewollte Tötung des Führers wäre das Deutsche Reich seiner höchsten Führung beraubt worden, und es hätte ein für Deutschland namenloses Unglück eintreten können.«

Der arische Typus

Konnte in diesem Fall die direkte Einwirkung Goebbels' nachgewiesen werden, lassen sich angesichts des Schicksals der Schwester des Schriftstellers Erich Maria Remarque nur Vermutungen anstellen. Es handelt sich um die 1903 geborene Damenschneidermeisterin Elfriede Scholz geb. Remark aus Dresden, die am 29. Oktober 1943 vor dem Volksgerichtshof stand.

Ihr wurde von Freisler vorgeworfen, sie hätte »in monatelangen maßlos hetzenden defätistischen Äußerungen gegenüber einer Soldatenfrau« die übelsten Erklärungen abgegeben und über den Führer geäußert:

> »Will dieser Idiot etwa noch alle unsere Städte kaputt werfen lassen, ehe er Frieden macht?«

Eine andere Äußerung soll gelautet haben:

> »Was hat uns der für ein Glück gebracht?
> Die ganzen Leute, die zur Front kommen, sind doch nur Schlachtvieh, die er alle auf dem Gewissen hat.
> Wenn mir die Gelegenheit geboten würde, dann würde ich ihm selbst eine Kugel durch den Kopf jagen.
> Die Folgen würde ich gern tragen. Das deutsche Volk wäre dann wenigstens von diesem Mann befreit.«

Sie wurde zum Tode verurteilt – und da die Urteilsbegründung ausdrücklich auf ihren Bruder, den »Verfasser des berüchtigten Machwerks ›Im Westen nichts Neues‹« Bezug nimmt, der kurz vor ihrer Verhaftung im amerikanischen Rundfunk gesprochen hatte, ist der Gedanke nicht abwegig, daß Goebbels auch hier seine Hand im Spiel gehabt hat.

Da die Reden des letzteren – und nicht zuletzt seine ständigen Artikel in der Wochenzeitschrift »Das Reich« – an Quantität fortlaufend zunahmen, während der äußere deutsche Verteidigungsbereich immer kleiner wurde, machte sich der Volksmund in oftmals sarkastischen Äußerungen Luft. So erzählte man:

Goebbels ist gestorben und begegnet im Jenseits einem in Eisen gepanzerten Herrn, der sich ihm vorstellt mit den Worten: »Ich bin Götz von Berlichingen mit der eisernen Hand.«

Darauf Goebbels: »Ich bin Doktor Goebbels mit der feurigen Zunge!«

Götz von Berlichingen zögert kurz, dann dreht er sich entschlossen um: »Und trotzdem ...«

Der Verdächtige

Die Tatsache, daß der »Stellvertreter des Führers«, Rudolf Heß, am 10. Mai 1941 nach England flog, hatte zur Folge, daß er von diesem Zeitpunkt ab aus dem Blickfeld der Öffentlichkeit geriet. Das mindert jedoch keineswegs die Rolle, die dieser Mann im faschistischen Deutschland spielte. Die noch vorhandenen Filmaufnahmen von seinen Reden, vor allem auf den Reichsparteitagen, weisen ihn als fanatischen, seinem Lehrmeister Hitler bedingungslos ergebenen Paladin aus.

Das Charakteristische an diesem Manne war eine absolute Humorlosigkeit, die er zwar mit vielen anderen faschistischen Führern teilt, die bei ihm jedoch besonders ausgeprägt erschien. Zweifellos gehörte er zu jenen Leuten, die sich selber ernst nahmen, und es ist kein Zufall, daß bis zum Jahre 1941 nicht ein einziger Witz über ihn im Umlauf war. Erst sein Flug nach England brachte hier eine schlagartige Änderung, als ob die Bevölkerung auf einmal alles nachholen wollte, was sie vorher versäumt bzw. was man ihr vorenthalten hatte. Man lachte über ihn erst, als er weg war, aber dafür um so heftiger und andauernder.

Das unvorhergesehene Ereignis hatte die unteren Organe der faschistischen Partei hart getroffen. Sie waren in ihrem Nerv verwundet. Die gewundenen Erklärungen über eine angebliche Geistesgestörtheit des Führerstellvertreters konnte bei einem großen Teil der Bevölkerung nur geheime Schadenfreude hervorrufen.

»Was ist paradox?« lautete damals eine gängige Frage. »Wenn im Dritten Reich der zweite Mann als erster türmt!«

Und da Heß in Augsburg gestartet war, wurde diese Stadt vom Volksmund zur »Stadt des ungeahnten Aufstiegs« erklärt.

Im geheimen Lagebericht des Sicherheitsdienstes der SS Nr. 186 vom 15. Mai 1941 heißt es wörtlich: »Nach übereinstimmenden Meldungen aus allen Teilen des Reiches hatte die erste amtliche Verlautbarung zum Fall Heß große Bestürzung hervorgerufen. In der Parteigenossenschaft herrschte tiefe Niedergeschlagenheit ... Es setzte eine Flut von Gerüchten und Vermutungen ein, wie es bisher kaum bei einem anderen Ereignis der Fall gewesen ist.«

Nicht erwähnt wird in diesem Bericht, daß zugleich eine Flut von Witzen hereinstürmte, der gegenüber die faschistische Partei ziemlich machtlos war, weil sie selbst die Motive und Hintergründe für das Verhalten ihres zweitgrößten Chefs nicht durchschaute.

Zu diesen Flüsterwitzen gehörte die erfundene Schlußformel englischer Kriegsberichte: »Bei Tag und Nacht ist kein deutscher Reichsminister eingeflogen!«

Verschiedentlich wurde gespöttelt, Heß sei geflohen, weil er die Stimme von Zarah Leander nicht mehr hören konnte, und in Wien erzählte man sich, er habe seinen Koffer aus England zurückgeschickt mit einem Zettel, der die Worte enthielt: »Ich habe ausgepackt, jetzt könnt ihr einpacken!«

Dieser vor allem in den Wiener Arbeiterbezirken Favoriten und Ottakring kursierende Witz mag der Wahrheit sehr nahegekommen sein; denn zur Zeit des Abfluges lagen die Aufmarschpläne des Feldzuges gegen die Sowjetunion in den Schubfächern, und Heß gehörte zweifellos zu den Eingeweihten. Die Verlautbarung von einer Geistesgestörtheit entsprang also einem gewissen Wunschdenken, verbunden mit der Vorstellung, ein Geisteskranker könne nichts Wichtiges aussagen.

Aber gerade an diesem Punkte entzündete sich der Volkswitz.

In der Gestapohaft treffen sich zwei alte Bekannte.

»Warum bist du hier?«

»Ich habe am 5. Mai gesagt, Heß ist verrückt. Und du?«

»Ich habe am 15. Mai gesagt, Heß ist nicht verrückt!«

Da weht ihnen der Wind die neueste Zeitung durchs Fenster, und sie lesen: »Soeben erhalten wir die Nachricht, daß Heß wirklich verrückt ist – er will wieder nach Deutschland!«

An diesem Flüsterwitz fällt nicht nur auf, daß er eine der literarischen Kunstform nahekommende Dreigliederung aufweist, sondern mit seinem letzten Hieb aus dem scheinbar harmlosen Geplänkel um das Verrücktsein in den Bereich der realen Zustände vorstößt; er wird zur Attacke gegen die faschistische Politik.

Ähnlich verhält es sich bei der folgenden Anekdote:

Churchill begrüßt Heß mit den Worten: »Also Sie sind der Verrückte?«

»Nein«, wehrt Heß bescheiden ab, »ich bin nur der Stellvertreter.«

Sogar wirtschaftliche Nöte wurden in die Heß-Episode einbezogen. Ein Bürger ruft fröhlich aus: »Jetzt bekommen wir bald wieder englische Stoffe!«

»Ist das möglich?«

»Ja, Heß sitzt in England und spinnt!«

Es folgte eine Vielzahl von Parodien und Versen, zum Beispiel:

> Nun singen wir schon jahrelang:
> »Wir fahren gegen Engelland!« –
> Und wenn mal wirklich einer fährt,
> dann wird er für verrückt erklärt.

Nest der Goldfasanen

Am 13. April 1945 übernahm der Antifaschist Otto Gotsche in Eisleben seine Amtsgeschäfte als neuer Landrat. Er versammelte sämtliche Angestellte auf dem Hof des Landratsamtes und bat diejenigen, die nicht der faschistischen Partei angehörten, um ihre Meldung. Es meldete sich *einer*. Alle anderen waren Mitglieder der NSDAP.

Dieses Beispiel charakterisiert die damalige Situation. So wie im Eisleber Landratsamt sah es überall aus, die NSDAP hatte ihre Netze weithin ausgeworfen, und nie werde ich den stolzen Blick des achtzehnjährigen Sohnes unseres Bäckermeisters vergessen, als er zum erstenmal mit dem Parteiabzeichen am Rockaufschlag auf der Straße erschien. Er war gerade von der Hitlerjugend in die NSDAP übernommen worden und fühlte sich nun als Mensch höherer Stufe

Ein solches Gefühl wurde systematisch gezüchtet und durchdrang alle Bereiche des öffentlichen Lebens.

Was die Werbung für die Nazipartei und ihre Gliederungen betraf, so wurden hier alle Grenzen des Geschmacks überschritten, und es ist durchaus kein Einzelfall, wenn die mir bis auf den heutigen Tag erhalten gebliebene Broschüre »Rund um die Wiese« (ein an und für sich lustiges Buch über den berühmten Eisleber Wiesenmarkt) mit den Worten schloß:

> Mein Freund, du wirst die schönen Wiesentage
> Vergnügt verleben, wie seit je es Brauch,
> Doch viele sind dazu nicht in der Lage –
> An diese Volksgenossen, Freund, denk auch!
>
> Es ist so leicht für dich, mit beizutragen,
> Daß lichter werde ihres Daseins Grau.

Laß alles Überlegen, alles Fragen,
Und werde Mitglied bei der NSV!

Diese dick aufgetragene Werbung für die »Nationalsozialistische Volkswohlfahrt« wurde noch von der Art und Weise übertroffen, wie man für die »Deutsche Arbeitsfront« warb, und daß in unserem Gymnasium ein neueingeführter Assessor namens Pille seinen Unterricht mit der Frage begann: »Wie ist das Zeichen der Deutschen Arbeitsfront?«, möge die Situation zur Genüge veranschaulichen.

Gelegentlich wurden allerdings derartige Übertreibungen auf die Schippe genommen, beispielsweise von dem Fähnleinführer Hans Böhm, der im Sommer 1938 im Eisleber Stadtbad – bevor er per Kopfsprung ins Wasser hechtete – ausrief:

»›Hinein in die Deutsche Arbeitsfront!‹ sprach er – und versank.«

Diese Blitzlichter aus vergangenen Tagen kennzeichnen in gewisser Weise jene Zeit, und selbst so nebensächlich erscheinende Gebilde wie Straßennamen haben ihre besondere Bedeutung; sie waren sogar wichtiger als die zu Millionen herausgehängten Hakenkreuzfahnen: Die Fahnen hingen nicht immer, aber die Straßennamen blieben und wirkten im Unterbewußtsein fort. Das galt für alle Städte, und wenn ich die jüdische Familie Lettocha in Wien erwähnte, so wohnte diese eigentlich in der Hahngasse, aber von 1938 bis 1945 hieß diese nach irgendeinem faschistischen Protagonisten »Sennhofergasse«, und in Eisleben konnte man anhand der Straßennamen eine Art Geschichtsunterricht vermittelt bekommen: Den Anschluß Österreichs dokumentierte die »Ostmarkenstraße«, den Kampf gegen den französischen Erzfeind der »Schlageter-Plan«, die nazistische Märtyrerliste die »Horst-Wessel-Straße«, das großdeutsche Streben die »Elsaß-Lothringer-Straße«, den Stahlhelm die »Franz-Seldte-Straße«, die großen Parkanlagen hießen natürlich »Bismarck-Hain« und »Hindenburg-Park«, und daß die schönste Straße der Stadt zur »Adolf-Hitler-Straße« und die zweitschönste zur »Hermann-Göring-Straße« wurde, bedarf wohl keiner weiteren Erklärung. Hinzu kamen die Namen der faschistischen Ortsgruppen, die durchweg nach sogenannten alten Kämpfern benannt wurden, so daß die faschistische Partei im Bewußtsein der Bürger allzeit gegenwärtig war, und nimmt man die vielfältigen Arten der Propaganda mit ihren oftmals grotesken Auswüchsen hinzu, so wird verständlich, daß der politische Witz, soweit er sich gegen die Nazipartei richtete, vor allem die geschilderten Erscheinungsformen im Auge hatte, aber daneben noch andere Gebiete durchdrang. Im wesentlichen waren es ideologische und ökonomische Zielrichtungen, wie im folgenden deutlich wird.

Was ist schwarz? Was ist weiß?

Es gibt kaum eine bessere Kennzeichnung der Vorgänge um den 30. Januar 1933 als durch jenen Wortwitz, der in Frankreich um diese Zeit die Runde machte:

»Le nazisme, c'est la victoire des boches sur les allemands!«

Bedauerlich ist nur, daß er schlechthin unübersetzbar ist. Man könnte zwar in Anbetracht der Tatsache, daß der Unterschied zwischen »boches« und »allemands« ungefähr dem heutigen zwischen »Negern« und »Farbigen« entspricht, in völlig freier Handhabung übersetzen: »Der Nazismus ist der Sieg der schlechten Deutschen über die guten Deutschen« – aber das wäre gestümpert und kommt dem Original nur wenig nahe. Wir können lediglich den Sinn erahnen, der im wesentlichen darin liegt, daß eine Verbrecherbande das Volk unterjocht hat.

Auf der Suche nach einem Analogon im deutschen Flüsterwitz bin ich auf einen Satz gestoßen, der kurz und bündig lautete:

»Endlich sind wir ein Volk; es gibt keine Preußen, Bayern, Thüringer und Sachsen mehr, nur noch Braun-Schweiger!«

Was hier durch einen Wortwitz glossiert wurde, war ein Zustand, über dessen Ursache sich jeder denkende Mensch Gedanken machte, die er allerdings nicht offen aussprechen durfte. Das folgende Telefongespräch veranschaulicht die Situation:

»Hallo, ist dort Müller?«

»Wer bitte?«

»Müller! Ist dort Müller?«

»Nein, hier spricht Schmidt!«

»Ach, entschuldigen Sie, dann habe ich falsch gewählt!«

Darauf Schmidt resigniert: »Bitte, bitte, das haben wir ja alle!«

Dieser seinerzeit weitverbreitete Flüsterwitz war allerdings ein zweischneidiges Schwert; er enthielt sozusagen nur die halbe Wahrheit und verlagerte die Schuld völlig auf eine Seite. Es ist gewiß richtig, daß Hitlers Partei durch die Millionen Wählerstimmen groß wurde, aber die Machtübertragung am 30. Januar 1933 erfolgte durch ein reaktionäres Komplott mit der ausdrücklichen Absicht, den spürbar gewordenen Machtzuwachs der Linken zu verhindern. Goebbels' Tagebuch vom Jahresende 1932 offenbart die tiefe Niedergeschlagenheit innerhalb der Nazipartei (die Reichstagswahl vom 6. November 1932 hatte der NSDAP einen Verlust von 2 Millionen und der KPD einen Zuwachs von 0,7 Millionen Stimmen erbracht), und die Hilfestellung Hindenburgs und der Deutschnationalen kam wie eine Rettung aus höchster Not. Nichts ist daher falscher, als die Errichtung der braunen Diktatur auf einen angeblichen Volkswillen zurückzuführen, wie es der erwähnte Telefonwitz tat. Die Hindenburg-Wähler zum Beispiel hatten bei ihrer Stimmabgabe nicht Hitler im Auge, obwohl die Warnung Ernst Thälmanns (»Wer Hindenburg wählt, wählt Hitler; wer Hitler wählt, wählt den Krieg!«) geeignet gewesen sein sollte, ihnen die Augen zu öffnen. Es war also eine willkürliche Zurechtbiegung des Volkswillens, als Hitler zum Reichskanzler berufen wurde, und bei allen Abstimmungen n a c h diesem Gewaltakt kann man natürlich nicht mehr von Wahlen im eigentlichen Sinne sprechen, zumal nun die Kombination von Terror und Demagogie auf Hochtouren lief.

Dennoch gab es auch hier noch beachtenswerte Vorgänge (fast 5 Millionen Stimmen für die KPD noch am 5. März 1933!), und die bereits erwähnte Abstimmung über den Anschluß Österreichs am 10. April 1938 erbrachte beispielsweise in Eisleben 50 Nein-Stimmen. Im Vereinslokal des Eisleber Männerturnvereins wurde dieses Wahlergebnis besprochen und dabei erwähnt, daß die Gestapo bereits einen Großteil dieser Wähler ermittelt habe.

Die gleichgeschaltete Presse sorgte darüber hinaus für eine einheitliche Willensbildung. Ein Flüsterwitz legte einem alten Pressemann die Worte in den Mund: »Die Bäume des Waldes haben es gut. Sie färben im Herbst ihre Blätter einfach braun. Wenn wir nur erst wüßten, wie wir unsere Blätter jetzt färben sollen!«

Man muß allerdings sagen, daß es die faschistische Propaganda hinsichtlich der Massengewinnung nicht allzu schwer hatte, weil sie an die primitivsten Instinkte appellierte und ihre Angriffe auf Minderheiten – nämlich Juden und Kommunisten – richtete. Diese waren zwar keine Minderheiten im internationalen Maßstab – und der Ausgang des Krieges erteilte Hitler hierüber eine empfindliche Lektion –, aber innerhalb Deutschlands waren es eben Minderheiten, und die Masse des Volkes wurde von den Aktionen gegen diese nicht berührt. Insofern ist die Massenbasis des Faschismus in gewisser Weise erklärbar, und es ist kein Wunder, daß der politische Witz jener Tage dieses Thema wiederholt streifte:

Dr. Ley besucht eine Fabrik und fragt hernach den Direktor nach der Haltung der Arbeiter.

»Haben Sie noch Sozialdemokraten?«

»Ja, 50%.«

»So! Haben Sie auch noch Kommunisten?«

»O ja, 30%.«

»Sind denn auch noch Zentrumsleute hier?«

»Gewiß, 20%.«

»Ja, aber haben Sie denn gar keine Nationalsozialisten?«

»Doch, das sind sie alle!«

Hier wurde in drastischer Form das ausgesprochen, was ein damals vielzitiertes chinesisches Sprichwort auf poetische Art so ausdrückte:

Das Wesen des Herrschers ist Wind.
Das Wesen des Volkes ist Gras.
Wenn der Wind kommt, beugt sich das Gras.

Unausgesprochen blieb, daß sich das Gras, wenn der Wind vorüber war, wieder aufrichtete.

Im Grunde ging es in dem oben zitierten Witz darum, die NSDAP als eine Partei von bloßen Heuchlern darzustellen, und man darf die Einzelheiten nicht auf die Goldwaage legen, zumal die Frage des antifaschistischen Widerstandskampfes völlig ausgeklammert wurde.

Dies besorgte ein anderer Flüsterwitz:

»Ich bin ein uralter Kämpfer«, sagt Tünnes, »ich bin

Der Totentanz von 1944

schon hinter der Hakenkreuzfahne hergelaufen, als das Hakenkreuz noch gar nicht drin war!«

Damit wurde eine Thematik berührt, die sich nicht nur in der Tünnes-und-Schäl-Stadt Köln, sondern auch in Wien besonderer Beliebtheit erfreute, wo man von einem Mann in der Mariahilfer Straße berichtete, der eine zu lange Hakenkreuzfahne hatte, diese beschnitt, so daß das Hakenkreuz wegfiel und nur noch die rote Fahne übrigblieb – wie es vierzig Jahre später in dem Film »Der Bockerer« plastisch vor Augen geführt wurde.

Was den von Tünnes zitierten »alten Kämpfer« betrifft, so gab es in der Hitlerära folgende Scherzfrage:

»Was ist der Unterschied zwischen Veteranen und alten Kämpfern?«

Antwort: »Veteranen gibt's immer weniger, alte Kämpfer immer mehr!«

Dieser Witz verstummte jedoch in den Kriegsjahren und machte einem anderen Platz:

»Viele Parteigenossen sind blasenkrank. Sie möchten gern austreten, können aber nicht.«

Der Wechsel zwischen diesen beiden Witzen charakterisiert eine geistige Wende, die im unmittelbaren Zusammenhang mit der militärischen Situation stand. Die Partei wurde immer mehr zum lästigen Übel, so daß ein Flüsterwitz verkündete:

»Wer der Partei 5 neue Mitglieder zuführt, darf selbst austreten. Wer 10 neue Mitglieder wirbt, bekommt sogar eine Bescheinigung, daß er nie in der Partei gewesen ist.«

Sogar witzige Zeitungsinserate wurden erfunden, zum Beispiel: »Tausche goldenes Ehrenzeichen gegen Siebenmeilenstiefel!«

Die Angriffe gegen die NSDAP und ihre Gliederungen beschränkten sich jedoch nicht auf das Erzählen von

Witzen, sondern allenthalben wurden Versuche unternommen, irgendwie das selbstherrliche Agieren dieser Organisation zu stören und manchmal sogar auf verschiedenartige Weise lächerlich zu machen. Dazu zählt die im Jahre 1939 aufgekommene Sitte, hektographische Einladungen zu Großkundgebungen persönlich ausführlich zu beantworten, um damit die Dienststellen der NSDAP zusätzlich zu belasten und unterschwellig zu verhöhnen. Mir liegt noch die Durchschrift eines diesbezüglichen Briefes vor, den mein Großvater am 15. April 1939 an den Ortsgruppenleiter Koch geschrieben hatte und den ich nachfolgend wörtlich zitiere:

> Für Ihre Einladung zur Großkundgebung sage ich meinen besten Dank, doch kann ich dieser zu meinem großen Bedauern nicht Folge leisten, da mein gegenwärtiger körperlicher Zustand den Besuch leider nicht gestattet. Ich fühle mich nicht im Stande, im Alter von 73 Jahren den weiten Weg von meiner Wohnung bis zum Versammlungslokal und zurück (6 km) bei Dunkelheit zurückzulegen, auch meine fast gleichaltrige Frau ist durch die nötigen vielen Einkaufswege und Hausarbeit abends so abgespannt, daß sie dann ihre nötige körperliche Ruhe haben muß. Ich bitte dieserhalb, unser Ausbleiben zu entschuldigen.
>
> Heil Hitler!
>
> H. Ecke
>
> Knappsch. Invalid

Die Bedeutung, die der Gruß »Heil Hitler!« angesichts solcher in großer Anzahl verschickter Briefe bekommen mußte, dürfte auch dem phantasielosen Ortsgruppenleiter einigermaßen aufgegangen sein.

Aber nicht immer gingen derartige Aktionen glatt aus, und ich selbst mußte mit einem Brief ziemlich unangenehme Erfahrungen machen. Zum Verständnis dieser

Episode ist eine kurze Wiedergabe der Vorgeschichte notwendig:

Mein Onkel Walter, der als Tierarzt in Welbsleben, einer kleinen Gemeinde im Kreis Aschersleben, lebte, hatte die Auflage erhalten, seinen »lückenlosen Ariernachweis« zu erbringen. Das ging damals in der Regel so vor sich, daß die für die Geburt der Vorfahren zuständigen Kirchenämter angeschrieben wurden, welche die Religionszugehörigkeit der Betreffenden zu bestätigen hatten. Obwohl die faschistischen Ideologen immer wieder behaupteten, Religion und Rasse seien zwei grundverschiedene Dinge, griff man beharrlich auf die Religion zurück; war diese mosaisch, galt der Betreffende als Jude im rassischen Sinne. Bestimmte Personen – wozu auch promovierte Tierärzte gehörten – mußten ihren Stammbaum möglichst bis 1750 vorlegen und dadurch ihre Arität beweisen. Das erforderte natürlich viel Aufwand, vor allem Schreibarbeit, und mein Großvater, der als Fahrsteiger im Ruhestand die hierzu notwendige Muße aufbringen konnte, übernahm die Rekonstruktion des Stammbaums und landete beim gewissenhaften Abstauben durch die Jahrhunderte bei einer merkwürdigen Entdeckung: seine Abstammung führte in gerader Linie unmittelbar zum Fürsten Leopold von Dessau, dem »Alten Dessauer« – und da das alles urkundlich belegt war, sprach sich die Sache in einer kleinen Stadt wie Eisleben schnell herum. Das Pikante daran war jedoch, daß ich als Enkel ebenfalls dieser Abstammung teilhaftig wurde und somit eine seltsame Kombination feststand: Der Sohn eines jüdischen Schriftstellers aus Österreich war Abkomme des Alten Dessauer!

Man kann sich vorstellen, wie das Bewußtsein dieser Umstände meine Einstellung prägte und Schritte auslöste, die ich sonst vielleicht unterlassen hätte. Als der Bannführer der Hitlerjugend dazu übergegangen war, meine Freunde zu beeinflussen, jeglichen Verkehr mit mir abzubrechen, schickte ich ihm »per Einschreiben« einen geharnischten Brief.

Dazu muß bemerkt werden, daß dieser Bannführer namens Günter Neupert einer der fanatischsten Faschisten Eislebens war und mir in einem Gespräch folgende Worte entgegenschleuderte: »Sie sollten sich ein Beispiel nehmen an einem HJ-Führer in Halle: Der hat sich – als herauskam, daß sein Vater Jude war – erschossen! Aber das kann man ja von Ihnen nicht verlangen. Wäre ja Unsinn.«

Diesem Manne also schrieb ich einen dreiseitigen Brief, in welchem ich mir verbat, mich weiterhin zu behelligen, und insbesondere solle er meine Freunde in Ruhe lassen. Es gäbe kein Gesetz, das freundschaftliche Verbindungen zwischen Ariern und Mischlingen verbiete, und ich würde gegen solche ungesetzlichen Übergriffe energisch protestieren.

Der Bannführer hatte nichts anderes zu tun, als diesen Brief der Gestapo zu übergeben, und eines Tages – man schrieb das Jahr 1942 – sagte mein Abteilungsleiter in der Baufirma Rost nach einem Telefonanruf zu mir: »Sie sollen zur Gestapo kommen!«

Das war meine erste Konfrontation mit dieser Behörde. Der Abteilungsleiter namens Knodt ließ mir jedoch keine Zeit zum Überlegen und fragte: »Was ist eigentlich los?«

Ich erzählte ihm den Hergang und erhielt von ihm einen Rat, der mich – einen damals achtzehnjährigen Hitzkopf – wahrscheinlich rettete: »Machen Sie jetzt keinen Fehler! Seien Sie höflich und gehen Sie nicht mit dem Kopf durch die Wand! Und vor allem: Reden Sie nur, wenn Sie gefragt werden!«

Mit solchen Ratschlägen versehen, betrat ich die in der Halleschen Straße gelegenen Amtsräume der Eisleber Gestapo und stand dem allmächtigen Herrn Hoppach – jenem Mann, der ein Jahr später mein Stalingrad-Gedicht zu beurteilen hatte – gegenüber.

»Ist der Brief von Ihnen?« fragte er und legte mir mein Schreiben an den Bannführer vor.

»Jawohl.«

»Das ist der Stil eines jüdischen Rechtsanwalts!« fuhr er auf. »Sie waren bei Rechtsanwalt Königsberger!«

»Den kenne ich nicht.«

Er blickte mich groß an. »Wirklich nicht?«

»Ich weiß nicht mal, wie er aussieht«, erwiderte ich.

Das entsprach der Wahrheit. Ich hatte zwar Frau Königsberger mit ihrer Tochter – beide mit dem gelben Stern – einmal flüchtig gesehen, als sie in der Firma Rost ihre Sonderzuteilung Brennholz holten, aber den Rechtsanwalt Königsberger (Frontkämpfer und »Anwalt der Roten«, wie er in Eisleben genannt wurde) hatte ich nie zu Gesicht bekommen.

»Dann schreiben Sie schon selber wie ein Jude!« stellte er fest. »Was soll das eigentlich bedeuten? Was haben Sie sich bei diesem Brief gedacht?«

»Ich habe gedacht«, gab ich zur Antwort, »daß der Herr Bannführer nicht im Einklang mit den Gesetzen handelt. Nach § 5 der ersten Verordnung zum Reichsbürgergesetz gelte ich nicht als Jude und …«

»Schweigen Sie!« unterbrach er mich. »Wir kennen die Gesetze selber. Und was Bannführer Neupert betrifft, so braucht er von Ihnen keine Belehrungen zu erhalten! Im übrigen …« Seine Stimme wurde plötzlich ruhiger. »Im übrigen sind Sie im Irrtum. Der Bannführer hat im Rahmen seines Dienstbereiches Vollmacht, über die sonst geltenden Vorschriften hinauszugehen. Er kann Angehörige der Hitlerjugend dazu anhalten, den Verkehr mit jüdischen Mischlingen zu unterlassen. Das sind Sonderregelungen, die für alle Gliederungen der NSDAP gelten.« Er sah mich aufmerksam an. »Ist Ihnen das zu hoch?«

Unwillkürlich mußte ich an die Worte meines Abteilungsleiters denken. »Entschuldigen Sie«, sagte ich, »das konnte ich nicht wissen.«

»Nun wissen Sie's jedenfalls«, stellte Hoppach fest. »Geben Sie zu, einen Fehler gemacht zu haben?«

»Wenn man es so betrachtet«, erwiderte ich.

Der Gestapobeamte gab einen Seufzer der Erleichterung von sich, den ich mir im letzten Grunde nicht erklären konnte. Er hätte mich doch ohne weiteres verhaften und wegen Beleidigung eines hohen NS-Funktionärs in ein Konzentrationslager überführen können.

»Ich werde vermerken, daß Sie die Anwürfe zurücknehmen«, erklärte er und schrieb etwas in die Akte. »Aber benehmen Sie sich in Zukunft gesitteter! Das war alles. Heil Hitler!«

Als ich draußen vor der Tür stand, konnte ich mir den Vorgang nur so erklären, daß mein Leumundszeugnis vom Betrieb, das die Gestapo zweifellos über mich eingeholt hatte, ausnahmslos gut ausgefallen sein mußte.

Immerhin hatte mein Brief bewirkt, daß der Bannführer seine Drangsalierungen spürbar einschränkte, und ich konnte das Ganze letzten Endes als ein Plus verbuchen – analog einer nur als Posse zu bezeichnenden Begebenheit mit seinem Vorgänger, Bannführer Thomas, der bei einem unserer Schulfeste in der »Terrasse« ahnungslos neben dem Direktor Dr. Wendt in der ersten Reihe saß und den ich mir auf die Bühne holte.

Man muß sich das vorstellen: Im Jahre 1938, einem Höhepunkt der faschistischen Macht, steht ein Bannführer in voller Montur einem als Magier verkleideten Halbjuden gegenüber, der seinen Zauberkasten auspackt, mehrere Utensilien an ihm ausprobiert, unter anderem einen in sich verschiebbaren Dolch in die Schläfe des

Bannführers bohrt, ihn wieder herauszieht und ausruft: »Ein Bravo dem jungen Mann!« Und der ganze Saal einschließlich des Direktors klatscht Beifall und brüllt vor Vergnügen ... Lediglich unser Klassenlehrer, Dr. Gutbier, meinte am nächsten Tag: »Die Improvisation gestern ging ein bißchen weit! Du hättest wenigstens dem Arrangeur des Schulfestes, Herrn Studienrat Hofmann, vorher Bescheid sagen müssen.«

Aber dann wäre es sicherlich nicht zu dieser Posse gekommen – und daß der Bannfüher Thomas selber mitlachte, ist mir noch heute ein Rätsel.

Zum Lachen war es in der Regel freilich nicht, was sich damals im Schulbetrieb abspielte, und Dr. Wendt ließ mich oft wissen, wie er in Wirklichkeit zu mir stand. Gelegentlich sah er sich die Leistungen der Turner an, und als wir am Barren unsere Künste zeigten, fand er über jeden ein paar anerkennende Worte. Nur meine Vorführung überging er mit eisigem Schweigen – obwohl ich als einziger den Handstand drückte und an diesem Gerät Stadtmeister geworden war. Aber rassisch paßte das nicht in sein Konzept, und unser Geschichtslehrer, Studienrat Steffenhagen, kommentierte mein Auftreten innerhalb des Eisleber Männerturnvereins mit der Bemerkung: »Armer MTV!«

Im übrigen war die Gemeinschaft der Sportler ein besonderes Terrain für politische Witze. Hier herrschte ein gesunder Menschenverstand, und als vom Reichsbund für Leibesübungen die Anordnung eintraf, beim Einmarsch zu Wettkämpfen ein Lied zu singen (vorgeschlagen wurde »Ein junges Volk steht auf« oder das »Niedersachsenlied«), erklärte unser Riegenführer: »Wir singen nicht. Sonst heißt es noch, der Text war falsch, und wir kriegen Punktabzug.«

Die Flüsterwitze gingen oft bis an die Grenze des Gewagten. So wurde im Anschluß an die Röhm-Affäre gespottet, die Reichsverfassung würde geändert und erhalte nur einen Paragraphen: »Der Führer ernennt und erschießt die Minister!« – und es wurde von einem Presseempfang berichtet, den Goebbels gegeben haben sollte, auf welchem er einem amerikanischen Journalisten sagte: »Wenn Ihr Roosevelt eine SS hätte wie unser Führer, dann gäbe es in den USA keine Gangster mehr!«

»Bestimmt nicht«, erwiderte der Amerikaner höflich, »die wären dann alle längst Standartenführer.«

Auch über Hitlers Buch »Mein Kampf« wurde gewitzelt: Es sei nur noch auf Kleiderkarte erhältlich, weil es zu den »Spinnstoffen« gehöre.

Ein weiteres Thema war die allenthalben einsetzende Uniformierung großer Teile der Bevölkerung. Jede Gliederung und Untergliederung der Nazipartei hatte eine besondere Uniform, selbst wenn es sich um Erscheinungen wie die »Technische Nothilfe« handelte. Aus diesem Grunde werde in der Wehrmacht überlegt, hieß es spöttisch, ob ihre Angehörigen nicht besser in Zivilkleidung gehen sollten – damit sie sich von der übrigen Bevölkerung unterscheiden!

Von besonderer Aggressivität war folgender Witz:

»Welcher Unterschied ist zwischen der Wehrmacht und der SA?«

»Bei der Wehrmacht heißt es: Legt an, gebt Feuer! bei der SA aber: Gebt an, legt Feuer!«

Nicht zu Unrecht wird dem antifaschistischen Flüsterwitz nachgesagt, daß er vor allem auf eine Isolierung der Nazipartei abzielte, das heißt, die Mauer sichtbar machte, welche diese Partei von einem Großteil der Bevölkerung trennte.

Um diese Trennung irgendwie zu überbrücken, verfielen die faschistischen Ideologen auf alle möglichen, mitunter geradezu lächerlich wirkende Politinszenierungen. So wurde beispielsweise der 450. Geburtstag Martin

Luthers am 10. November 1933 zu einer Tragikomödie ersten Ranges. Der Eisleber Marktplatz wimmelte von Hakenkreuzfahnen, SA war aufmarschiert, und in einem Festspiel (Titel: »Der Bergmann Gottes«) wurde gleichsam durch die Hintertür der Beweis erbracht, daß Luther eigentlich ein Vorkämpfer der nationalsozialistischen Idee gewesen sei. Der Festzug selbst wurde durch ein Spalier von SA-Männern und Hitlerjungen geleitet, so daß der im historischen Lutherwagen sitzende Eisleber Rechtsanwalt Mehliß, welcher den Reformator darstellte, nur noch die Hand zum Hitlergruß hätte erheben müssen, um die Sache füglich abzurunden.

In der offiziellen Kundgebung auf der Eisleber Wiese, zu der sich 25000 Bürger eingefunden hatten, kam es zu einer verbalen Groteske von nie dagewesener Art. Der Reichsbischof Ludwig Müller hielt die Festrede und verstieg sich zu folgender Erklärung:

»Seit Luther die Augen schloß, ist ein solcher Sohn dem deutschen Volk nicht wieder geschenkt worden ... Erst einem war es beschieden, und euch war es beschieden, diesen einen zu erleben: Der arme kleine Waisenjunge aus Braunau, der Musketier des ersten Weltkrieges, er mußte kommen, damit das Volk noch einmal den Sohn aus seiner Mitte vor sich die Fahne tragen sah und seine Stimme verstand: Adolf Hitler, der neue Führer unseres Volkes. Und darum, Lutheraner, deutsche Männer, Frauen und Kinder, dem Führer des 20. Jahrhunderts unseren Gruß! Die Hände hoch, unserem Führer ein dreifaches Siegheil!«

Gehorsam wurde dieser Befehl des Reichsbischofs ausgeführt, worauf er hinzufügte: »Die evangelische Kirche Luthers, sie wird eine deutsche, eine nationalsozialistische Kirche sein oder sie wird nicht sein.«

Und um keine irgendwie gearteten Zweifel aufkommen zu lassen, machte er die abschließende Bemerkung:

»Wenn dieser neugewordene Staat mit dieser neugewordenen Kirche Schulter an Schulter in den Kampf geht, da heben wir die Welt aus den Angeln.«

Fast überflüssig erschien es angesichts solcher Worte, daß der Nazi-Kreisleiter v. Alvensleben zum Abschluß der Kundgebung feststellte: »Es hätte diese Lutherfeier und in Zukunft auch keine weitere mehr gegeben, auch kein evangelisches Christentum mehr, wenn Adolf Hitler nicht gekommen wäre!«

Wie mit Luther verfuhr man auch mit Thomas Müntzer, der in gleicher Weise ideologisch vereinnahmt wurde. In einem Festspiel an der Ruine Bornstedt traten Pimpfe als aufständische Bauern auf und sangen zum rhythmischen Klang ihrer Trommeln:

»Die Bundschuhfahne weht uns voran.
Der Thomas Müntzer führt uns an.
Bauern, auf zum Sturm!«

Der Sohn eines Eisleber Rechtsanwalts spielte den Thomas Müntzer, und sein Ausruf am Ende des ersten Aktes: »Ich komme!« ließ die Herzen der anwesenden Nazifunktionäre höher schlagen.

Die willkürliche Identifizierung mit Thomas Müntzer und seinen aufständischen Bauern führte so weit, daß verschiedene Einheiten des Jungvolks nach berühmten Bauernkriegern benannt wurden (beispielsweise gab es das »Fähnlein Frundsberg«), und das Lied »Die Bauern wollten Freie sein« gehörte zum Stammrepertoire ihrer Gesänge.

Es fehlte also nicht an ideologischen Klimmzügen, um die faschistische Partei nach vielen Seiten hin hoffähig zu machen, aber dennoch blieb ihr der Erfolg zu einem großen Teil versagt.

Zum Verständnis dieser Situation habe ich die Erinnerung an verschiedene gesellschaftliche Bereiche eingeblendet; denn nur am Wirken jener realen Kräfte läßt sich das Ausmaß der Distanz erkennen, die zur Ideologie und Politik der NSDAP bestand. Ich habe weit mehr Gegner des faschistischen Systems kennengelernt, als man angesichts der von Hitler und Goebbels heraufbeschworenen Massenpsychose vermuten könnte, und es bleibt also das erstaunliche Phänomen, daß unter den Millionen Heilrufern, wie sie die Großkundgebungen auch heute noch durch die Vorführung alter Wochenschauen dokumentieren, nur wenige waren, die sich der faschistischen Ideologie mit dem Herzen verschrieben hatten. Nach dem Rausch solcher Veranstaltungen – daheim in ihren vier Wänden oder am gewohnten Arbeitsplatz – waren sie wieder »sie selber«, fühlten als Einzelmenschen und brachten die Courage auf, über einen Flüsterwitz zu lachen, der jene angeblich heiligen Güter angriff.

Zu den heiligen Gütern des deutschen Normalbürgers gehörte am Anfang der Hitlerära auch die Figur des Reichspräsidenten Paul von Hindenburg. Viele, die Hitler ablehnten, stimmten dennoch für Hindenburg – und zwar in der ehrlichen Überzeugung, dieser sei etwas anderes als jener, nicht einmal sein Steigbügelhalter, und in der Verkennung dieser Umstände lag ein verhängnisvoller Irrtum großer Teile des Bürgertums. (Daß sogar ein Dichter wie Gerhart Hauptmann diesem Irrtum unterlag und in einem Nachruf auf den Tod Hindenburgs wörtlich schrieb: »In diesem Mann war Gott. Mit diesem Gefäß hatten die ewigen Mächte das deutsche Schicksal innigst vereint«, mag zur Charakterisierung der Gesamtsituation am Rande vermerkt werden.)

Es kann deshalb nicht hoch genug eingeschätzt werden, daß der politische Flüsterwitz gleichsam in einer ideologischen Vorstufe auch auf Hindenburg zielte, um ihn als Wegbereiter des Nazismus zu kennzeichnen, wobei man in Ansehung seines hohen Alters zumeist den Begriff der Trottelhaftigkeit ins Feld führte.

So soll es, nachdem Hitler als neuer Reichskanzler den Reichspräsidenten verlassen hatte, zu folgendem Gespräch zwischen letzterem und seinem Staatssekretär gekommen sein:

»Sagen Sie mal, Meißner – da war doch früher immer so ein ein netter junger Mann mit 'ner Brille bei uns Reichskanzler?«

»Ach, Sie meinen Dr. Brüning, Herr Reichspräsident?«

»Richtig! Der kommt aber gar nicht mehr. Ist der denn nicht mehr bei uns?«

Nach einer anderen Version fragt Hindenburg seinen Staatssekretär, nachdem Hitler seinen Vortrag beendet hat und gegangen ist: »Seit wann trägt Brüning eigentlich einen Schnurrbart?«

Allmählich wurden die Glossen immer schärfer.

Goebbels teilt Hindenburg stolz mit, morgen werde wieder ein großer Fackelzug stattfinden.

»Fein«, ruft Hindenburg aus, »dann darf ich wieder bis 10 Uhr aufbleiben!«

Diese Anekdote knüpft an eine Episode an, die man Hindenburg am Ende der Weimarer Republik nachsagte, als er bereits nicht mehr imstande war, ohne Souffleur eine Rede zu halten.

Er wettert über die Verlotterung der Jugend, und der Souffleur spricht ihm vor: »Nächtelang treiben sie sich in Bars herum ...«

Hindenburg wiederholt: »Nächtelang treiben sie sich in Bars herum ...«

Der Souffleur fährt fort: »... und auf Bällen ...«

»Wie?« flüstert Hindenburg.

Der Souffleur wiederholt: »... und auf Bällen ... Bällen ...«

Hindenburg mit sonorer Stimme: »Wau – wau!«

In dieses vom politischen Witz gezeichnete Bild paßt der historisch verbürgte Vorgang, daß Hitler nach sei-

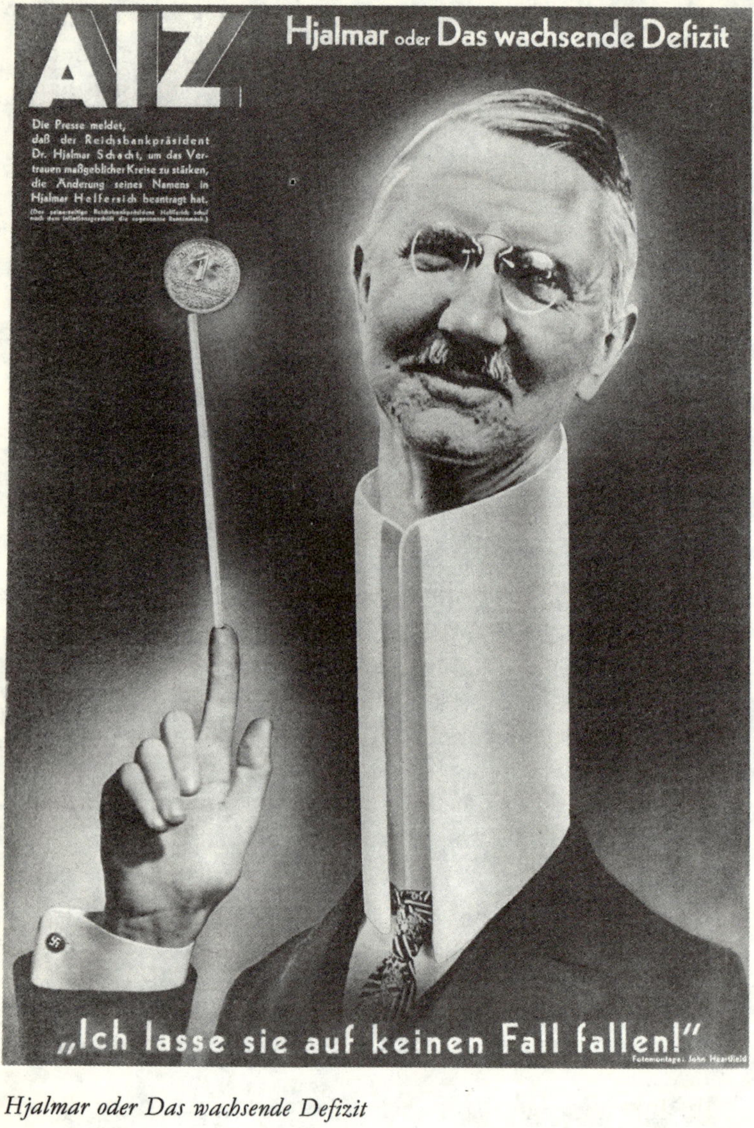

Hjalmar oder Das wachsende Defizit

nem letzten Gespräch mit Hindenburg kurz vor dessen Tode erklärt hat: »Er hat mich nur noch mit ›Majestät‹ angeredet.«

In der Tat war Hindenburg noch zu seinen Lebzeiten bereits von der Bevölkerung abgeschrieben, und es hieß: »Alles ist nur möglich, weil er schon gar nicht mehr da ist, er wird von Adele Sandrock gespielt.«

Sarkastisch munkelte man: »Die Wilhelmstraße muß dauernd gefegt werden, er unterschreibt nämlich sonst jedes Blatt Papier!«

Damit wurde der nahtlose Übergang von Hindenburg zum Hitlerregime plastisch veranschaulicht, und in der Folgezeit hat sich der Flüsterwitz, soweit er die ideologische Plattform der Nazipartei aufs Korn nahm, immer wieder auf historische Vergleiche, die zuweilen psychologischen Charakter annahmen, gestützt.

»Was ist der Unterschied zwischen Luther, Hitler, Goebbels und Schacht?« lautete eine Frage, und die Antwort war:

Luther sagt, was er glaubt.
Hitler glaubt, was er sagt.
Goebbels glaubt nicht, was er sagt.
Schacht sagt nicht, was er glaubt.

Dabei fällt auf, daß die raffinierteste Rolle in diesem Wortspiel dem Kapitalisten Schacht zugedacht war, der nicht ohne Grund – gegen den Einspruch des sowjetischen Richters – vom Nürnberger Tribunal freigesprochen wurde und mit einem verächtlichen Grinsen an seinen Mitangeklagten vorbeiging.

Ganz zwangsläufig erfaßte der politische Witz auch die ökonomischen Seiten der als Ideologie getarnten faschistischen Richtung, und es spricht für den sicheren Instinkt der damaligen Bevölkerung, daß die Attacken auf die Nazipartei diesem Umstand besonders Rechnung trugen.

An der Spitze diesbezüglicher Beispiele könnte jener Witz stehen, der besonders in Österreich beharrlich die Runde machte:

Was ist ein Reaktionär?
Der Inhaber eines gutbezahlten Postens,
der einem Nazi gefällt!

Das Denunziantentum stand nach dem Anschluß Österreichs an das Reich 1938 in höchster Blüte, und der zitierte Witz gründet sich auf einen historischen Vorgang, der in Wien Stadtgespräch war und die Methoden der faschistischen Führung hemmungslos bloßlegte: Der Reichsaußenminister Ribbentrop hatte auf einer Durchfahrt das Schloß des Wiener Barons Fuschl gesehen und daran Gefallen gefunden. Er bewirkte, daß der Baron in das Konzentrationslager Dachau kam, und konnte sich auf die Art das Schloß Fuschl aneignen.

In Wien löste dieses Vorgehen Ribbentrops helle Empörung aus, und es ist kein Zufall, daß die ökonomische Seite des antifaschistischen Flüsterwitzes besonders von den Wienern, die von alters her eine besondere Einstellung zum persönlichen Eigentum haben und dieses heilige Requisit nun gefährdet sahen, gepflegt wurde. Und was Ribbentrop als unmittelbaren Verursacher dieser Erscheinung betrifft, so war den Wienern beispielsweise bekannt, daß er gar keinen Adelstitel besaß, sich vielmehr völlig unberechtigt »v. Ribbentrop« nannte. Unter Ausnutzung einer nach dem Jahre 1918 entstandenen veränderten Rechtssituation hatte er sich von einer entfernten Verwandten gleichen Namens adoptieren lassen, worauf Goebbels höhnisch bemerkte: »Seinen Namen hat er gekauft, sein Geld hat er geheiratet, und sein Amt hat er sich erschwindelt.« Über Ribbentrop kursierte folgender aufschlußreicher Witz:

Hitler will Ribbentrop protegieren und sagt zu Göring: »Für unsere Beziehungen zu England ist Ribbentrop sehr wichtig, da er ›Lord So und So‹ und ›Mr. So und So‹ kennt.«

Darauf Göring: »Ja, aber die Schwierigkeit ist, daß diese ihrerseits Ribbentrop kennen.«

Auch ein Gespräch zwischen Hitler und Ribbentrop wurde Gegenstand eines Witzes.

> *Ribbentrop*: »Wenn der Krieg vorbei ist, werde ich mir eine vornehm geschnitzte Truhe anfertigen lassen. Dahinein werde ich alle Staatsverträge legen, die ich während meiner Amtszeit gebrochen habe und die ich in Zukunft brechen werde.«
>
> *Hitler*: »Und ich werde Ihnen eine zweite Truhe schenken, wenn die erste voll ist.«

Der Volksmund sprach sehr beziehungsreich von »Ribbensnob«, und es wurde eine sarkastische Bemerkung von Goebbels verbreitet, derzufolge »jeder der führenden Männer wenigstens eine lobenswerte Seite habe, nur Ribbentrop nicht«.

Nicht von ungefähr wurde dieser Mann in den folgenden Flüsterwitz einbezogen:

> Wer wird gerettet, wenn der Führer, Göring, Ribbentrop über das Schwarze Meer fahren und das Schiff umkippt? – – »Deutschland!«

Die wirtschaftliche Not vieler Menschen bildete den Hintergrund derartiger Attacken, und der 1876 geborene Karl Jarosch aus Wien-Fünfhaus hatte bei seiner Verhaftung durch die Gestapo neben anderen Witzen das folgende Wortspiel bei sich:

> Kreuzer Gulden – Schulden
> Kronen Heller – nichts im Teller
> Schilling Groschen – halten Goschen
> Mark Pfennig – alles zuwenig
> Rubel – dann Jubel

Das Sondergericht verurteilte ihn zu acht Monaten Gefängnis und führte in der Urteilsbegründung aus: »Seine staatsfeindliche Einstellung spricht dafür, daß er diese ›Witze‹ in der Absicht weitergegeben hat, um sie als politisches Kampfmittel in Anwendung zu bringen.«

Zur selben Zeit wurde ein Arbeiter zu sechs Monaten Gefängnis verurteilt, weil er nach dem Absturz des Jagdfliegers Werner Mölders und dem nahezu gleichzeitigen als Fliegerunfall getarnten Selbstmord des Generaloberst Udet ausgerufen hatte: »Schade, daß Göring nicht fliegt!«

Auch das Schicksal jenes Hernalser Straßenbahners, der in den Dienstraum des Straßenbahnhofs Hernals mit den Worten hineinplatzte: »Was sagt ihr zu unserem neuesten Sieg in Charkow? Charkow haben wir planmäßig geräumt. Ist das nicht ein Schlager?« und hierfür ein Jahr Gefängnis erhielt, sei an dieser Stelle erwähnt, wobei hinzugefügt werden muß, daß die Betroffenen nach ihrer Haftverbüßung zumeist in Konzentrationslager kamen.

Zu den Witzen, die seinerzeit in Wien erzählt wurden, gehört der von jenem Diener Görings, der um seine Entlassung bittet, weil der Dienst zu »lebensgefährlich« sei.

»Wieso?« fährt Göring auf. »Wir sind doch im Hinterland!«

Da erklärt der Diener: »Wenn ich in den Weinkeller gehe, rutsch' ich auf der Butter aus, und wenn ich mich nicht an der Salami festhalte, falle ich ins Eierfaß.«

Die Wut des Normalverbrauchers über die Freßdelirien der »Großkopfeten« ist hier unüberhörbar, wie auch in folgendem:

Zur Zeit des sogenannten Vierjahresplanes sitzen Hitler und Göring beieinander in der Reichskanzlei, als unten von der Straße der Ruf ertönt: »Selbst gezogene Bananen!«

»Das ist großartig!« ruft Hitler und springt auf. »Jetzt

sind wir also schon so weit, Bananen in Deutschland zu züchten.«

Göring, der Lenker des Vierjahresplanes, wirft sich selbstgefällig in die Brust, öffnet das Fenster und ruft zu dem Straßenverkäufer hinunter: »He, Sie! Seit wann ziehen Sie denn Bananen?«

»Ja, lieber Herr«, schreit der Mann zurück, »seit mein Gaul an dem verdammten Vierjahresplan verreckt ist. Jetzt muß ich meine Bananen selbst ziehen!«

Der Mann spannt sich wieder vor seinen Karren und ruft weiter: »Selbst gezogene Bananen!«

Nicht auf einem Wortspiel, sondern einer unvermuteten Enthüllung basierte die Pointe des folgenden Flüsterwitzes:

Zu der Zeit, als die Hamsterer in allen Landstrichen mit Feuer und Schwert verfolgt wurden, riß auf einer kleinen Bahnstation ein Wachtmeister plötzlich die Abteiltür auf und schrie den dort sitzenden Fahrgast mit blutunterlaufenen Augen an: »Ham's a Butter?«

»Um Gottes willen, nein«, beteuerte der Fahrgast.

Der Polizist dämpft die Stimme:

»Brauchn's aane?«

Von Weiß Ferdl wurde berichtet, daß er – als das berühmte »Platzl« in München von lauter hohen Naziführern besucht war – zu Beginn der Vorstellung eine Sammelbüchse nahm und die Reihen abklapperte.

Die Besucher spendeten gutgelaunt.

Dann begann aber Weiß Ferdl seine Sammlung wieder von vorne, und schließlich sammelte er auch noch zum dritten Male.

Da wurden die Gäste äußerst ungeduldig, und einer rief laut: »Wann soll denn der Unsinn mit dem Sammeln aufhören?«

Weiß Ferdl antwortete verschmitzt: »Lieber Mann, dös frag' i mi aa immer!«

Ums liebe Geld drehten sich zu dieser Zeit, in der eigentlich das Geld gar nicht mehr so viel wert war, merkwürdigerweise sehr viele Witze. Zuweilen setzten sie sich mit der Gefahr auseinander, daß die gesparten Notgroschen irgendeinem neidischen Denunzianten zum Opfer fallen konnten. Aus diesem Gefühl heraus resultierte der folgende Flüsterwitz:

Stutzinger hat mit Müh und Not dreihundert Mark erspart und trägt sie auf die Bank, weil er gehört hat, daß man das so macht.

Als er am Bankschalter steht, um einzuzahlen, kommen ihm aber doch Bedenken, sich von dem schönen Geld zu trennen.

»Sagen Sie«, fragt er den Bankbeamten, »ist das Geld bei Ihnen bestimmt gut aufgehoben? Ich meine, falls mir etwas zustößt: ist es dann noch da, wenn ich einmal wiederkomme?«

»Aber ich bitte Sie!« antwortet ihm der Beamte mit überlegenem Lächeln. »Natürlich steht Ihnen die Bank für den Betrag jederzeit gut!«

»Was ist aber«, fragt Stutzinger vorsichtig, »wenn Herrn Bankdirektor Rosendahl etwas zustößt und die Bank zum Konkurs gezwungen wird?«

»Das ist zwar sehr unwahrscheinlich, lieber Herr … aber bitte: in diesem Fall würde natürlich das Deutsche Reich die Garantie übernehmen.«

Stutzinger ist noch nicht zufrieden. »Und wenn das Deutsche Reich zugrunde geht?«

»Also *das* sollte Ihnen dreihundert Mark wert sein!«

Zu einer drastischen Äußerung des Volkswillens kam es, als das faschistische Regime eine angeblich dem Allgemeinwohl dienende finanzpolitische Maßnahme verkündete: die Kinderbeihilfe.

Der Ausruf eines Zimmermannes aus Neustift: »Die Kinderbeihilfe gehört weg! Da zahlt man fürs Huren, da-

MECK UND MIES
IM DRITTEN REICH

„Na, MECK, deine Flügel verkleinern sich täglich!"
„Ja, MIES, die Devisendeckung ist kläglich."
„Dein Bauch ist auch nicht mehr prall und rund!"
„Der Rohstoffersatz richtet uns zu Grund."
„Lebst aber noch sichtlich auf großen Füßen."
„Reiß nicht dein Maul auf, du wirst es noch büßen."
„Beklecker dir nur nicht die weiße Weste.
Es kommt bald ganz anders. Dann aber feste!"

„Das geht mir zu weit! Ich baue auf Papen,
Der räumt jetzt auf mit Hitlers Satrapen."
„Bei dir piepst's wohl? Der hat doch schon einmal regiert
Und uns prompt in die Hitlerei geführt."
„Ja aber — was sonst? Bolschewismus droht!"
„Na und? Der bringt Friede, Arbeit und Brot."

Da hat es dem MECK die Stimme verschlagen.
Und MIES ging weg, um es weiter zu sagen.

Fotomontage: John Heartfield   Fabel von W. Herzfelde

Meck und Mies im Dritten Reich

mit sie wieder Leute haben zum Erschießen!« ging von Mund zu Mund, und als das Sondergericht Wien diesen Zimmermann wegen seiner Äußerung zu acht Monaten Gefängnis verurteilt hatte, war das Zitat von der Kinderbeihilfe in den Augen der antifaschistisch eingestellten Bürger sozusagen heiliggesprochen.

Es ist vielleicht angebracht zu erwähnen, daß dieses Zitat – wie überhaupt die meisten politischen Flüsterwitze – vor allem in einem ganz bestimmten Milieu kursierte, nämlich am Wiener Naschmarkt, und ich hatte ein Jahr lang – vom Sommer 1943 bis zum Sommer 1944 – mit den dortigen Gemüsehändlern beruflich zu tun, weil ich zum Gartenbauwirtschaftsverband in der Köstlergasse dienstverpflichtet war, und in dieser Atmosphäre waren die politischen Witze sozusagen zu Hause. Nicht umsonst war die »Fratschlerin« vom Naschmarkt eine beliebte Persönlichkeit in Wienerliedern, und man sagte ihr eine besondere Zungenfertigkeit nach. Das hielt sogar in Stunden äußerster Bedrängnis an, und als ich während eines alliierten Luftangriffs, dem unter anderem die Staatsoper, das Burgtheater und das repräsentative Hotel Heinrichshof zum Opfer fielen, in einem Luftschutzkeller am Naschmarkt Zuflucht fand, machten diese Fratschlerinnen unentwegt ihre bissigen Bemerkungen über Hitler.

Im übrigen hatten die in den Wiener Gartenbaubetrieben tätigen Arbeiter natürlich mitbekommen, welche Personalpolitik in diesem Bereich betrieben wurde. Direktor des Wirtschaftsverbandes war ein SS-Führer namens Klinkmann und der Leiter unserer Abteilung ein pensionierter Oberstleutnant v. Jettmar, so daß man sich vorstellen kann, nach welchen Gesichtspunkten die Obst- und Gemüseverteilung für die Stadt Wien erfolgte. Die Hauptbestände wurden an die NSDAP und ihre Gliederungen abgezweigt, so daß der Unmut der

Bevölkerung über diese Zustände rapid wuchs und im Dezember 1943 am Wiener Naschmarkt von Stand zu Stand folgendes verkündet wurde:

»Die deutsche Weihnachtsgans muß sein: fett wie Göring, schnatternd wie Goebbels, gerupft wie das deutsche Volk und braun wie die Partei!«

Die Erfindung dieses Witzes wurde übrigens dem Schauspieler Rudolf Carl in den Mund gelegt, der in der Köstlergasse direkt über den Büroräumen des Gartenbauwirtschaftsverbandes wohnte, aber hier gilt, was bereits über andere populäre »Urheber« gesagt wurde: der Volksmund suchte berühmte Leute, um die Wirkung eines Flüsterwitzes zu erhöhen.

Um diese Zeit wurden auch Erscheinungen wie das Eintopfessen, das man amtlicherseits dem Volk vorschrieb, satirisch aufgespießt, und zwar nicht nur in Flüsterwitzen, sondern auf offener Bühne. So kam es in einer Aufführung der Operette »Der Bettelstudent«, die peinlicherweise vom Rundfunk übertragen wurde, zu einem vielbelachten Vorfall: Der Sänger des Oberst Ollendorf, der soeben seiner Partnerin berichtet hatte, daß er wegen eines Kusses auf die Schulter mit dem Fächer ins Gesicht geschlagen worden war, wurde von dieser gefragt: »Was taten Sie darauf?«

»Ich kochte.«

»Was kochten Sie?«

»Eintopf! – Nein, Wut!«

Solche Eintopfwitze – so harmlos sie auch oft gestaltet wurden – waren Anzeichen der Unzufriedenheit mit den ökonomischen Verhältnissen, genauer gesagt: mit der ungleichen Verteilung der Rollen. Die Protektionswirtschaft der nazistischen Partei war so offenkundig, daß es kleinere Bühnen wagten, in bestimmten Stücken diese Zustände öffentlich anzuprangern. So brachte es der bekannte Wiener Schauspieler und Theaterdirektor Fritz Eckhardt fertig, in einer Nestroy-Bearbeitung des Lustspiels »Nur keck«, dessen Aufführung ich 1943 im Wiener Bürgertheater erlebte, ein Couplet über die Protektion einzubauen, das beängstigende aktuelle Bezüglichkeiten enthielt und jeweils mit dem Reim endete:

»Ja, die Sach' mit der Protektion is a heikle G'schicht:
Der eine, der hat sie, der andre hat sie nicht!«

Die Sonderzuteilungen an Funktionäre der faschistischen Partei und überhaupt ihre zahlreichen Privilegien stießen natürlich besonders unter der Arbeiterschaft auf Unverständnis und Widerwillen, und häufig geschah es, daß ein Arbeiter wegen angeblich gehässiger Äußerungen, die auf diese Zustände zielten, vor Gericht gestellt wurde.

So wurde ein Bergarbeiter vom I. Strafsenat des Reichsgerichts durch Urteil vom 10. Januar 1941 wegen Vergehens gegen § 2 Abs. 2 des Heimtückegesetzes bestraft, weil er an seiner Arbeitsstelle – etwa 100 m unter Tage – gegenüber einem ihm nicht befreundeten Arbeitskameraden »gehässige Äußerungen über den Führer und Reichskanzler und den Reichsmarschall« gebrauchte, ohne daß diese Auslassungen von einem Dritten gehört werden konnten. Er hätte – so wurde in dem Urteil festgestellt – »den Umständen nach annehmen müssen, daß seine Äußerung in die Öffentlichkeit dringt«.

Mit gleicher Schärfe reagierte das Reichsgericht durch Urteil vom 14. April 1942 auf die Tatsache, daß ein Arbeiter auf die Kunde hin, daß ein faschistischer Funktionär im Feldzug gegen Frankreich gefallen sei, bemerkte: »Gott sei Dank! Der Herrgott hätte nichts Besseres tun können!« Hier wurde durch die juristische Konstruktion, entehrende Äußerungen über einen Gefallenen würden eine Beleidigung der hinterbliebenen Witwe enthalten, die Bestrafung nach § 185 StGB ermöglicht.

Im allgemeinen jedoch gingen derartige Vorfälle nicht so harmlos ab, und es wurde bereits darauf hingewiesen, daß die meisten Erzähler von politischen Witzen vor den Volksgerichtshof gebracht und dort häufig zum Tode verurteilt wurden.

Die Richter, welche solche Todesurteile fällten und nach dem Zusammenbruch Zuflucht in den damaligen deutschen Westzonen suchten, blieben unbehelligt. Nach der Entscheidung des Bundesgerichtshofs vom 7. Dezember 1956 sollte ein Richter wegen Mordes nur bestraft werden können, wenn ihm zugleich eine Rechtsbeugung mit unbedingtem Vorsatz nachgewiesen werden konnte. In der Praxis der BRD-Justiz führte das dazu, daß KZ-Wärter, die im Glauben an die Verbindlichkeit von Hitler-Befehlen Juden getötet hatten, wegen Mordes bestraft wurden, während Richter, die wegen eines politischen Witzes die Todesstrafe verhängten, straffrei blieben.

Wie systematisch diese Richter zu Werke gingen, zeigt der Fall des Verlagsbuchhändlers Bonneß, der Anfang 1944 vom Volksgerichtshof zum Tode verurteilt wurde, weil er am Stammtisch in witziger Form eine Wiederherstellung der Monarchie als wünschenswert bezeichnet hatte. In der Urteilsbegründung finden sich folgende Ausführungen: »Daß diese an sich kindischen Redereien aber doch hochgefährlich wirken und günstigen Nährboden finden können, zeigt ihre wiederholte Aufnahme am Stammtisch. Die alten Herren schwiegen meist, einzelne nickten, und andere erklärten sogar, das ließe sich theoretisch erörtern.«

Diese detaillierten Hinweise offenbaren, daß die faschistischen Justizbehörden das gesamte Umfeld eines politischen Witzes ergründeten, wie es zum Beispiel auch im Falle des Wieners Steffek geschehen ist, der 1943 vom Volksgerichtshof zum Tode verurteilt wurde, weil er geäußert hatte: »Was die vom Propagandaministerium bringen, das glauben wir Wiener nicht, das frißt ja kein Hund!«

Die Urteilsbegründung macht deutlich, daß dieser Vorfall, der sich am 31. Mai 1943 in einer öffentlichen Gastwirtschaft in Rettenegg in der Steiermark zugetragen hatte, zum Gegenstand eingehender Untersuchungen der gesamten Gespräche in dieser Gastwirtschaft gemacht wurde.

Die genannten Fälle zeigen, daß Gastwirtschaften und Stammtischrunden ein wesentliches Forum für die verschiedenartigsten Dokumentationen der Unzufriedenheit der Bürger darstellten, wobei nicht erst die Kriegsjahre den zeitlichen Hintergrund abgaben. Ein Lagebericht der Gestapo Berlin stellte zum Beispiel Anfang 1936 fest, daß hinsichtlich der Stimmung »eine weitere Verschlechterung eingetreten ist ... In ungünstigem Sinne wird die Stimmung der Bevölkerung nach wie vor in erster Linie durch die materielle Not beeinflußt!«

Die Flüsterwitze jener Zeit glossierten diese Verhältnisse auf ihre Weise:

Eine Köchin, die ohne Fett Bratkartoffeln zubereiten soll, beginnt die Hakenkreuzfahne über dem Herde hin und her zu schwingen. Auf die Frage nach dem Sinn ihres Tuns gibt sie zur Antwort: »Unter dieser Fahne sind schon viele fett geworden!«

Zur selben Zeit, als dieser Witz im Umlauf war, bildeten sich die nach Butter anstehenden Käuferschlangen (Görings Motto »Kanonen statt Butter« hatte seinen Einzug gehalten), und der Eisleber Theologe Fritz Wenck, der diese Schlangen photographierte, wurde verhaftet und im August 1937 vom Volksgerichtshof zu acht Jahren Zuchthaus verurteilt. Er kam später im Konzentrationslager Bergen-Belsen ums Leben.

Die Tatsache, daß zahlreiche Pfarrer die von den Nazis heraufbeschworenen Mißstände anprangerten, brachte in den Flüsterwitzen jener Zeit immer wieder die Kirche ins Spiel, so zum Beispiel in einer Attacke auf das sogenannte Winterhilfswerk:

Katholizismus und Nationalsozialismus haben sich endlich auf einer gemeinsamen Basis geeinigt. Die Katholiken sagen: »Morgens Gebet, mittags Gebet, abends Gebet!«, die Nazis: »Gebet morgens, gebet mittags, gebet abends!«

Um zu veranschaulichen, was es mit dem von der Bevölkerung so oft und schlagkräftig verspöttelten Winterhilfswerk auf sich hatte, hier ganz kurz einige Erläuterungen:

Am 1. Dezember 1936 wurde dieses Winterhilfswerk durch ein besonderes Gesetz ins Leben gerufen. Da es ausdrücklich durch den Reichsminister für Volksaufklärung und Propaganda geführt und beaufsichtigt wurde, kommt seinem dekorativen Charakter besondere Bedeutung zu, was vor allem aus der »Verfassung für das Winterhilfswerk des Deutschen Volkes« vom 24. März 1937 hervorgeht, deren § 1 lautete: »Das Winterhilfswerk des Deutschen Volkes, in dem Einsatzbereitschaft und Opferfreudigkeit eines Volkes im Kampf gegen Hunger und Kälte des Winters ihren lebendigen Ausdruck gefunden haben, wird nach dem Befehl des Führers als ständiges Werk der Tat gewordenen Volksgemeinschaft fortgeführt. Die Arbeit des Winterhilfswerks des Deutschen Volkes wird bestimmt von dem Leitsatz: Gemeinnutz vor Eigennutz!«

Damit war ein Schlagwort geprägt, das in der Folgezeit Objekt zahlreicher satirischer Angriffe wurde; denn die Bevölkerung hatte sehr bald begriffen, daß hinter dem angeblichen »Gemeinnutz« der Nutzen der faschistischen Führer stand.

»Der Reichstag ist des deutschen Volkes teuerster Gesangverein«, wurde gewitzelt. »Er versammelt sich einmal jährlich, singt ein Lied, und jedes Mitglied bekommt dafür 600 Mark monatlich.«

Wesentlich höheren Nutzen erzielten natürlich die obersten Angehörigen der Parteihierarchie, wobei Hitlers luxuriöser Berghof auf dem Obersalzberg, Görings protziges Anwesen Karinhall und Goebbels' Villen an der Ostsee im Bewußtsein der Bevölkerung eine große Rolle spielten, zumal die Gerüchte nicht verstummten, daß sich Himmler, Ribbentrop und verschiedene Gauleiter noch während der Winterhilfsaktion mit privaten Vermögensverschiebungen ins Ausland befaßten.

Die Folge war eine merkliche Zurückhaltung bei den Sammlungen (owohl man zum Anreiz bekannte Filmschauspieler auf die Straße schickte), und der politische Witz nahm die populäre Kurzbezeichnung für das Winterhilfswerk (WHW) in sein Repertoire auf, so daß einem Schießstand im Wiener Prater folgende Episode angedichtet wurde:

Der Budeninhaber gibt einem Kunden das Gewehr in die Hand, lädt es aber nicht.

»Was soll das bedeuten?« fragt der Kunde.

»Dös is a neies Spiel«, erwidert der Inhaber.

»Was für a Spiel?« fragt der Kunde.

»WHW«, erklärt der Schießbudeninhaber. »Sie halten die Büchse hin – und i steck' nix rein!«

Der Ausverkauf ökonomischer Werte war auch in folgendem Flüsterwitz enthalten:

»Wann ist das Ziel des Vierjahresplanes erreicht?«

»Wenn sämtliche Werke geschlossen hinter dem Führer stehen!«

Verschiedentlich wurde festgestellt, es gäbe in

Deutschland zwei Sorten Menschen: Unterernährte und unter der Hand Ernährte!

Und was die bereits erwähnte Butter betraf, wurde man auf die Zeit nach dem Kriege vertröstet: dann nämlich würden sämtliche Führerbilder entrahmt!

Unter Anspielung auf den Reichsbauernführer kam der Spruch »Lieber dreißig Jahre Dürre als ein Jahr Darré« in Mode, und die Frage, welches Eintopfgericht in Deutschland am weitesten verbreitet sei, wurde mit »Gedämpfte Zungen« beantwortet.

Bleibt noch zu erwähnen, daß ungefähr 1938 das Gerücht auftauchte, der neue Volkswagen würde anstelle der Winker WHW-Sammelbüchsen erhalten: Dann weicht das Volk schon von selber aus!

Die Hauptstoßrichtung hinsichtlich der von der Bevölkerung geübten Kritik im ökonomischen Bereich erfolgte natürlich gegen den Mann, der im Hintergrund die Fäden zog:

»Göring, Goebbels und Schacht waren am vergangenen Sonnabend in einem Restaurant und wurden von niemandem erkannt. Woran das lag? Ganz einfach: Göring war in Zivil, Goebbels hat während der ganzen Zeit den Mund nicht aufgemacht ... und Schacht hat bezahlt!«

Im Volksmund galt Schacht nämlich als derjenige, der für die Aufrüstung in aller Welt Schulden machte, Kredite aufnahm und nie bezahlte – was man im übrigen auch dem seinerzeitigen Wirtschaftsminister Schmitt nachsagte.

Eine Parodie auf das Horst-Wessel-Lied lautete:

Die Preise hoch,
Kartelle fest geschlossen,
Das Kapital marschiert mit festem Schritt,
Die Börsenfürsten sind Parteigenossen,
Und für den Sozialismus sorgt Minister Schmitt.

Im Lauf der Jahre wurden die Bosse der Wirtschaft immer mehr in den antifaschistischen Flüsterwitz einbezogen, was sich vor allem aus dem Umstand herleitete, daß die Belange der Konzerne deutlich und für alle Bürger vernehmbar in der offiziellen Propaganda herausgestellt wurden.

Einige Beispiele mögen das veranschaulichen:

Am 1. Dezember 1936 wurde ein »Gesetz gegen Wirtschaftssabotage« erlassen, das Vermögensverschiebungen nach dem Ausland unter Todesstrafe stellte, selbst wenn die Tat im Ausland begangen wurde, und für die Aburteilung den Volksgerichtshof als zuständig erklärte.

Die Kriegswirtschaftsverordnung vom 4. September 1939 brachte eine Welle von Schauprozessen mit sich, in denen in abschreckender Weise der Bevölkerung klargemacht werden sollte, daß das Leben des einzelnen im Hinblick auf die faschistischen Kriegsziele keinen Wert mehr besaß. Die »Schwarzschlachtung« eines Schweines beispielweise endete häufig auf dem Schafott, während die Maßnahmen der Rüstungsmonopole, welche die Tötung von Millionen Menschen zur Folge hatten, vom faschistischen Regime gefördert wurden.

In der Bevölkerung gab es keinen Zweifel mehr darüber, wer wohl die ökonomischen Weichen der faschistischen Politik stellte.

Fortan waren auch die Flüsterwitze – besonders in der Aufzeigung des Kontrastes zwischen arm und reich – von aggressiverer Natur.

»Welches Land hat die größte Flotte?« wurde gefragt. »Deutschland«, lautete die Antwort. »Es besitzt nicht nur 80 Millionen Kohldampfer, sondern auch den größten Zerstörer der Welt!«

Und die Frage: »Weshalb gibt es so wenig Fett?« ergab die Antwort: »Weil Goebbels so viel schmalzige Reden gehalten hat!«

Auch Göring mußte für diesen Kontrast herhalten, wobei es an direkten Anspielungen nicht fehlte: In der Uniform eines Obersteigers mit voller Bergmannsausrüstung geht er durch Berlin. »Wohin des Wegs?« wird er gefragt. »Zum Schacht!« erwidert er.

Die Bezeichnung seiner Hochzeit als »Millionenhochzeit im Eintopfland« entsprach durchaus dem Empfinden großer Teile des Volkes, ebenso der folgende Witz:

Ein Nazibonze kommt zu einem Bauern und erklärt ihm, er müsse mehr opfern. Wenn er noch zwei Kühe habe, müsse er eine abgeben, und wenn er zwei Anzüge habe, könne er auch gut einen abgeben. Die Schwarzen in Afrika zum Beispiel brauchten überhaupt keine Anzüge.

»Wie lange regieren denn dort schon die Nazis?« fragt der Bauer.

Bemerkenswert ist, daß im Verlauf des Krieges, als immer deutlicher wurde, wem der Krieg eigentlich Vorteile brachte und wer die Lasten ganz allein zu tragen hatte, eine große Zahl von Conférenciers und Kabarettisten dazu überging, das Thema »Versorgungslücken und Mangelware« ungeschminkt in ihre Programme, die teilweise vom Rundfunk übertragen wurden, aufzunehmen. Verschiedentlich mußten sie das mit Repressalien bezahlen – wie beispielsweise die drei Ruhlands –, aber in den meisten Fällen ließ man die Dinge durchgehen, wahrscheinlich in der Meinung, daß ein kleines Ventil zugebilligt werden mußte. Dabei waren die Witze nicht immer so harmloser Natur wie jener, den ich 1943 im Radio von dem Komiker Brandes hörte und der von den Wurstwaren eines Fleischers handelte:

> »Wenn das rauskommt, was da reinkommt,
> dann kommen die rein und nie wieder raus!«

Vielmehr gingen manche witzigen Vergleiche an den Nerv der Dinge, wobei allerdings oft die Grenze zum unterschwellig wirkenden profaschistischen Witz überschritten wurde. Wenn beispielsweise von einem »Westwallkaffee« gesprochen wurde, der »uneinnehmbar« sei, so stand hier das Lob für die faschistische Rüstungsindustrie weit über der Kritik an der Qualität des Kaffees.

Im Gegensatz zum Flüsterwitz war der geduldete offizielle politische Witz ein raffiniertes Mittel faschistischer Manipulation, der vor allem nebensächliche Dinge künstlich aufbauschte, um die echten Probleme desto unangetasteter zu lassen.

Besonders in Ansehung dieses Umstandes muß dem Flüsterwitz eine ungleich wertvollere Stellung eingeräumt werden; denn keine Bühne und kein Rundfunksender Hitlerdeutschlands hätten es gewagt, jene Scherzfrage, die damals von Mund zu Mund ging, wiederzugeben:

»Was ist für ein Unterschied zwischen Indien und Deutschland?«

»In Indien hungert ein Mann für das ganze Volk, in Deutschland hungert das ganze Volk für einen Mann!«

Das Kriegsgespenst

Um jedwedem Mißverständnis vorzubeugen: Es kann keine Rede davon sein, daß am 1. September 1939 in Deutschland eine allgemeine Antikriegsstimmung geherrscht hätte. Eher war das Gegenteil der Fall. Die Masse der Bevölkerung war durch die faschistische Propaganda, vor allem durch die Herausstellung angeblicher Untaten an sogenannten Volksdeutschen in Polen, aufgeputscht und sah im Kriegsausbruch ein durchaus begrüßenswertes Ereignis, wobei viele Leute es mit Fatalismus und in der Hoffnung hinnahmen, die Sache werde bald zu Ende sein, natürlich zugunsten Deutschlands. Das spiegelte sich in Inseraten wider, die vom »Heldentod« eines Angehörigen kündeten und zumeist mit den Worten »Auf dem Felde der Ehre fiel für seinen geliebten Führer, unser Volk und Vaterland ...« begannen und mit der Floskel »In stolzer Trauer« abschlossen. So tragisch diese Opfer für die einzelnen Familien gewesen sein mochten, sie können aus heutiger Sicht nicht den Irrweg wegleugnen, den viele Deutsche beschritten hatten und der sich auch darin äußerte, daß überall den an die Front fahrenden Soldaten enthusiastisch zugejubelt wurde.

Ein Blick in die Werkzeitung »Nappian und Neucke«, die insbesondere den Bergarbeitern im Mansfelder Land zugedacht war, gibt die Stimmung der damaligen Zeit sehr anschaulich wieder.

Im Feldpostbrief des Arbeiters Wilhelm Pfeiffer an den Bergwerksdirektor Wirths vom 23. Dezember 1939 heißt es:

»Die Polen haben wir in ganz kurzer Zeit zugrunde geschlagen; aber gegen England und Frankreich wird es wohl nicht so schnell gehen. Hier im Westen haben wir noch nichts Besonderes durchgemacht. Hoffentlich geht es bald los; es müßte wieder kurz und kräftig gehen. Wir wollen und werden siegen; denn was der Führer sagte, das ist immer richtig gewesen.«

Am 11. Januar 1940 schreibt ein gewisser Franz Kaczmarek an die Direktion des Vitzthumschachtes:

»Die Engländer sind eine Schweinebande, so wie sie es 1914 waren, ein vom Judenklüngel geführtes und verführtes Volk! Wir wollen hoffen, daß auch dort einmal ein ›Erwachen‹ kommt.«

Der Soldat Franz Meyer bedankt sich bei der Direktion des Vitzthumschachtes für ein Päckchen vom 13. Februar 1940 mit den Worten:

»Wir werden es den Engländern schon noch zeigen, was es heißt, uns und unserem Führer den Krieg zu erklären, nur um ihre Herrschaft und Sklaverei über die Völker der Erde zu behaupten. Wir werden uns das schon holen, was uns als Großdeutschland zusteht und den Engländer zur Rechenschaft ziehen für die vielen Morde an den armen Volksdeutschen in Polen.«

An die Betriebsgemeinschaft des Wolf-, Hohenthal- und Ernstschachtes schreibt der Soldat Fritz Jordan am 1. Mai 1940:

»Mögen sich die von den habgierigen Briten verhetzten polnischen Arbeiter einen Begriff machen von dem unerschütterlichen Sieges- und Opferwillen unseres deutschen Volkes. Der Schlag gegen England, die Besetzung der nordischen Länder, wird den Tommies ewig in Erinnerung bleiben. Wir, die Soldaten unseres Führers, werden nicht eher ruhen und rasten, bis unsere Feinde völlig zermürbt am Boden liegenbleiben.«

Der Soldat K. Kahlefeld brüstet sich in einem Brief an die Betriebsführung des Clotildeschachtes vom 6. Juli 1940 sogar mit einem Mord:

»Im Umkreis von Reims trieben sich noch viele Neger

in den Wäldern herum. Einer hatte sich sogar nachts in die Stadtmitte gewagt, wo er von unserer Wache festgenommen wurde und dann am nächsten Tag in sein Grab hereinfiel.«

Aufschlußreich ist auch der Brief des Gefreiten Köhler vom 16. Juni 1940 an die Betriebsführung der Krughütte:

»Hier ist jetzt tiefster Frieden, aber die Anzahl der Gefangenen, die an uns vorüberziehen, nimmt immer mehr zu. Ich koche, brate, backe und bin auf Huhn-, Hähnchen-, Eier- und Milchjagd, um meinem Chef, dem Zugführer, nach den anstrengenden Wochen etwas zur Stärkung vorzusetzen. Das ist jetzt ein Leben! Lange kann der Franzose nicht mehr kämpfen. Wir überholen die Feinde, der Franzose macht einen völlig geschlagenen Eindruck. Ach, ich könnte noch so viel schreiben, aber ich muß noch Leber braten und Milchkakao kochen, dazu gibt es als Abschluß Sekt. Den gibt's hier in Mengen.«

Über die Franzosen als solche macht sich ein gewisser Otto Dorl in seinem Brief vom 8. August 1940 an »Führer und Gefolgschaft« der Krughütte Gedanken:

»Manchmal weiß man tatsächlich nicht, ist es ein Franzose, ein Jude, ein Neger oder irgendein Angehöriger eines französischen Kolonialvolkes. Von einer Rasse kann hier keine Rede sein. Solche Menschen wollen uns Kultur und wer weiß was alles bringen. Darüber lacht jeder, der sich in Frankreich umsehen kann! Und wie stolz dürfen wir Deutsche dagegen sein und wie dankbar zugleich unserem großen Führer.«

Zur selben Zeit, als diese Briefe geschrieben wurden, beobachtete ich im D-Zug nach Cottbus einen Angehörigen der Waffen-SS, der den Mitreisenden großspurig erklärte, die Invasion in England stünde unmittelbar bevor, Hitler habe der Waffen-SS die Einnahme dieser Insel versprochen – und er wurde hierin von der Mehrzahl der Reisenden unterstützt.

Ein Lagebericht des Sicherheitsdienstes der SS vom 4. Juli 1940 weist darauf hin, daß die allgemeine Stimmung der Bevölkerung »durch die feindlichen Fliegerangriffe auch jetzt in ihrem Kern nicht beeinträchtigt« sei, und man nehme sie zum Teil mit Humor hin, was beispielsweise in dem Abendgruß »Ich wünsche Ihnen eine splitterfreie Nacht« zum Ausdruck komme.

Eine eigentliche Antikriegsstimmung, die nicht nur einzelne, sondern auch die Masse erfaßte, kam erst auf, als die langjährige Dauer des Krieges mit den immer fühlbarer werdenden Entbehrungen an den Nerven der Bevölkerung zerrte. In den Jahren 1943/44 wuchs diese Stimmung merklich an, und es machten sich im wachsenden Maße Flüsterwitze breit, die den faschistischen Raubzug attackierten. In diese Zeit fallen auch die meisten wegen derartiger »Delikte« gefällten Todesurteile, da die Richter des Volksgerichtshofs angesichts der enorm angestiegenen Zahl gefallener deutscher Soldaten keinen Grund sahen, die in ihren Augen als Defätisten und Wehrkraftzersetzer auftretenden Witzerzähler zu schonen. Selbst für Bagatellfälle verhängte der Volksgerichtshof die Todesstrafe, und obwohl sich der Strafrahmen bei Wehrkraftzersetzung zwischen einem Tag Gefängnis und der Todesstrafe bewegte, wurde letztere fast stereotyp ausgesprochen.

Besonderes Aufsehen erregte der Fall des Schriftstellers und Journalisten Erich Knauf, der Anfang 1934 als Nachfolger von Walther Victor beim »8-Uhr-Abendblatt« und später als Feuilletonredakteur der »Plauener Volkszeitung« und Lektoratsleiter der Büchergilde »Gutenberg« tätig gewesen war. Mit der von ihm geschaffenen Figur des Hullebulle attackierte er Goebbels:

»Hullebulle kam jedoch in Fühlung
Mit Kultur und was so drum und dran.
Er wohnt jetzt möbliert mit Wasserspülung
Und beweist, was ein Komparse kann.«

Weder Hitler noch Goebbels vergaßen solche Angriffe, und als Erich Knauf zusammen mit dem bereits genannten Zeichner E. O. Plauen von einem Hauptmann der Reserve namens Schultz wegen defätistischer Äußerungen denunziert wurde, war die Zeit der Rache gekommen: Er wurde am 2. Mai 1944 hingerichtet. (Die von ihm geschriebenen Filmschlager »Mit Musik geht alles besser« und »Ich freue mich, daß wieder Sonntag ist«, die zu dieser Zeit überall gesungen wurden, bildeten einen makabren Hintergrund zu der gespenstischen Szenerie.)

Bemerkt werden muß in diesem Zusammenhang, daß die Presse mitunter hämische Kommentare zu den Hinrichtungen lieferte, wie es beispielsweise im Fall des Pianisten Karlrobert Kreiten geschehen ist, der – obwohl er von Claudio Arrau zu einer der größten pianistischen Begabungen des Jahrhunderts erklärt worden war – im September 1943 auf dem Schafott endete, weil er geäußert hatte, der Führer sei krank, und einem solchen »Wahnsinnigen« sei nun das Volk ausgeliefert.

Der Drang nach freier Meinungsäußerung konnte jedoch nicht aus der Welt geschafft werden, und ein SD-Bericht zu Inlandsfragen vom 8. Juli 1943 stellt fest, es herrsche in der Bevölkerung die Meinung, »daß einer heute schon jeden Witz erzählen könne, ohne mit energischer Abfuhr, geschweige denn Anzeige bei der Polizei, rechnen zu müssen. Das Gefühl dafür, daß das Anhören und Weitererzählen politischer Witze eines gewissen Schlages für den anständigen Deutschen und Nationalsozialisten einfach eine Unmöglichkeit ist, sei weiten Kreisen der Bevölkerung und auch einem Teil der Parteimitgliedschaft offenbar abhanden gekommen«.

Als weitverbreiteten Witz prangert dieser Bericht an, »Zarah Leander sei zum Führerhauptquartier verpflichtet worden, wo sie dem Führer vorsingen muß: ›Ich weiß, es wird einmal ein Wunder geschehn!‹«

Auch wird kritisiert, daß sich eine bombengeschädigte Frau in Erörterungen über die Kriegslage dahin geäußert habe, die ganzen Mißerfolge hätten vermieden werden können, wenn die »braunen Bonzen« nicht in der Heimat, sondern an der Front wären und genauso ihre Pflicht täten »wie die roten Kommissare in Rußland, die an der Front wären«.

Gefördert wurde diese Art Antikriegsstimmung durch die Propagandapraxis des Oberkommandos der Wehrmacht, dessen Berichte so naiv verlogen waren, daß sie der dümmste Bürger durchschauen konnte, und die sich in ihrem Inhalt immer mehr jenem erfundenen italienischen Heeresbericht näherten, der damals spöttisch von Mund zu Mund ging:

»Ein Fahrrad wurde umzingelt, die Lenkstange ist fest in unserer Hand, um die Pedale wurde erbittert gekämpft, das Vorderrad hat sich planmäßig abgesetzt, der Rest wurde am Boden zerstört.«

Daß ein solcher Vergleich nicht übertrieben war, zeigt die Berichterstattung über die Stalingrader Schlacht: Obwohl Stalingrad bereits am 23. November 1942 von den sowjetischen Truppen eingekreist war, wurde diese Einschließung der 6. Armee erst am 16. Januar 1943 mit der Formulierung zugegeben, die deutschen Truppen stünden in Stalingrad »seit Wochen in heldenmütigem Abwehrkampf gegen den von allen Seiten angreifenden Feind«.

In der Folgezeit wurden solche absichtlichen Fehlinformationen ständige Bestandteile der faschistischen Wehrmachtsberichte, was die Antikriegsstimmung innerhalb der Bevölkerung wesentlich erhöhte.

Es wurden sogar Stimmen laut, die zur sofortigen Beendigung des Krieges aufriefen. So verurteilte der Volksgerichtshof unter Vorsitz Freislers am 23. August 1943 den 1891 geborenen Regierungsrat Dr. Theodor Korselt wegen Wehrkraftzersetzung zum Tode, weil er in einer Rostocker Straßenbahn kurz nach der Regierungsumbildung in Italien gesagt hatte: So müsse es auch hier kommen; der Führer müsse zurücktreten, denn siegen könnten wir ja nicht mehr, und alle wollten wir doch nicht bei lebendigem Leibe verbrennen. (Die Anzeige war übrigens von einem Rostocker Stadtrat erstattet worden, der mit Dr. Korselt in der Straßenbahn gesprochen hatte.)

Das Sondergericht Frankfurt am Main verurteilte am 13. September 1943 den als Werkschutzleiter in einem großen Betrieb tätigen Kaufmann und Offizier aus dem ersten Weltkrieg P. wegen Vergehens nach § 2 des Heimtückegesetzes zu einem Jahr Gefängnis, weil er im Juni 1943 folgendes geäußert hatte:

»Wir stehen im Herbst, spätestens November dieses Jahres am Brenner. Im nächsten Jahr ist hier im Westen überhaupt nichts mehr. Adolf steht dann hinter der Elbe.«

Auf einen Einwand des Angesprochenen erklärte er:

»Was wollen Sie denn, das sind doch alles Nichtskönner; der Göring ist Morphinist, Goebbels Vereniker, Adolf Hysteriker und Choleriker, Keitel eine alte Tante, der schon in Fulda als Regimentskommandeur die Regimentstante hieß.«

Die genannten Beispiele offenbaren die Einstellung eines großen Teiles der damaligen Bevölkerung, was sich insbesondere in jenen Flüsterwitzen, die sich mit der militärischen Situation auseinandersetzten, kundtat.

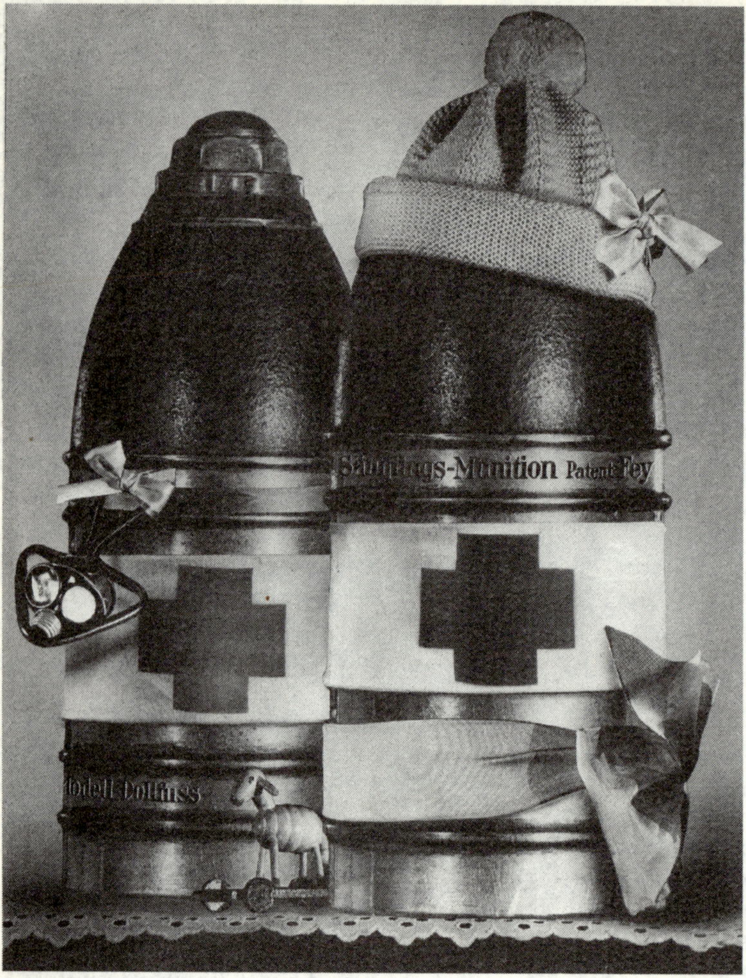

»O, du mein humanes Österreich!«

Entrüstung über Rüstung

Den ersten politischen Witz, der die faschistische Aufrüstung ins Visier nahm, hörte ich am 22. Juli 1939 anläßlich eines Militärkonzertes, das in der Eisleber »Terrasse« stattfand. Dieses war ursprünglich im Freien vorgesehen, aber nach dem Eröffnungsstück (dem »Ungarischen Marsch von Kutsch«, wie die schneidige Ansage lautete) setzte ein Gewitter ein, und das Ganze fand nunmehr – in Anlehnung an ein bekanntes Wort – »im Saale statt«, so daß die Besucher ihre Plätze wechseln mußten und bis zur Fortsetzung des Musikprogramms Zeit hatten, einige Gedanken miteinander auszutauschen. Es waren zumeist Vertreter des Mittelstandes, und einer von ihnen erzählte im Verlaufe der Unterhaltung folgenden Witz:

Volkswagensparer, die wöchentlich ihre fünf Mark einzahlten, ließen sich zur Sicherheit jedesmal ein Ersatzteil aushändigen. Als die Gesamtsumme erreicht war, wurden die Teile zusammengesetzt. Und was kam heraus? Jedesmal eine Kanone!

Das Gelächter am Tisch war jedoch kein kritisches – wie bei anderen Flüsterwitzen –, sondern ein durchaus bejahendes. Man empfand es völlig in Ordnung, daß aufgerüstet wurde, und dieser Witz gehörte mithin zu jenen, die von profaschistisch eingestellten Kleinbürgern kolportiert wurden. Außerdem besaß er als Nährboden eine frappierende Aktualität: Der »Volkswagen« war in aller Munde, hatte doch Hitler bei der Grundsteinlegung des Volkswagenwerkes in Fallersleben am 26. April 1938 feierlich erklärt: »Wem es möglich ist, sich das Teuere zu kaufen, der tut es ohnehin. Die Masse aber kann es nicht. Für diese breite Masse nun ist dieser Wagen geschaffen worden!«

Spätestens mit Kriegsbeginn stellte sich heraus, wozu

in Wirklichkeit die »breite Masse« zur Kasse gebeten worden war, und der oben erwähnte Witz enthüllte das offenkundig.

Es muß schon wie eine Verhöhnung der betrogenen Volksmassen gewirkt haben, wenn noch nach 1940 die Deutsche Arbeitsfront weiterhin für den Volkswagen warb:

> Schaffender Deutscher!
> Der Führer hat deinem Fahrzeug den verpflichtenden Namen KdF-Fahrzeug gegeben.
> Hilf mit! Werde KdF-Wagen-Sparer!

Bis zum Ausbruch des Krieges hatten 336668 Sparer insgesamt 236 Millionen Reichsmark eingezahlt. Kein einziger Volkswagen wurde an die Sparer ausgeliefert, da das VW-Werk fast ausschließlich Militärfahrzeuge herstellte. Die Sparguthaben der Bevölkerung wurden für die Rüstung mißbraucht.

Eine ähnliche Bedeutung hatten die Reichsautobahnen, die keineswegs zur Bequemlichkeit der Bürger errichtet wurden, sondern als strategische Straßen der Kriegsvorbereitung dienten und deshalb panzerfest gebaut waren.

Daß auf diesem Wege zugleich das Problem der Arbeitslosigkeit behoben wurde, ist ein weiteres Indiz für die demagogische Politik der Faschisten; denn es kommt nicht von ungefähr, daß beide Elemente – Abschaffung der Arbeitslosigkeit und Bau der Reichsautobahnen – bis in die heutige Zeit als hartnäckige Zeugen eines positiven Wirkens jener Jahre heraufbeschworen werden.

Zahlreiche Jugendliche in der BRD wissen auf die Frage nach Adolf Hitler nichts anderes zu erwidern als: »Er hat die Arbeitslosigkeit beseitigt!« oder »Er hat die Autobahnen gebaut!«

Bereits am 19. Januar 1934 hatte die französische Zeitung »Le Temps« in Anbetracht der Tatsache, daß die Kosten für einen Autobahnkilometer 965 000 RM betrugen, unter der Überschrift »Die Militärautobahnen in Deutschland« geschrieben: »Man sieht an diesen Zahlen, welches Interesse die deutsche Militärführung dem schnellen Ausbau eines strategischen Netzes moderner Straßen entgegenbringt.«

Trotz solcher Mahnungen konnte Hitler seine Aufrüstungspolitik unbehelligt fortsetzen.

Am 16. März 1935 verkündete die faschistische Regierung die Wiedereinführung der allgemeinen Wehrpflicht und den Ausbau des Heeres auf 36 Divisionen. Damit streifte Hitler die Militärklauseln des Versailler Vertrages ab, ohne auf nennenswerten Widerstand der seinerzeitigen Vertragspartner zu stoßen. England protestierte am 18. März 1935 ziemlich schwach, und Frankreich wartete mit seiner förmlichen Protestnote sogar bis zum 21. März 1935.

In einer Proklamation vom 16. März 1935 begründete Hitler seinen Schritt mit der angeblichen bolschewistischen Gefahr und der Einführung der zweijährigen Dienstzeit in Frankreich, sichtlich um den Eindruck zu erwecken, als werde Deutschland von allen Seiten angegriffen. Wörtlich sagte er: »Inmitten dieser hochgerüsteten und sich immer mehr der modernsten motorisierten Kräfte bedienenden Kriegsstaaten war Deutschland ein machtmäßig leerer Raum, jeder Drohung und jeder Bedrohung jedes einzelnen wehrlos ausgeliefert.«

Dieser Proklamation waren Reden vorhergegangen, deren Inhalte auf die kommenden Ereignisse schließen ließen. Auf der Parteigründungsfeier am 24. Februar 1935 hatte er gedroht, daß sich das deutsche Volk »Mann um Mann zur Wehr setzen« werde, und kurz vorher in einem »Aufruf an das deutsche Volk« vom 30. Januar 1935 festgestellt: »Neben die fanatischen Kämpfer unserer revolutionären nationalsozialistischen Partei traten die Soldaten der traditionsreichen Wehrmacht. Eine Mobilisierung menschlicher Kräfte in einem bisher kaum vorausgeahnten Umfange trat ein.«

Das Wehrgesetz vom 21. Mai 1935 legte die Wehrpflicht vom 18. bis zum 45. Lebensjahr fest und bestimmte als Obersten Befehlshaber der Wehrmacht den »Führer«. Einen Tag nach Erlaß dieses Gesetzes wurde die Dauer der aktiven Dienstpflicht auf ein Jahr festgesetzt.

Daß es sich bei allen diesen Maßnahmen nicht nur um ein harmloses Vorgeplänkel, sondern um reale Angriffsabsichten der Faschisten handelte, wurde deutlich, als noch vor Ablauf eines Jahres der erste militärische Schritt vollzogen wurde: die Besetzung der entmilitarisierten Zone des Rheinlands am 7. März 1936. Hitler hatte sich selbstherrlich von den Territorialklauseln des Versailler Vertrages gelöst und unter dem Vorwand, Frankreich habe durch die Ratifizierung des französisch-sowjetischen Vertrages am 27. Februar 1936 den Locarnovertrag gebrochen, die Besetzung des Rheinlands verfügt.

Obwohl seine These, der französisch-sowjetische Vertrag verstoße gegen den Geist von Locarno, juristisch nicht aufrechtzuerhalten war, verzichteten die Westmächte auf Gegenmaßnahmen – wie sie überhaupt bereit waren, alles zu akzeptieren, worin Hitler den Schein eines Rechts in Anspruch nehmen konnte.

Hitler selbst erklärte später in einem Gespräch: »Wären die Franzosen damals ins Rheinland eingerückt, hätten wir uns mit Schimpf und Schande wieder zurückziehen müssen; denn die militärischen Kräfte, über die wir verfügten, hätten keineswegs auch nur zu einem mäßigen Widerstand ausgereicht.«

Erinnert man sich, daß er später in seiner Kriegsbrandrede am 26. September 1938 im Berliner Sportpalast in Anwesenheit einer großen Zahl von Ausländern, Diplomaten und Journalisten ohne jede Scham von der grenzenlosen Aufrüstung prahlte, die Deutschland durchgeführt habe, muß man dem Stillhalten und ruhigen Zusehen der Westmächte eine gewisse Aufmerksamkeit schenken.

Damals hatte er ausgerufen: »Deutschland kann stolz sein auf seine Wehrmacht! Ich habe in diesen fünf Jahren tatsächlich aufgerüstet. Ich habe Milliarden dafür verwandt. Das muß das deutsche Volk jetzt wissen. So haben wir eine Wehrmacht aufgebaut, auf die heute das deutsche Volk stolz sein kann und die die Welt respektieren wird, wenn sie jemals in Erscheinung tritt.«

Daß diese »Milliarden«, die er für die Aufrüstung verwandt hatte (in seiner Reichstagsrede am 1. September 1939 sprach er konkret von 90 Milliarden), durch Schachts Vermittlung aus dubiosen Kreisen kamen, verschwieg er natürlich, wie überhaupt die künstliche Hochzüchtung der faschistischen Partei durch die internationalen Monopole ein treffendes Beispiel für politische Verhetzung im Dienste des Kapitals darstellt.

Anders ist das Verhalten der Westmächte von 1933 bis 1939 nicht zu erklären. Zur Erinnerung folgende Fakten:

Obwohl die Ernennung Hitlers zum Reichskanzler den geraden Weg zur Diktatur öffnete und die Faschisten diesen Weg sofort beschritten, beeilte sich das westliche Ausland um eine Zusammenarbeit mit der neuen deutschen Regierung. Der englische Premierminister MacDonald kritisierte zwar häufig die Regierungsmethoden Hitlers, was ihn aber nicht hinderte, bei jeder Gelegenheit für die effektive Gleichberechtigung Deutschlands, vor allem in Rüstungsfragen, einzutreten. Der amerikanische Präsident Roosevelt billigte im April 1933 den Abschluß des Viererpaktes mit Deutschland, und auch Frankreich ließ Hitler gewähren, ohne ihm wesentliche Hindernisse in den Weg zu legen. Nach einem Bericht des britischen Militärattachés in Paris vom 24. Oktober 1933 sprach sich der Chef des französischen Generalstabs, General Weygand, für eine deutsche Aufrüstung aus, da in diesem Falle Frankreich seinerseits nach Belieben rüsten könne. Besonders hier wird die internationale Verflechtung der Rüstungsmonopole sichtbar, die sich über alle völkerrechtlichen Bedenken hinwegsetzten. Die faschistische Aufrüstung verletzte offen den Versailler Vertrag und stellte eine ebensolche Provokation dar wie das Verlassen der Genfer Institutionen im Oktober 1933. Aber diese Herausforderungen blieben ohne Gegenmaßnahmen. Die Westmächte steckten Vertragsbruch auf Vertragsbruch ein – es waren zuletzt 69 gebrochene Verträge – und ließen sich wieder und wieder vor fertige Tatsachen stellen. Es ist kaum anzunehmen, daß das völlig ohne Absicht geschah.

Die gesamte Entwicklung seit dem ersten Auftreten der faschistischen Partei macht deutlich, daß die reaktionären Kräfte nicht nur innerhalb Deutschlands, sondern auch im kapitalistischen Ausland in Hitler den Mann gefunden zu haben glaubten, der ihnen ungeahnte Profite sicherte. Es genügt nicht, Kanonen zu bauen; man muß auch Leute haben, die sie einsetzen – und Fanatiker politischer oder religiöser Art sind seit alters her die besten Garanten für ein solches Unterfangen, zumal diese meist in dem Wahn befangen sind, es geschehe alles nur für ihre Ideen, und man Hitler also getrost zubilligen kann, daß er sich nicht als Werkzeug des Kapitals verstand, sondern als Vollstrecker eigener Pläne mit einer gehörigen Portion pathologischer Überheblichkeit.

Nicht hoch genug kann deshalb eingeschätzt werden, daß der politische Witz den Zusammenhang zwischen

Aufrüstung und Geschäftsinteresse bloßlegte, wenngleich er dies oft mit naiven Mitteln bewerkstelligte, mehr aus einer Ahnung heraus, aber stets mit einer zielgerichteten Wirkung.

Das gilt beispielsweise von jenem Flüsterwitz aus dem Jahre 1938, der lediglich aus Frage und Antwort bestand:

Wer ist der tüchtigste Exporteur?

Adolf Hitler; denn er liefert alles franko!

Hier wurden Begriffe aus der Geschäftswelt sehr geschickt mit einem aktuellen Thema – nämlich der Entsendung der faschistischen Legion Condor nach Spanien – verknüpft. Das Wortspiel um den Diktator Franco, dem die deutsche Militärmaschinerie sozusagen »portofrei« (franko) geliefert wurde, enthüllt zugleich tiefere Zusammenhänge, und daß die Bevölkerung angesichts der Legion Condor von einer Generalprobe für den bevorstehenden wirklichen Krieg sprach, kennzeichnet auf plastische Weise die damalige Situation.

Dazu zählt auch jene Tatsache, daß im Sommer 1939 allenthalben mit einem Krieg gegen Polen gerechnet wurde, nicht zuletzt hervorgerufen durch die bereits erwähnten aufputschenden Zeitungsartikel, und der folgende Witz verdient eine besondere Beachtung:

Drei Schweizer unterhalten sich im Juli 1939 über ihre Urlaubspläne. Sie wollen alle Deutschland kennenlernen, der eine will nach München, der zweite nach Berlin. Der dritte sagt: »Ich fahre nach Warschau!«

»Aber Warschau ist doch nicht in Deutschland«, erwidern die anderen.

Darauf der dritte: »Ich nehme ja meinen Urlaub erst im Oktober!«

Es ist nicht zu verkennen, daß hier – ähnlich dem Witz mit dem Volkswagen – eine nazistische Wunschvorstellung mitschwingt, so daß dieser Witz jener Kategorie beizuzählen ist, die unterschwellig der Propagierung faschistischer Ideen diente.

Ein besonderes Beispiel dieser Art lernte ich im Frühjahr 1941 kennen, als ein der Mansfeld AG angehörender Bauwerkmeister, der zugleich Funktionär der Technischen Nothilfe war, im Büro der Eisleber Häuserverwaltung ein bestimmtes Vorgehen Hitlers mit einem an sich treffenden, aber im letzten Grund wiederum bedenklichen Witz glossierte.

Es ging um die nur wenige Monate zurückliegenden Vorgänge der Besetzung neutraler Länder durch Hitlers Truppen. Letztere hatten am 9. April 1940 Dänemark und Norwegen, am 10. Mai 1940 Belgien, Holland und Luxemburg und am 6. April 1941 Jugoslawien und Griechenland überfallen und in Besitz genommen. Nach Hitlers Worten wurden sie dem »Schutz des Deutschen Reiches« unterstellt, und es taten sich Parallelen zu den Ereignissen des Jahres 1938 auf, als Hitler die Einverleibung Österreichs und der Tschechoslowakei mit angeblichen Hilferufen der dortigen Regierungen begründete.

Diesem Komplex also widmete sich der besagte Witz, den ich im folgenden wörtlich zitiere:

Hitler steht mit seinen Paladinen vor zwei Aquarien. An dem einen klebt ein Hakenkreuz, aber es ist leer. Das andere hat kein Hakenkreuz, doch dafür tummelt sich ein wunderschöner Fisch im Wasser. Ratlos blickt sich Hitler um. Zu gern hätte er den Fisch in seinem Behälter. Aber wie soll er es anfangen? Stehlen will er nicht, das würde ein schlechtes Licht auf ihn werfen. Schließlich kommt ihm eine Idee. Er zieht aus dem Aquarium, in welchem sich der Fisch befindet, den Stöpsel heraus. »Der arme Fisch«, murmelt er, indessen das Wasser herausläuft. »Seht ihn euch an! Wenn man ihm doch helfen könnte!« Das Wasser wird immer weniger. »Ach, der arme Fisch!« ruft er aus. »Ist es nicht furchtbar, wie es ihm geht? Man müßte ihn retten! In meinem Aquarium hätte er es so schön!« Schließlich ist das Wasser völlig herausgelaufen, und der Fisch liegt auf dem Trokkenen. »Nun nimm ihn endlich heraus!« drängt Göring. »Wieso?« fragt Hitler und sieht seine Paladine bedeutsam an. »Er hat doch noch nicht um Hilfe gerufen!«

Was hier geschildert wurde, war im Grunde eine prächtige satirische Spitze, aber das Milieu und die am Witz Beteiligten forderten eine gänzlich andere Auslegung heraus, nämlich den Gedanken: Seht mal, so schlau ist unser Führer! Er legt am Ende alle herein!

Sowohl der Erzähler dieses Witzes als auch die Zuhörer waren in der Hauptsache Parteigenossen und absolute Anhänger der faschistischen Ideologie. Sie empfanden die geschilderte Handlungsweise Hitlers als durchaus richtig, und ich habe als damals Siebzehnjähriger durch diesen Witz die erste Lektion über verschiedene Wirkungsweisen ein und desselben Witzes erhalten.

Daß einige dieser Personen Jahre später, als sich das Kriegsglück gewendet hatte, dem Generalfeldmarschall Keitel die Bezeichnung »Lakeitel« anhängten, offenbart in gewisser Weise den im Lauf der Jahre eingetretenen Sinneswandel.

Die Verspottung Keitels kam übrigens nicht von ungefähr; denn er galt allgemein als willenloses Werkzeug Hitlers und hatte sich durch Unterzeichnung der Kriegssonderstrafrechtsverordnung vom 17. August 1938, die im § 5 die Todesstrafe für »Zersetzer« – also auch für die Erzähler politischer Witze – festlegte, schuldig gemacht.

Zu denen, die gemäß § 5 dieser Verordnung zum Tode verurteilt wurden, gehörte der Wiener Schauspieler Fritz Muliar. In seiner damaligen Eigenschaft als Gefreiter der faschistischen Wehrmacht hatte er Witze über Hitler, Göring und Goebbels gesammelt und war von einem Denunzianten dem Militärstrafgericht überantwortet worden. Die Anklage lautete auf »Zersetzung der Wehrkraft und Beleidigung des Führers in 36 Fällen«. Ein am Weihnachtsabend des Jahres 1942 unternommener, allerdings mißglückter Selbstmordversuch führte im Fortgang der Ereignisse zu dem seltenen Fall einer Umwandlung des Todesurteils in eine Zuchthausstrafe von fünf Jahren. Nach dem Krieg hat sich der in den Antinaziwitzsammlungen zum Ausdruck gekommene Hang zur politischen Satire bei Muliar künstlerisch manifestiert, und als ich ihn im Februar 1961 im Wiener Kabarett »Simpl« in der Figur eines gewissen Papanek bewundern konnte, war mir klar, daß die besagten Erlebnisse aus der Militärzeit einen nicht unerheblichen Einfluß auf seine satirische Gestaltungskraft gehabt haben mußten.

Das Jahr 1942 stellte übrigens in Wien einen ersten Kulminationspunkt im Bereich der Flüsterwitze dar, und die folgende Anekdote fällt in diese Zeit.

Ein Gauleiter sagt zu Hans Moser: »Sie können mich immer anrufen, jeden Tag!«

Redaktionsturnstunde im »Berliner Tageblatt«

Darauf Moser: »Und was mach' ich in der Nacht?«

Eine unmißverständliche Anspielung auf Aktionen der Gestapo, die meist nach Einbruch der Dunkelheit vor sich gingen.

Die im Fall Muliar zur Anwendung gelangte Kriegssonderstrafrechtsverordnung war wegen der darin enthaltenen Kriegsabsicht Hitlers ein Jahr lang geheimgehalten und erst am 26. August 1939 im Reichsgesetzblatt veröffentlicht worden.

Zu welchen Überspitzungen diese Verordnung führte, zeigt die am 31. März 1943 ergangene Neufassung, die strafbare Handlungen gegen die Manneszucht oder das Gebot des soldatischen Mutes (»Vorwärts, wir müssen zurück!« lautete damals ein geflügeltes ironisches Wort der Landser) mit der Todesstrafe bedrohte, wenn es die Aufrechterhaltung der Manneszucht oder die Sicherheit der Truppe erforderte. Das gleiche galt für strafbare Handlungen, durch die der Täter einen besonders schweren Nachteil für die Kriegführung oder die Sicherheit des Reiches verschuldet hatte, wenn der regelmä-

ßige Strafrahmen »nach gesundem Volksempfinden« zur Sühne nicht ausreichte.

Nunmehr war »der brave Mann vorn«, wie Hitler in der Rede am 8. November 1943 seine Soldaten bezeichnete, denselben Kriterien unterworfen wie der »Volksschädling«: Seine Handlungen wurden nach »gesundem Volksempfinden« beurteilt, wobei es durch die fünfte Ergänzungsverordnung vom 5. Mai 1944 sogar zu einer Schlechterstellung gegenüber dem Volksschädling kam, da die nochmalige Neufassung des § 5 der Kriegssonderstrafrechtsverordnung die auf das gesunde Volksempfinden gegründete Todesstrafe auch auf fahrlässige (!) Handlungen ausdehnte.

Die Todesstrafe bei Fahrlässigkeit war ein Novum in der Geschichte der Gesetzgebung, und wenn man angesichts der im faschistischen Deutschland betriebenen Rechtsprechung immer wieder den berüchtigten Präsidenten des Volksgerichtshofs, Roland Freisler, zitieren muß, so kann man getrost den Namen Keitel hinzusetzen, der durch seine Verordnung vom 17. August 1938

die Verfahren wegen Wehrkraftzersetzung erst möglich gemacht hat.

Die Schuld Keitels wird vollends deutlich, wenn man sich seine am gleichen Tag erlassene Kriegsstrafverfahrensordnung vor Augen hält, insbesondere § 103:

»Die Todesstrafe wird durch Erschießen, bei Frauen grundsätzlich durch Enthaupten vollzogen.«

Jene Frauen, die durch Erzählen eines politischen Witzes vor Gericht kamen, wurden somit auf bestialische Weise hingerichtet, und zwar auf eine ausdrückliche Anweisung Keitels – womit die manchmal gestellte Frage, wieso in Nürnberg die »Militärs« neben Verbrecher gesetzt wurden, hinreichend beantwortet ist.

Bei aller Reglementierung der eigenen Soldaten und ihrer ständig möglichen Auslieferung an die Justizorgane der Wehrmacht, legte man in der Öffentlichkeit großen Wert auf ihre besondere Herausstellung, so daß zum Beispiel jeder Programmzettel der Wiener Staatsoper den Hinweis enthielt:

»Das Publikum wird gebeten, sich vor Beginn der Vor-

stellung beim Erscheinen unserer verwundeten Frontsoldaten in der Mittelloge von den Plätzen zu erheben.«

Mir liegen noch mehrere solcher Programmzettel vor (Programmhefte gab es wegen der Papierknappheit schon lange nicht mehr), und es ist bezeichnend, daß die allerletzte Aufführung vor Goebbels' totalem Spielverbot Wagners »Götterdämmerung« war, die am 30. Juni 1944 unter Hans Knappertsbusch über die Bühne ging.

Es war eine »Götterdämmerung« im doppelten Sinne, und überhaupt war die Wiener Staatsoper des öfteren Schauplatz seltsamer Duplizitäten. So erlebte ich, daß während einer Aufführung der Oper »Turandot« Fliegeralarm gegeben wurde – und zwar ausgerechnet in dem Augenblick, als der Chor zu singen begann: »Heute nacht soll in Peking keiner schlafen!« (Ein Ereignis, das für so merkwürdig gehalten wurde, daß sogar die Presse am nächsten Tag darauf einging.)

Für die Soldaten hatte sich allenthalben ein Ritus bevorzugter Behandlung ergeben. Als beispielsweise im Wiener Konzertsaal ein Liederabend mit dem Bariton Hans Hotter stattfand und in der Ehrenloge der Komponist Richard Strauss mit seinem Enkel saß, richtete das Publikum auf diese beiden nicht mehr Blicke als auf die in der Nebenloge sitzenden Frontsoldaten, und der Schlußbeifall galt eigentlich beiden Abteilungen.

Es war dies zu jener Zeit, als junge Mädchen die Vorstrophe des populären Schlagers »Rosamunde« auf ihre Art abwandelten und sangen:

»Gehn Sie weiter! Gehn Sie weiter!
Sie sind ja nur Gefreiter.
Das müßten Sie doch wissen,
daß wir nur Leutnants küssen!«

Entsprechende Filme taten das Ihre zu dieser Glorifizierung, wie die Streifen »Pour le mérite«, »Fronttheater«, »Dreizehn Mann und eine Kanone«, »Junge Adler«, »Kadetten«, »Stukas«, »Urlaub auf Ehrenwort« und vor allem »Wunschkonzert«, in welch letzterem eine geradezu poetische Verklärung des Soldatenstandes erfolgte. Zur Kennzeichnung der damaligen Situation – der Film wurde 1940 uraufgeführt – hier ganz kurz die Handlung:

Bei den Olympischen Spielen in Berlin lernt ein Leutnant ein junges Mädchen kennen, aber ein geheimer militärischer Auftrag (die Teilnahme an den Spanienkämpfen auf seiten der Legion Condor) beendet vorzeitig die Liaison. Erst ein Wunschkonzert im Rundfunk Jahre später bringt die beiden wieder zusammen. Jener Leutnant, der inzwischen zum Hauptmann avanciert ist, wünscht sich »zur Erinnerung an die Olympischen Spiele die Olympia-Fanfare«. Das Mädchen hört das natürlich – und einem Happy-End steht nichts mehr im Wege.

Daß ein solcher populärer Film mehrere Millionen Mark Gewinn brachte, verwundert nicht, zumal sich die Zeitungen beeilten, den Film entsprechend hochzuloben. »›Wunschkonzert‹ baut eine Brücke zwischen der Heimat und der Front«, schrieb ein Rezensent im ›Illustrierten Filmprogramm‹, »er vereint alle zu einer großen Volksgemeinschaft.«

Man kann ohne Übertreibung sagen, daß kaum ein anderer Film so auf das Verhältnis zwischen jungen Mädchen und faschistischen Soldaten eingewirkt hat wie dieser. Und wenn nun gar ein Offizier das »Ritterkreuz« trug, war der Gipfel der Glückseligkeit erreicht.

Alle Mädchen dachten jedoch nicht so – und meine spätere Frau, die ich im August 1944 kennenlernte, nahm nicht einmal Anstoß daran, daß ich »wehrunwürdig« war.

Übrigens wurde zur Popularisierung des Soldatenstandes in den letzten Kriegsjahren ein neues Spiel auf den Markt geworfen: das »Wehrschach«. Vom herkömmlichen Schach wich es dadurch ab, daß die Bauern zu Infanteristen, die Läufer zu U-Booten, die Springer zu Fliegern, die Türme zu Panzern wurden, wobei jedoch der von den Faschisten erhoffte Erfolg – nämlich eine schnelle Verbreitung des Wehrschachs und damit verbunden ein allgemeines militärisches Denken – nicht eintrat. Das »Wehrschach« blieb, wie so manche faschistische Erfindung, eine Eintagsfliege und konnte die ideologischen Verfallserscheinungen innerhalb der Wehrmacht nicht aufhalten.

Zu meinen einprägsamsten Erinnerungen gehört ein Vorfall auf dem Bahnhof von Finsterwalde, wo ein Soldat aus einem haltenden Zug, der an die Front fuhr, sprang und von einer Eskorte mit den Rufen »Halt! Stehenbleiben!« verfolgt wurde. Höchstwahrscheinlich hat man ihm wegen »Fahnenflucht« den Prozeß gemacht.

Es war dies bereits zu jener Zeit, als viele Soldaten die wahren Zusammenhänge erahnten und die Faschisten für den Krieg und seine Folgen verantwortlich machten. Die beiden Landser, denen ich im Frühjahr 1945 begegnete und die sich beim Anblick eines üppigen, in brauner Uniform steckenden Hoheitsträgers zuraunten: »Wenn den der Iwan erwischt!«, sprachen gewiß vielen ihrer Schicksalsgefährten aus dem Herzen.

Kurz zuvor hatte ich bei der bereits erwähnten Familie Lettocha einen Witz gehört, der für das nunmehr erreichte Stadium des Krieges charakteristisch war, allerdings nur unter Berücksichtigung des Wiener Dialektes, für den die Worte »näht« und »naht« identisch sind, verstanden werden kann.

»Alle Nähmaschinen müssen abgegeben werden«, hieß es.

»Warum?«

»Der Feind naht!«

Spott über Trott

Die erste durch einen Flüsterwitz erfolgte Verspottung der faschistischen Militärmaschinerie liegt bereits vor Beginn der eigentlichen, in den Wehrmachtsberichten als »planmäßige Absetzbewegungen« gekennzeichneten Rückzüge. Es war jener Tag, an welchem Göring von der Bevölkerung den Spitznamen »Meier« erhielt, weil er großspurig erklärt hatte, er wolle Meier heißen, wenn ein feindliches Flugzeug jemals eine deutsche Stadt bombardieren würde.

Nun war dieser Tag gekommen: Am 10. Mai 1940 fielen zum erstenmal Bomben auf deutschen Boden, und zwar auf Freiburg im Breisgau.

Zwar war dies kein feindlicher Angriff, sondern eine diabolische Provokation der faschistischen Luftwaffe, die eine eigene Stadt bombardierte, um – ähnlich wie beim Anschlag auf den Sender Gleiwitz – einen Vorwand für Vergeltungsaktionen zu erhalten; doch das konnte die Bevölkerung nicht wissen, zumal Hitler in seiner Rede am 10. Dezember 1940 wörtlich erklärte: »Da fiel es dem großen Strategen Churchill ein, den unbeschränkten Luftkrieg bei Nacht zu beginnen. Er hat in Freiburg im Breisgau begonnen …«

Für die Bevölkerung stand also fest, daß die Engländer Freiburg bombardiert hätten, und mit diesem Tag erhielt Göring seinen Spitznamen »Meier«, den er im Verlauf des Krieges, wie sich zeigen sollte, zu Recht behielt.

Die Konfrontation mit der ständigen Gefahr eines Luftangriffes spannte die in der Heimat verbliebenen Bürger unmittelbar in das Kriegsgeschehen ein, es war sozusagen eine zweite Front, während die Ereignisse auf den Hauptschlachtfeldern vorläufig weit weg waren. Es ist deshalb nicht verwunderlich, daß mit zunehmenden Fliegeralarmen und darauffolgenden Zerstörungen der

Unmut über Görings Versagen in der Luftabwehr ständig wuchs und sich in bissigen Bemerkungen äußerte.

So wurde von einem Hamburger berichtet, der nach erfolgter Entwarnung in den Keller rief: »Fietje, du kannst raufkommen! Wir haben wieder die Luftherrschaft!«

In Berlin kursierte die Meldung, Rommel sei anstelle Goebbels' Gauleiter von Berlin geworden – weil er sich in der Wüste besser auskenne.

Auf die Frage: »Was ist Berlin, als Kunstwerk betrachtet?« lautete die Antwort: »Eine Radierung Churchills nach Ideen von Hitler!«

Und die Wiener waren in eine derartige Hektik verfallen, daß die für Wien ominöse Luftlagemeldung »Feindliche Verbände im Anflug auf Kärnten und Steiermark« völlig das Alltagsleben beherrschte. Bei der Familie Lettocha hörte ich folgenden Witz: Die Inhaberin eines kleinen Ladens läßt gerade ihre Jalousien herunter, als ein Vorbeigehender fragt: »Entschuldigen Sie bitte! Können Sie mir sagen, wie spät es ist?« Die Geschäftsfrau erwidert hastig: »Kärnten-Steiermark!« und verschwindet im Haus.

Werden sie kommen oder nicht? Diese Frage war praktisch das A und O und alles andere Nebensache.

Je härter und ausdauernder der Luftkrieg wurde, um so aggressiver wurden die Flüsterwitze.

»Der Luftangriff war so schwer«, sagt ein Berliner zu einem Essener, »daß noch 5 Stunden hinterher die Fensterscheiben aus den Fenstern gefallen sind.«

»Das bedeutet gar nichts«, erwidert der Angesprochene. »In Essen sind noch 14 Tage nach dem letzten Angriff die Hitlerbilder aus den Fenstern geflogen!«

Das Ansehen der »Flak« (Kurzbezeichnung für Fliegerabwehrkompanie), das vom Propagandaministerium durch Verbreitung entsprechender Schlager künstlich aufgemöbelt wurde, geriet immer mehr ins öffentliche Zwielicht. So erlebte ich, daß unmittelbar nach Erscheinen des Liedes:

Wir fahren hin und her,
wir fahren kreuz und quer.
Im ganzen Land
sind wir bekannt
bei jedem Mädel mit Geschmack
als Fahrer von der Flak!

eine Parodie aufkam, die mir ausgerechnet ein Eisleber Fliegeroffizier anvertraute. Nach der Melodie des Schlagers »Auf dem Dach der Welt, da steht ein Storchennest« würde in seiner Einheit heimlich gesungen:

Auf dem Dach der Welt,
da steht 'ne Flakbatt'rie,
die schießt die ganze Nacht
und treffen tut sie nie!

Wenn man sich vor Augen hält, daß um diese Zeit das Schlagwort von der »Vergeltung« überall die Runde machte, kommt dieser Parodie eine sarkastische Bedeutung zu. Nicht einmal die eigenen Fliegeroffiziere glaubten an eine solche Vergeltung, um wie vieles weniger konnte man dies der zur Passivität verurteilten Bevölkerung zumuten.

So gänzlich passiv blieben die meisten Bürger allerdings nicht, und die angeblich bevorstehende Vergeltung wurde Gegenstand spezieller Flüsterwitze, von denen einige als Beispiele herausgegriffen seien:

»Beim letzten Angriff auf Berlin«, hieß es, »haben die Engländer Heu für die Esel abgeworfen, die noch an die Vergeltung glauben!«

»Die Vergeltung kommt«, lautete ein anderer Witz, »wenn an den Altersheimen steht: ›Wegen Einberufung geschlossen!‹«

»Die Gasmaskenproduktion ist eingestellt worden«,

verkündete ein Gerücht und gab die Begründung: »Die alten Modelle passen nicht mehr, da die Gesichter zu lang geworden sind.«

Zu dieser Zeit kursierte folgende Kinderliedparodie:

Maikäfer flieg!
Der Vater ist im Krieg.
Den Opa ziehn sie auch noch ein.
Das wird wohl die Vergeltung sein.
Maikäfer flieg!

Man schreibt das letzte Kriegsjahr. Besprechung im Führerhauptquartier über den Termin der Vergeltung. Sie wird noch einmal vertagt, weil keine Einigung darüber erzielt wird, ob die beiden Flugzeuge neben- oder hintereinander fliegen sollen.

Alle diese Flüsterwitze enthalten bereits die Vision einer kommenden militärischen Niederlage, wenngleich diese vor der Schlacht um Stalingrad noch nicht für alle erkennbar war. Mit diesem Zeitpunkt änderte sich die Situation jedoch schlagartig, und die Vergeltungswitze wurden von solchen, welche die Ereignisse an der Front unter die Lupe nahmen, abgelöst. Es waren zunehmend die Rückzüge der faschistischen Armee, die anfangs ironisch, später bissig-satirisch kommentiert wurden, wobei – wie bereits erwähnt – die verklausulierten Formulierungen des Oberkommandos der Wehrmacht ihr gut Teil dazu beitrugen. Mit Recht weist Victor Klemperer darauf hin, daß die seinerzeitige stereotype Wendung »Unsere heldenhaft kämpfenden Truppen« aufschlußreicher war als alles andere: »Heldenhaft klingt wie Nachruf, verlassen Sie sich drauf.«

Es spricht für das gute Gespür eines Großteils der Bevölkerung, daß solche Finessen der faschistischen Propaganda durchschaut wurden, und wenn der Londoner Rundfunk in seiner Sendung am 5. August 1943 bemerkte: »Die Deutschen bringen Rüstungsziffern – wir sagen Orel, die Deutschen bringen Statistiken – wir sagen Catania« und damit zwei entscheidende Einbrüche an der Ost- und Südfront kommentierte, so wurde damit der Unterschied zwischen Propaganda und Realität herausgestrichen.

Die nächtlichen Sendungen des Londoner Rundfunks, die sich durch die rhythmischen Klopfzeichen aus Beethovens fünfter Symphonie ankündigten, waren übrigens die meistbenutzte Quelle bei Eruierung der Frontlage, und wenn ich gegen 24 Uhr heimlich zum Radio ging, las ich unwillkürlich den damals an jedem Gerät angebrachten Aufkleber: »Achtung! Das Abhören feindlicher Sender ist verboten und wird mit Zuchthaus oder mit dem Tode bestraft!«

Als gesetzliche Grundlage hierfür galt die Verordnung über außerordentliche Rundfunkmaßnahmen vom 1. September 1939, deren Präambel zur besonderen Charakteristik hier wiedergegeben werden soll:

»Im modernen Krieg kämpft der Gegner nicht nur mit militärischen Waffen, sondern auch mit Mitteln, die das Volk seelisch beeinflussen und zermürben sollen. Eines dieser Mittel ist der Rundfunk. Jedes Wort, das der Gegner herübersendet, ist selbstverständlich verlogen und dazu bestimmt, dem deutschen Volke Schaden zuzufügen. Die Reichsregierung weiß, daß das deutsche Volk diese Gefahr kennt, und erwartet daher, daß jeder Deutsche aus Verantwortungsbewußtsein heraus es zur Anstandspflicht erhebt, grundsätzlich das Abhören ausländischer Sender zu unterlassen. Für diejenigen Volksgenossen, denen dieses Verantwortungsbewußtsein fehlt, hat der Ministerrat für die Reichsverteidigung die nachfolgende Verordnung erlassen.«

Welche Bedeutung die Faschisten dieser Verordnung beimaßen, geht aus der Tatsache hervor, daß die betreffenden Delikte gemäß einer Verordnung vom 21. Februar 1940 in die Zuständigkeit der Sondergerichte fielen, also jener Institutionen, die vorwiegend zur Aburteilung wegen Hochverrats gebildet worden waren.

Trotz dieser Strafandrohungen wurden die sogenannten Feindsender von vielen Bürgern – mitunter sogar regelmäßig – abgehört, und auch der politische Witz nahm sich dieses Themas an:

Tünnes ist als Fliegermajor nicht vom Feinde zurückgekehrt. Die Seelenmesse soll im Kölner Dom stattfinden. Kein Mensch erscheint, auch der Erzbischof nicht. Warum? Am Abend vorher hatte London gesendet, Tünnes sei in Gefangenschaft.

Weiß Ferdl berichtete, er sei von einer Dame zum Kaffee eingeladen worden, und das größte Stück Kuchen habe das Dienstmädchen bekommen. »Ich muß nett zu ihr sein«, erklärte die Dame des Hauses, »sie hat mich neulich erwischt, als ich einen ausländischen Sender da hatte!« Wörtlich fügte Weiß Ferdl hinzu: »Dabei kann einem das jetzt sehr leicht passieren, denn die unseren reden oft französisch – und die anderen deutsch. Man kennt sich nicht mehr aus. Es kann dem besten Deutschen passieren, daß er schon eine halbe Stunde zuhört und plötzlich erst draufkommt – daß er falsch gehört hat.«

Insbesondere der aktuelle Frontverlauf wurde den genannten Sendungen entnommen, und ich hatte in der Baufirma Rost eine Karte liegen, auf der ich jeweils am anderen Morgen die in der Nacht zuvor vernommenen Änderungen eintrug. Mein an anderer Stelle bereits genannter Vorgesetzter machte hierzu die Bemerkung: »Wenn die Gestapoleute mal den Schreibtisch durchsuchen, um verdächtige Dinge zu finden, brauchen sie nur die Karte anzusehen!«

In der Tat wurde die Räumung der eingezeichneten Gebiete offiziell von der faschistischen Wehrmacht oft erst Wochen später – manchmal überhaupt nicht – zugegeben.

Der Widerspruch zwischen amtlicher Verlautbarung und konkretem Sachverhalt, der viele Bereiche im damaligen Deutschland kennzeichnete, wirkte sich hinsichtlich der Frontberichterstattung am empfindlichsten aus; denn hier ging es um Sieg oder Niederlage, letztlich um Bestand oder Untergang des faschistischen Regimes.

Kein Wunder, daß der Flüsterwitz – besonders im Blick auf die Ostfront – ausreichende Nahrung fand und üppig gedieh.

»Was ist der Unterschied zwischen Adolf Hitler und der Sonne?« wurde gefragt, und die Antwort lautete: »Die Sonne geht im Osten auf, doch Adolf geht im Osten unter!«

Ein ungefähr 40 Jahre alter Eisleber Bergmann erzählte mir im Februar 1943 folgendes:

Sie hätten im Schacht eine Beratung gehabt. Ein Funktionär der Nazipartei habe sich mit ihnen unterhalten und dabei auch gefragt, ob politische Witze erzählt würden. Da das bejaht wurde, kam es zu einer ausgiebigen Diskussion. Es ging ziemlich hart her, und schließlich wurde er gefragt, welche Witze eigentlich gestattet wären. Darauf habe er sinngemäß diese Antwort gegeben:

»Wir machen einen Unterschied zwischen harmlosen und gehässigen Äußerungen. Vor allem werden von uns jene Witze bekämpft, die den Führer persönlich angreifen. Nehmen wir ein Beispiel. Da wurde uns neulich zugetragen – natürlich in Form eines Witzes –, es habe sich jemand vor ein Hindenburg-Denkmal gestellt und ausgerufen, Hindenburg solle vom Sockel heruntersteigen, denn

›Im Osten steht ein Gefreiter,
der kann nicht weiter!‹

Es liegt auf der Hand, daß der Führer mit einem solchen Witz persönlich angegriffen wird, und zwar in seiner Eigenschaft als unerfahrener Gefreiter, der nichts von Kriegskunst verstehe. Derartige Witze lehnen wir aufs entschiedenste ab und werden die Verbreiter zur Rechenschaft ziehen!«

Wie gesagt, das seien die Worte jenes Funktionärs gewesen, und der Bergmann wiederholte: »Man darf also nicht verbreiten: ›Im Osten steht ein Gefreiter, der kann nicht weiter!‹ – denn da wird der Führer persönlich angegriffen!«

Und diesen Bericht gab er an jeden weiter – immer unter dem Deckmantel einer Wiedergabe der durch den NS-Funktionär erteilten Lektion, so daß der Witz auf diese Art durch ganz Eisleben wanderte. »Habt ihr schon gehört: ›Im Osten steht ein Gefreiter, der kann nicht weiter!‹ darf man nicht sagen. Da wird der Führer persönlich angegriffen!«

Ich habe selten eine raffiniertere Methode der Verbreitung eines politischen Witzes kennengelernt, wenngleich natürlich hinzugefügt werden muß, daß dieser Witz nicht zu den gelungensten zählt, da er nur zur Hälfte gutgeheißen werden kann, nämlich in bezug auf die Person Hitlers. Was hingegen Hindenburg betrifft, war dieser wohl kaum als geeigneter Retter anzusehen, aber darauf kam es in dem Witz offenbar nicht an, das Ganze zielte auf den »Gefreiten« Hitler. Daß die Funktionäre der Nazipartei in ihren Diskussionen auf diesen Witz eingingen, beweist seine ungeheure damalige Verbreitung, die freilich durch ebendiese Diskussionen – wie wir gesehen haben – noch künstlich genährt wurde.

Um diese Zeit war eine besondere Parodie aufgekommen. Die Sängerin Maria von Schmedes hatte einen populären Schlager kreiert, dessen Refrain lautete:

»Es geht alles vorüber,
es geht alles vorbei.
Auf jeden Dezember
folgt wieder ein Mai.«

Der Volksmund machte daraus:

»Es geht alles vorüber,
es geht alles vorbei.
Erst geht Adolf Hitler
und dann die Partei!«

Das Debakel des militärischen Zusammenbruchs wurde in den Flüsterwitzen mit großer Vorliebe Hitler angelastet, obwohl er natürlich nicht der Alleinverantwortliche für die sich immer deutlicher abzeichnende Katastrophe war. Aber er hatte sich nun einmal in unzähligen Reden als größten Feldherrn aller Zeiten gepriesen (»Gröfaz« nannte ihn deshalb der Volksmund), und so entlud sich der politische Witz mit Recht auf seinem Haupte, wie beispielsweise in diesem Gespräch zwischen Tünnes und Schäl:

»Nie wird Hitler den Krieg gewinnen! Sieh dir den Globus an, Schäl: Da das kleine Deutschland in der Mitte – und das alles gehört zu England, das zu Frankreich, dort das riesige Rußland, von Amerika ganz zu schweigen ...«

»Ja, ich weiß es, Tünnes. Aber weiß das auch der Hitler?«

Ein anderes Gespräch zwischen beiden zielt auf die Zeit nach dem Kriege:

»Wenn der Krieg aus ist, Schäl, dann kaufe ich mir ein Fahrrad und fahre damit durch ganz Deutschland!«

»Das ist wunderbar, Tünnes. Und was machst du am Nachmittag?»

Vorerst und in der Hauptsache befaßten sich die Flüsterwitze jedoch mit der momentanen Situation, und hier war es Göring, dem als Beauftragten für den Vierteljahresplan und Vorsitzenden des Ministerrates für die Reichsverteidigung eine Mitschuld am eingetretenen Fiasko zugeschrieben wurde.

Einmal wurde bemerkt, daß Göring fleißig in die Kirche ging. Alles war erstaunt. Was hatte Göring in der Kirche zu suchen? Ganz einfach: Er suchte dort den Gott, der Eisen wachsen ließ!

Ein solcher »Gott, der Eisen wachsen ließ« sollte sich Ende 1944 finden, und zwar in Gestalt des Volkssturms, über den sich eine Fülle von Flüsterwitzen ergoß, so daß es zum Beispiel hieß, an der Front würden als letztes Aufgebot weißhaarige Opas mit Sensen und Gummischleudern eingesetzt – da würden sich die Russen totlachen, und der Krieg ist gewonnen!

Ganz so lächerlich, insbesondere für die Betroffenen, vollzog sich die Sache natürlich nicht, und den ersten Eindruck von dieser angeblich kriegsentscheidenden Einrichtung bekam ich, als ich mit meinem bäuerlichen Nachbarn am Radio jene Rede des ostpreußischen Gauleiters Koch hörte, in welcher der Volkssturm zum Schutz der deutschen Grenzen aufgerufen und als unfehlbares Heilmittel gepriesen wurde.

Was den Volkssturm betrifft, seien einige Fakten in Erinnerung gerufen:

Am 25. September 1944 war ein Erlaß Hitlers über die Bildung des Deutschen Volkssturms ergangen, der mit folgenden Worten eingeleitet wurde:

»Nach fünfjährigem schwersten Kampf steht infolge des Versagens aller unserer europäischen Verbündeten der Feind an einigen Fronten in der Nähe oder an den deutschen Grenzen. Er strengt seine Kräfte an, um unser Reich zu zerschlagen, das Deutsche Volk und seine soziale Ordnung zu vernichten. Sein letztes Ziel ist die Ausrottung des deutschen Menschen.«

In dieser Präambel benutzte Hitler das Wort »Ausrottung«, welches er in bezug auf seine Gegner geradezu strapaziert hatte (vgl. seine Rede vom 30. September 1942: »Wir werden diese Verbrecher ausrotten, und wir haben sie ausgerottet!«), plötzlich als angebliches Kriegsziel des Feindes.

Nach Wiederholung bekannter faschistischer Phrasen mündet die Präambel in das eigentliche Anliegen ein:

»Zur Verstärkung der aktiven Kräfte unserer Wehrmacht und insbesondere zur Führung eines unerbittlichen Kampfes überall dort, wo der Feind den deutschen Boden betreten will, rufe ich daher alle waffenfähigen deutschen Männer zum Kampfeinsatz auf.«

Charakteristisch für die Volkssturm-Präambel ist der in ihr niedergelegte Wille Hitlers, den von ihm entfachten Krieg »bis zum letzten Mann« weiterzuführen. An diesem Vorhaben hatte er nie Zweifel gelassen.

Bereits in seinen Reden vor der Machtübertragung spielte der Gedanke an ein »letztes Bataillon« eine herausragende Rolle:

»Je mehr die Ereignisse zur Entscheidung drängen, um so mehr Opfer erfordert der Kampf. Entscheidend ist allein, wer in diesem Kampf das letzte Bataillon auf die Walstatt bringt.«

In Parallele zu dieser Behauptung vom 5. Dezember 1932 erklärte er in seiner Rede vom 15. Januar 1936 in Detmold:

»Nicht die Summe der Verluste entscheidet in einem Kampf, sondern nur der, der mit dem letzten Bataillon übrigbleibt, hat den großen Kampf gewonnen.«

Das Schicksal des Volkssturms war in allen diesen Reden bereits vorprogrammiert. Aber es war auch in den häufigen Erklärungen Hitlers enthalten, »niemals zu kapitulieren«, die ebenfalls schon vor der Machtübertragung laut geworden waren:

»Ich kämpfe nicht, um Konzessionen zu machen oder

gar um zu kapitulieren!« hatte er am 17. Dezember 1932 in Halle ausgerufen und am 6. November 1933 in Kiel: »Aber für mich und für uns alle sind Rückschläge nie etwas anderes gewesen als Peitschenhiebe, die uns dann erst recht vorwärts getrieben haben. Niemals haben wir deshalb kapituliert.«

Anläßlich des Führerappells im Coburger Rathaussaal am 19. Oktober 1935 bekräftigte er, er werde »niemals kapitulieren«.

Daß dies auch für den Kriegsfall galt, machte er zum erstenmal in seiner Rede am 24. Februar 1939 deutlich, als er unter Bezugnahme auf äußere Feinde erklärte:

»Sie werden uns mit ihren Drohungen nicht erschüttern! Sollten sie aber wirklich jemals die Völker zum Wahnsinn eines Kampfes bringen, dann würden wir erst recht nicht kapitulieren.«

Am Tag des faschistischen Überfalls auf Polen gab Hitler in seiner Reichstagsrede eine Fülle diesbezüglicher Andeutungen von sich:

»Ich werde diesen Kampf, ganz gleich gegen wen, so lange führen, bis die Sicherheit des Reiches und seine Rechte gewährleistet sind! –

Ich habe damit wieder jenen Rock angezogen, der mir selbst der heiligste und teuerste war. Ich werde ihn nur ausziehen nach dem Sieg – oder ich werde dieses Ende nicht mehr erleben! –

Ein Wort habe ich nie kennengelernt, es heißt: Kapitulation! –

Der Umwelt aber möchte ich versichern: Ein November 1918 wird sich niemals mehr in der deutschen Geschichte wiederholen! –

Wenn wir diese Gemeinschaft bilden, eng verschworen, zu allem entschlossen, niemals gewillt zu kapitulieren, dann wird unser Wille jeder Not Herr werden!«

Die Ablehnung jeglicher Kapitulation – und damit

das Kämpfen bis zum letzten Mann – zog sich wie ein roter Faden durch die Kriegseröffnungsrede Hitlers.

Noch drastischer wurde er bei seiner bereits erwähnten Ansprache, die er am 29. April 1941 vor Offiziersanwärtern im Berliner Sportpalast hielt:

»Ein Wort habe ich als Nationalsozialist im Kampf um die Macht nie gekannt: Kapitulation! Ein Wort kenne ich nie und werde ich nie kennen als Führer des deutschen Volkes und als euer Oberster Befehlshaber, es heißt wieder Kapitulation, d. h. Ergebung in den Willen eines anderen – niemals, niemals! Und genau so haben Sie zu denken!«

Damit hatte sich Hitler treffend charakterisiert: »Ergebung in den Willen eines anderen« war für ihn das Schlimmste, was es geben konnte (obwohl ausgerechnet er sich ständig dem Willen der Monopolbourgeoisie unterordnete). Gleichzeitig beweist dieser Ausfall die hochgradige Nervosität, die Hitler zu diesem Zeitpunkt, als bereits der Überfall auf die Sowjetunion geplant war, kennzeichnete. Seine Aufforderungen zum Kampf bis zur letzten Patrone nahmen verbrecherisch wirre Züge an.

Indem er jegliche Form der Kapitulation zum Tabu erklärte, besorgte Hitler das Geschäft der völligen Zerstörung. Noch während sich die letzten Volkssturmeinheiten zu einem sinnlosen Widerstand rüsteten, rief er dazu auf, »die Waffen zu führen, ganz gleich wo und ganz gleich unter welchen Umständen, so lange, bis am Ende der Sieg unsere Anstrengungen krönt« (Rundfunkansprache vom 30. Januar 1945).

Das Schicksal, das dem Volkssturm zugedacht war, kann man anhand der angeführten Zitate am deutlichsten ermessen, deutlicher jedenfalls als durch die Wehrmachtsberichte, in denen auf nüchterne Art vom »tapferen Einsatz der Männer des Volkssturms« berichtet wird.

Der gesamte Volkssturm-Erlaß war jedoch nur ein anfänglicher äußerer Rahmen, und bald ging Hitler daran, zwölfjährige Jungen, ja sogar Frauen für den letzten Verteidigungskampf auszubilden.

Gleichwohl hielt er den Erlaß für so publizistisch wichtig, daß er ihn am Abend des 18. Oktober 1944, des Jahrestags der Völkerschlacht bei Leipzig, im Rundfunk verlesen ließ. Mit der Wahl ausgerechnet dieses Tages kam seine ganze geistige Verwirrung zum Ausdruck: Er selbst war der Napoleon des 20. Jahrhunderts geworden und feierte damit seinen eigenen Untergang.

Nicht von ungefähr kam zu diesem Zeitpunkt ein Flüsterwitz auf, demzufolge der Rückzug der faschistischen Truppen aus den sowjetischen Gebieten als »Kaiser-Napoleon-Gedächtnis-Rennen« bezeichnet wurde, und das Gespräch zweier sich auf der Straße begegnenden Bekannten erschöpfte sich in folgendem Wortwechsel:

»Wie geht's?«

»Danke, mir auch nicht schnell genug!«

In der Tat waren durch die Ardennen-Offensive Rundstedts, jenem verzweifelten Aufbäumen der faschistischen Wehrmacht im Dezember 1944, die Dinge zeitweilig ins Stocken geraten, aber im ganzen war trotz des propagandistischen Rummels, der um den Volkssturm verbreitet wurde, das Ende abzusehen. Die geschilderten, den Volkssturm betreffenden Maßnahmen und die ebenfalls zitierten unaufhörlichen Reden riefen eine immer größere Verbitterung in der Bevölkerung hervor, so daß es kein Wunder ist, wenn ich im Frühjahr 1945 in Wien den folgenden, die Großsprechereien der faschistischen Führer aufs Korn nehmenden Witz hörte:

Hitler, Göring, Goebbels und der Ernährungsminister Backe halten Kriegsrat.

Hitler zu Göring: »Wie lange reichen Flugzeuge und Benzin?«

Göring: »Fünf Jahre, mein Führer!«

Hitler zu Goebbels: »Wie lange ist das Volk durch Propaganda noch bei der Stange zu halten?«

Goebbels: »Zehn Jahre, mein Führer!«

Hitler zu Backe: »Und wie lange können Sie uns noch ernähren?«

Backe: »Zwanzig Jahre, mein Führer!«

Hitler mit gewohnter Energie: »Dann können wir den Krieg ja noch lange weiterführen!«

Schüchtern meldet sich nochmals Backe: »Ich meinte aber nur uns vier!«

Der mit der Gründung des Volkssturms einhergegangene Bedeutungszuwachs der faschistischen Gauleiter brachte es mit sich, daß auch dieser Personenkreis zunehmend in den politischen Witz einbezogen wurde:

Bei einem Verkehrsunfall in München wird ein Droschkenkutscher von einem Sicherheitspolizisten zur Feststellung seiner Personalien vernommen.

»Name?«

»Alois Hinterhuber.«

»Beruf?«

»Führer!«

»Quatsch! Es gibt nur einen Führer, und das ist Adolf Hitler!«

»Schön, schreiben Sie: Gaulleiter!«

Wie schnell sich derartige Wortschöpfungen verbreiteten, zeigt die Tatsache, daß ungefähr zur selben Zeit folgender Flüsterwitz im Umlauf war:

Tünnes und Schäl sind zum Volkssturm eingezogen und begegnen einander auf dem Kasernenhof. Tünnes führt einen lahmen Gaul zum Pferdelazarett, Schäl darf die welken Blätter zusammenkehren und in Körben forttragen.

Schäl: »Na, Tünnes, du bist ja schon ›Gaulleiter‹ geworden!«

Tünnes: »Ja, und du hast es schon zum ›Eichenlaubträger‹ gebracht!«

Es war dies zugleich eine Spitze gegen die Ordensflut, die in den letzten Jahren hereingebrochen war, und das Ritterkreuz mit Eichenlaub und Schwertern und Brillanten geriet durch solche Anhäufungen in den Geruch der Lächerlichkeit.

Der wachsende Unmut vieler junger Männer, am Dienst in der Wehrmacht – und damit am direkten Kriegseinsatz – teilzunehmen, kam in folgendem Flüsterwitz zum Ausdruck:

Max Jeschke wird zur Musterung vorgeladen. Er will mit allen Mitteln um eine mögliche Einberufung herumkommen und stellt sich blind. Das gelingt ihm so gut, daß der untersuchende Stabsarzt von der Blindheit des jungen Mannes überzeugt ist und ihn für »wehruntauglich« erklärt. Aus Freude über diesen Erfolg geht Max Jeschke am Abend ins Kino – und wer sitzt neben ihm? Der Stabsarzt! Jeschke bekommt einen tüchtigen Schreck, aber dann faßt er sich und raunt dem Stabsarzt zu: »Entschuldigen Sie, Fräulein! Bin ich hier richtig im Autobus nach Osterode?«

Zahlreiche andere Witze machten sich über den Kadavergehorsam in der Wehrmacht oder über den geistigen Horizont gewisser Ausbilder lustig. So erinnere ich mich, daß in Eisleben der Berufsschullehrer Reininghaus (keineswegs ein Hitlergegner) im Jahre 1941 öffentlich folgendes zum besten gab:

Ein Nazifeldwebel verteilt die Löhnung. Nachdem er die Schützen Meier III, Müller II, Schulze und so weiter abgefertigt hat, ruft er: »Schütze Übertrag!« Keiner meldet sich. Er wiederholt: »Schütze Übertrag!« Keine Antwort. »Merkwürdig«, brummt er vor sich hin, »der ist nie da – und kriegt immer das meiste Geld!«

Man kann diesen Witz zwar in gewisser Weise den

Militärschwänken einordnen, die es zu allen Zeiten gegeben hat, aber in der Hitlerära hatten solche Angriffe auf den als heilig zu geltenden Soldatenstand eine wesentlich andere Bedeutung und dienten – je nach dem Grad ihrer Aussage – der Aushöhlung jenes Nimbus, mit dem sich die faschistische Wehrmacht umgab.

Im übrigen sei noch einmal darauf hingewiesen, daß die letzten Kriegsmonate durchaus nicht, wie es durch die zitierten Witze den Anschein haben könnte, von Gegenstimmen und unzufriedenen Bürgern erfüllt waren; vielmehr gab es auch zu dieser Zeit noch manche Anhänger der faschistischen Ideologie, und ich habe noch Ende 1944 eine Wiener Hausfrau beobachtet, die während eines Fliegeralarms ihre Rolläden herunterließ mit dem Ausruf: »Die verdammten Juden!«

Das kann man nicht nur mit einem den Wienern um die Jahrhundertwende vom Bürgermeister Lueger eingeimpften Antisemitismus begründen, sondern es gehörte zum unmittelbaren Einfluß der Goebbelsschen Propaganda.

Der politische Witz setzte sich natürlich auch mit solchen Erscheinungen auseinander und griff hierbei oft zu historischen Vergleichen:

General von Ludendorff hält in einem Münchner Kaffeehaus eine antisemitische Hetzrede. »Die Juden und nur die Juden waren schuld an Deutschlands Niederlage!« ruft er aus.

Da tritt ein jüdisch aussehender Herr auf Ludendorff zu und sagt höflich: »Ich wußte gar nicht, Herr Generalfeldmarschall, daß Sie Jude sind!«

Tatsächlich hat es bis in die letzten Tage des zweiten Weltkriegs Menschen gegeben, welche die Schuld für die hereingebrochene Katastrophe an allen möglichen Enden suchten, nur nicht im faschistischen System selbst.

Das Gegenüber verschiedener ideologischer Blöcke kennzeichnete den Alltag insbesondere der letzten Kriegsjahre. Die Menschen hatten einige Übung darin erlangt, schon nach wenigen Worten zu erkennen, welcher Gruppe ihr Gesprächspartner angehörte.

Als ich im März 1945 in der Nähe von Linz mit einem Oberleutnant der faschistischen Wehrmacht ins Gespräch kam und dieser auf meine Bemerkung zum Frontverlauf erwiderte: »Warten Sie ab! Der Führer weiß schon, was er vorhat!«, wußte ich ohne weitere Belehrung Bescheid. Aber ebenso wußte ich, mit wem ich es zu tun hatte, als der Eisleber Bergarbeiter Erich Stockhaus bei Erwähnung der nazistischen Ausfälle über Churchill bemerkte: »Von wem sie reden, der kann was!«

Es war eine gefährliche Straße, auf der sich die Menschen bewegten, und besonders der Umgang mit dem politischen Witz schärfte die Sinne und das Gespür für Grenzen und Möglichkeiten. Im Grunde war es das Zerbröckeln, zumindest die Verringerung der faschistischen Massenbasis, die den Weg des Flüsterwitzes kennzeichnete, wobei jene Kommentare, die er den Rückzügen der Wehrmacht widmete, wertvolle Hinweise waren. Für diejenigen, die den Untergang des Nazireiches herbeisehnten, waren Witze wie der folgende, der den Namen einer populären Brauerei geschickt einbezog, geradezu eine Erleichterung:

In der Armee sollte Ende 1944 der deutsche Gruß »Heil Hitler!« abgeschafft werden. Dafür sollte es heißen: »Heil Schultheiß!«

Wie war das zu verstehen?

Ganz einfach: An jeder Ecke eine Niederlage!

Die Stimme des Volkes

Der Glaube an die Gerechtigkeit, vor allem an die gerechte Sache des Volkes, war es im Grunde, der den antifaschistischen Flüsterwitz kennzeichnete, und wenn dieser zuweilen äußerst krasse und aggressive Züge annahm, dann deshalb, weil sich die Stimme des Volkes, die in derartigen Witzen zum Ausdruck kam, keine irgendwie geartete Schranken auferlegte.

So wurde von einem Ehepaar berichtet, das in einem Kunstgeschäft drei Bilder (Hitler, Göring und Goebbels darstellend) kaufte. Bei genauerer Untersuchung stellen sie fest, daß nur die Bilder von Göring und Goebbels Haken besitzen.

»Ich bitte Sie«, erklärt der Geschäftsinhaber, »das macht doch nichts. Göring und Goebbels werden einfach aufgehängt, und Hitler wird an die Wand gestellt!«

Die direkte Art, vermittels derer sich die Volkesstimme hier Luft verschaffte, wird begreiflich, wenn man sich die penetrante Form vor Augen hält, durch welche die faschistischen Führer mit aller Gewalt populär gemacht werden sollten. Nicht nur, daß Hitlerbilder in die privaten Wohnungen gelangten, sogar die unzugänglichsten Stellen wurden mit Zitaten versehen, und ich erinnere mich, daß in der damals zu Helfta gehörenden Eisleber Straße Nr. 3 – am »großen Haus«, wie wir es nannten – gleich nach dem 30. Januar 1933 umittelbar unter dem Dach, für aus Halle Anreisende schon kilometerweit sichtbar, die Worte angebracht waren:

Dein Führer:
Adolf Hitler!

Nach der Befreiung vom Faschismus mußte die Feuerwehr anrücken, um diesen Spruch zu beseitigen.

Nicht umsonst entzündete sich der Volkswitz an solchen Erscheinungsformen, und die Hitlerbilder in den Kunsthandlungen wurden beliebte Objekte derartiger Attacken, wovon besonders die folgende Variante kündet:

Ein Betrunkener steht vor einem Hitlerbild, hebt drohend den Finger und ruft: »Dich, dich kauf' ich mir noch!«

Natürlich wird er verhaftet, und ein Gestapobeamter benachrichtigt die Ehefrau.

»Dieser verdammte Kerl!« ruft die Frau aus. »Wenn er besoffen ist, kauft er jeden Dreck!«

Ein anderer Witz gab der Stimme des Volkes in Frage und Antwort Ausdruck:

»Warum sitzt Hitler im Theater immer in der ersten Reihe?«

»Damit er wenigstens hier das Volk hinter sich hat!«

Angesichts solcher gegen das Regime gerichteten Äußerungen erhebt sich freilich die Frage, weshalb die Masse des Volkes, wenn sie schon gegen Hitler war, nicht zu entscheidenden Aktionen ausholte, sich vielmehr auf das Weitererzählen von Flüsterwitzen beschränkte, mit einem Wort: warum es nicht zu einem zielgerichteten Aufstand gekommen ist.

Dazu ist zu sagen, daß sowohl dem unterdrückten Volk als Ganzem als auch der illegal arbeitenden Kommunistischen Partei der unmittelbare Zugang zu den Schalthebeln der faschistischen Diktatur verschlossen war, und das fehlgeschlagene Attentat vom 20. Juli 1944 durch revoltierende Offiziere bezeugt einmal mehr die Undurchdringlichkeit des Machtapparates. Die antifaschistisch eingestellten Bürger waren zwangsläufig auf Verteilen von Flugblättern und Verbreiten von Flüsterwitzen beschränkt, die zwar in gewissem Sinne Zeugnisse der Ohnmacht, aber auch des Widerstandswillens waren, und letzterer erhob sich im Lauf der Jahre immer mehr über jene Ohnmacht und wurde sozusagen zum Sprecher der zum Schweigen verurteilten Masse. Das Volk schuf sich mit dem Flüsterwitz die »gesprochene Zeitung«, die zum beliebtesten Organ des Volkes wurde.

Wie gefährlich dem faschistischen Regime dieses Organ geworden war, belegt folgende Pressenotiz aus dem Jahre 1934:

»Die Polizeidirektion Gotha weist darauf hin, daß jeder, der sich herabwürdigende Äußerungen über die Mitglieder der Regierung oder über den Führer der nationalsozialistischen Bewegung in Form sogenannter Witze erlaubt, gerichtliche Bestrafung zu gewärtigen habe.«

Goebbels geiferte in einer Rede im Oktober 1934 gegen »gewisse Brunnenvergifter, die auf dem Wege über sogenannte Witzeleien ihre Zersetzungstätigkeit auszuüben suchen«, und der Frankenführer Julius Streicher rief wörtlich aus: »Wenn es hier in der Stadt der Reichsparteitage noch einmal ein solcher Schwätzer wagen sollte, einen politischen Leiter zu bewitzeln, dann schließen wir dem Kabarett die Bude. Ich werde jeden solchen Ansager herunterhauen.«

Unter dem Eindruck einer solchen Atmosphäre hatte der Kabarettist Werner Finck die Worte geprägt:

Am seidnen Faden hing ein Schwert,
Sich auf mein Haupt zu laden.
Glaubt ihr, daß mich das Schwert gestört?
– Mich schreckte nur der Faden.

Es ist kein Wunder, daß der Flüsterwitz allmählich die Sprache der Kabarettisten annahm; denn das verfolgte politische Kabarett wurde zum Vorbild für den politischen Witz, und es entstanden Wortspiele wie diese:

Der Deutsche ist entweder klug und Nationalsozialist. Dann ist er nicht ehrlich.

Oder er ist ehrlich und Nationalsozialist. Dann ist er nicht klug.

Oder er ist klug und ehrlich. Dann ist er nicht Nationalsozialist.

Auch die Umwandlung des Slogans »Führer befiehl – wir folgen« in »Führer befiehl – die Folgen tragen wir!« ist durchaus kabarettistisch, wie auch jenes Frage-und-Antwort-Spiel, das ich im Sommer 1943 in Wien hörte:

»Ihr saudummen Österreicher! Wollt ihr denn nicht begreifen, daß unser Hitler ein Geschenk Gottes an das deutsche Volk ist?«

»Oho, andersrum! Den Hitler – den haben wir Österreicher auf euch losgelassen als Rache für 1866!«

Hier mag die Bemerkung eingeschaltet werden, daß sich die unterschiedliche Mentalität zwischen Österreichern und »Altreichsdeutschen« auch innerhalb der Nazipartei selbst auswirkte, woran natürlich die Entsendung Baldur v. Schirachs als Reichsstatthalter nach Wien nichts änderte. Das galt vor allem für Funktionäre der untersten Ebene, und ich habe Anfang 1944 einen Blockwart kennengelernt, dessen Verschlagenheit mich einigermaßen in Staunen versetzte. Damals wohnte ich bei der Witwe des Wiener Schriftstellers Eduard Meier-Halm in der Stumpergasse 36, und jener Blockwart hatte die Aufgabe, meine Personalien zu überprüfen. Nach Ausfüllung des Fragebogens bemerkte er: »So, und was Ihren Vater betrifft, der ist im Weltkrieg gefallen. Stimmt's?« Ich blickte ihn überrascht an und nickte. »Damit ist der Fall erledigt«, meinte er, klappte seine Akte zu und verschwand.

Ich war zunächst wie versteinert. So dumm konnte selbst ein Blockwart nicht sein! Kurz zuvor hatte er eingetragen, daß ich im Jahre 1924 geboren war, und dann sagt er: »Ihr Vater ist im Weltkrieg gefallen!« Aber dann wurde mir klar, daß ich es hier mit einem jener Blockwarte zu tun hatte, deren Herz nur zur Hälfte für die Nazipartei schlug. Die andere Hälfte suchte nach einem Ausweg, und hier hatte sie einen solchen gefunden.

Die Wiener Nazifunktionäre waren auch dafür bekannt, in ihren Kreisen politische Flüsterwitze mit besonderer Vorliebe zu kolportieren, und es entstand das Gerücht, sie würden diese ironisch mit der zu erwartenden Strafe taxieren: »Der ist zehn Mark wert!« oder »Das ist einer für ein Jahr!«

Da Hitler aus dem österreichischen Bereich stammte, war er in Wien natürlich beliebte Zielscheibe vieler Spötteleien, und man legte zum Beispiel Charlie Chaplin folgende Worte über Hitler in den Mund:

»Daß er mir das Schnurrbärtchen nachgemacht hat, ist verzeihlich. Daß die Welt von ihm fast ebensoviel spricht wie von mir, auch. Daß aber die Welt über ihn mehr lacht als über mich – das werde ich ihm nie verzeihen!«

Das allgemeine Gelächter ergoß sich aber auch ebenso über Göring und Goebbels. Beide kommen ins Fegefeuer. Dort werden sie furchtbar gestraft: Göring bekommt 1000 neue Uniformen und keinen Spiegel – Goebbels 1000 Radioapparate und kein Mikrophon.

Den Tantalusqualen des letzteren wurde folgende Variante hinzugefügt:

»Ich lüge nie!« ruft Goebbels aus. »Für jede Lüge will ich mich nach dem Tode noch einmal um mich selbst drehen.«

Nach seinem Tod fragt Frau Goebbels Petrus an der Himmelspforte nach ihrem Mann.

Petrus weist mit dem Finger an die Decke: »Der sitzt noch immer im Ventilator!«

Zuweilen wurden derartige Witze phantasievoll und vor allem anschaulich angereichert:

Ein exotischer Baumstamm wird zum Gaubüro der

Nazipartei gebracht. Ein Arbeiter schlägt vor, den Stamm in der Mitte durchzusägen. »Das dürfen wir nicht«, sagt der andere, »dann hat der Stamm nicht mehr das richtige Maß. Er soll zu einer Mundharmonika für Goebbels verarbeitet werden.«

Es war dies einer jener Witze, die sowohl von Arbeitern als auch von Angehörigen der Intelligenz weitererzählt wurden, wie überhaupt der antifaschistische Flüsterwitz vorwiegend von Arbeitern und Bauern auf der einen und von Intellektuellen auf der anderen Seite gepflegt wurde, während der sogenannte Mittelstand die Domäne des profaschistischen Witzes beherrschte. Es ist hier nicht der Ort, die Ursache dieses gesellschaftlichen Phänomens auszuloten, doch scheint die Tatsache, daß sich die faschistischen Ideen mit Vorliebe an kleinbürgerliche Kreise wandten, hiermit in Zuammenhang zu stehen. Auch Arnold Zweigs Feststellung, daß die Arbeiterklasse im Gegensatz zum Kleinbürgertum gegen jeglichen Antisemitismus immun war, dürfte in dieser Hinsicht aufschlußreich sein.

Nicht von ungefähr wurden in den gegen Hitler gerichteten Flüsterwitzen in zunehmendem Maße Arbeiter als die wahren Vertreter des Volkes herausgestellt.

Ein Arbeiter steht wegen eines Witzes über Hitler vor dem Sondergericht.

»Schämen Sie sich nicht«, ruft der Vorsitzende aus, »den großen Mann zu beleidigen, der Deutschland aus finsterster Not zu lichten Höhen geführt, der Millionen wieder Arbeit und Brot gab, der bewirkt hat, daß aus finsteren verzweifelten Menschen wieder fröhlich lachende, glückliche Volksgenossen wurden, der ...«

»Entschuldigen Sie«, unterbricht der Angeklagte, »*den* Witz habe ich aber nicht gemacht!«

Mitunter wurden in die gegen Hitler gerichteten Attacken auch Greise einbezogen, um der Stimme des Volkes nach allen Seiten Ausdruck zu verleihen. So wurde erzählt, Hitler habe eine hundertjährige Frau an ihrem Geburtstag besucht und sie gebeten, ihm einen Wunsch zu äußern.

»Ich habe keine irdischen Interessen mehr«, sagt sie, »höchstens noch den Wunsch, meinen Tod in einer recht schönen großen Zeitungsanzeige angezeigt zu haben.«

Sofort verspricht ihr Hitler eine halbseitige Todesanzeige im Völkischen Beobachter.

»Ach nein«, sagt sie, »nicht im Völkischen Beobachter, dann glaubt es kein Mensch!«

Die Diskrepanz zwischen der Meinung des Volkes und der offiziell gepredigten Weltanschauung kam auch in folgendem Flüsterwitz zum Ausdruck:

Hitler möchte erfahren, wie das Volk wirklich über ihn denkt. Er verschafft sich eine Perücke, schneidet sich den Bart ab und begibt sich auf die Straße. Den ersten besten, den er trifft, fragt er: »Was denken Sie über den Führer?«

Der Mann flüstert: »Das kann ich Ihnen hier auf der Straße nicht sagen.«

Er führt Hitler in eine Seitengasse, betritt mit ihm ein Hotel, geht mit ihm in ein Zimmer, sieht dort unters Bett, verschließt die Tür, kontrolliert die Schränke und deckt das Telefon mit einem Kissen zu. Dann nähert er sich Hitler und flüstert ihm ins Ohr: »Ich sympathisiere mit dem Führer!«

Charakteristisch für die vor allem in Arbeiterkreisen betriebenen verbalen Attacken war die Konzentrierung auf die gesamte Nazispitze, also nicht nur auf Hitler schlechthin, wobei die Deutlichkeit der Sprache keine Zweifel offenließ:

Hitler, Göring und Goebbels wollen inkognito die Pariser Weltausstellung besuchen. Nachdem es ihnen gelungen ist, die Grenze unerkannt zu passieren, hören sie beim Aussteigen auf dem Bahnsteig hinter sich rufen: »Bagage, Bagage!«

»Seht ihr«, raunt Göring den beiden andern zu, »wir sind erkannt!«

Dieser aus den Anfangsjahren der faschistischen Herrschaft stammende Witz kam den Gefühlen eines Großteils der Bevölkerung durchaus entgegen. Nicht nur die Ereignisse um den Reichstagsbrand mit den anschließenden Verfolgungen, sondern auch kriminelle Vorgänge wie der »Fall Potempa« waren noch in bester Erinnerung. In der oberschlesischen Ortschaft Potempa hatten fünf SA-Männer einen kommunistischen Bergarbeiter in der Nacht vom 9. zum 10. August 1932 in Gegenwart seiner Mutter mit viehischer Brutalität zu Tode getrampelt. Sie wurden am 22. August 1932 zum Tode verurteilt und von Hitler in einem Telegramm als »seine Kameraden« bezeichnet, denen er sich »in unbegrenzter Treue verbunden« fühle. Es wurde eine Art Kumpanei geschaffen, und das auf die faschistischen Führer gemünzte Wort »Bagage« war durchaus zutreffend und ging weit über die Bedeutung eines Witzes hinaus.

Das Bild rundete sich ab mit den Ereignissen des 30. Juni 1934, jenem bereits erwähnten Mordfeldzug gegen die SA, nach dessen Abschluß Hitler in dem Bestreben, die SS vor jeglicher Strafverfolgung zu schützen, ein »Gesetz über Maßnahmen der Staatsnotwehr« erlassen hatte, dessen einziger Artikel lautete:

> »Die zur Niederschlagung hoch- und landesverräterischer Angriffe am 30. Juni, 1. und 2. Juli 1934 vollzogenen Maßnahmen sind als Staatsnotwehr rechtens.«

Eine Formulierung, die vom Reichsjustizminister noch überhöht wurde, indem er feststellte, die »Notwehrmaßnahmen« seien nicht nur rechtens, sondern »staatsmännische Pflicht«.

In seiner Reichstagsrede am 13. Juli 1934 begründete Hitler die Ermordung seiner SA-Führer mit den Worten:

> »Das Schlimmste aber war, daß sich allmählich aus einer bestimmten gemeinsamen Veranlagung heraus in der SA eine Sekte zu bilden begann, die den Kern einer Verschwörung nicht nur gegen die Auffassungen eines gesunden Volkes, sondern auch gegen die staatliche Sicherheit abgab.«

Kein Wunder, daß der Volkswitz dieses Thema ohne Zögern aufgriff, so daß allenthalben gemunkelt wurde, Hitler sei früher nur deshalb so oft nach München gefahren, um mit Röhm Dame zu spielen, und von Röhms Chauffeur wurde spöttisch berichtet, er habe Witwenpension beantragt.

Besonders sarkastisch verfuhr der Volksmund mit jenem größenwahnsinnigen SA-Mann, der unentwegt ausgerufen haben solle: »Ich bin größer als Nero! Nero hat Rom angesteckt. Ich aber, ich habe Röhm angesteckt!«

Die Röhmsche Hochzeit

Man kann solcherart Witze nicht einmal makaber nennen, weil im Grunde eine Verbrecherbande von der anderen liquidiert wurde, und die Bevölkerung sah sich nicht veranlaßt, die SA etwa zu bemitleiden. Wenn Mitleid angebracht war, dann nur in einem besonderen Falle: Der Musikkritiker Dr. Willi Schmidt, der sich in seiner Münchner Wohnung beim Cellospiel befand, wurde von SS-Leuten abgeholt und erschossen – infolge einer »Namensverwechslung«, wie sich später herausstellte. Dies nur zur Illustration der Art des Vorgehens, und es möge abschließend zu diesem Komplex noch das »Danktelegramm« Hindenburgs an Hitler vom 2. Juli 1934 zitiert werden:

> »Aus den mir erstatteten Berichten ersehe ich, daß Sie durch Ihr entschlossenes Zugreifen und die tapfere Einsetzung Ihrer eigenen Person alle hochverräterischen Umtriebe im Keime erstickt haben. Sie haben das deutsche Volk aus einer schweren Gefahr gerettet. Hierfür spreche ich Ihnen meinen tiefempfundenen Dank und meine aufrichtige Anerkennung aus.«

Das Ineinandergreifen von Terror und Demagogie kam hier sinnfällig zum Ausdruck, und wenn man sich fragt, was neben diesen Machenschaften die Aufmerksamkeit des Volkes besonders erregte, so ist vor allem die organisierte Bettelei zu nennen, die ebenfalls bereits in den ersten Jahren der Naziherrschaft im größten Maßstabe einsetzte. Damals fing, so verkündete ein Flüsterwitz, ein Schupo einen Bettler ab, der nebenbei noch eine kleine Privatbettelei begangen hatte. »Sie wissen doch, daß Betteln verboten ist!« fuhr der Schupo den Bettler an. »Donnerwetter!« meinte der Bettler. »Ist die Regierung schon wieder gestürzt?«

Der Vergleich des faschistischen Staates mit einer Bettelanstalt kam auch in folgendem Witz zum Ausdruck:

Ein englischer Schutzmann fragt einen deutschen Kollegen, wie er ohne Gummiknüppel eine Menschenansammlung auseinandertreiben wolle. Der Deutsche sagt: »Das ist höchst einfach. Ich nehme meinen Tschako ab, drehe ihn um und sammle für das WHW. Dann sollen Sie mal sehen ...!«

Verschiedentlich wurden die WHW-Sammlungen unverblümt als Diebstahl bezeichnet. Schacht habe die Frage der künftigen Reichsmark nunmehr gelöst, hieß es. Er führe die Stahlmark ein: 10 Prozent Kruppstahl, 90 Prozent Diebstahl.

Im übrigen gäbe es einen bedeutsamen Unterschied zwischen Schacht und einem Veilchen: »Das Veilchen blüht im Verborgenen, und Schacht borgt noch im Verblühen.«

Das weite Gebiet des Wortwitzes, dem dieses Beispiel zuzuordnen ist, wurde in der Zeit der faschistischen Herrschaft besonders gepflegt. Allerdings kann vieles aus diesem Bereich nur verständlich werden, wenn man die dahinterstehenden Begriffe erklärt – denn wer weiß heute noch, daß der seinerzeitige protestantische Bischof von Württemberg »Wurm« und der Reichsstatthalter desselben Landes »Murr« hieß. Nur so aber kann jener Wortwitz verstanden werden, demzufolge der protestantische Kirchenkampf in Württemberg dadurch entstanden sein soll, »daß es Murr gewurmt hat, daß Wurm gemurrt hat«.

Einen sarkastischen Wortwitz machte mein Eisleber Großvater, als er meinem holländischen Onkel Evert van der Steen anläßlich seines Besuchs im Jahre 1938 in bezug auf die Nazis sagte: »Arier wollen sie sein? Arschier sind's!«

In Eisleben ereignete sich auch jener Vorfall, den der von den Faschisten verfolgte Hamburger Buchhändler Felix Jud vor einigen Jahren in einem NDR-Interview kurz erwähnte und der hier etwas näher beschrieben werden soll.

Ein Bruder des erwähnten Buchhändlers namens Reinhard Jud lebte als Sportlehrer in Eisleben und war dafür bekannt, unter seinem Kurznamen »Reiju« bei öffentlichen Veranstaltungen als Conférencier und Stimmungssänger aufzutreten. Er war von besonderer Schlagfertigkeit, und eine Probe davon bekam der seinerzeitige Nazigauleiter Jordan anläßlich eines Aufenthaltes in Eisleben zu spüren. Bemerkt werden muß in diesem Zusammenhang, daß die Familie Jud zwar »Jud« hieß, aber nicht jüdisch war. Der Gauleiter Jordan trat also vor versammelter Nazimannschaft an Reinhard Jud heran und sagte mit kaum verhehltem Spott: »Herr Jud, Sie müssen mal daran denken, Ihren Namen zu ändern!« Worauf ihm prompt entgegnet wurde: »Da ändern Sie erst mal *Ihren*!«

Wie gesagt, der Gauleiter hieß »Jordan«, und die treffende Antwort des gewitzten Sportlehrers war am nächsten Tag Stadtgespräch.

Um diese Zeit kursierte ein besonderer Flüsterwitz, der mit dem zwischen Halle und Eisleben gelegenen Ort Nietleben zusammenhing. Dieser Ort beherbergte eine psychiatrische Klinik, und es wurde erzählt, Hitler habe die Kranken besucht und ihnen zugerufen: »Wißt ihr, wer ich bin? Ich bin Adolf Hitler, besitze alle Macht, bin fast so mächtig wie der liebe Gott!«

»Ja, ja«, habe ein Insasse erwidert, »so hat es bei uns auch angefangen ...!«

Die Frage »Was ist paradox?« beantwortete der Mansfelder Volksmund mit den Worten: »Wenn der Antialkoholiker Hitler das ganze deutsche Volk mit seinen Schnapsreden besoffen macht!«

Es wäre allerdings vereinfacht, wenn man die in diesem Witz angesprochene Vernebelung des politischen

Bewußtseins eines Großteils der Bevölkerung lediglich auf die Wirkung der Reden Hitlers oder Goebbels' zurückführen wollte. Da gab es noch wesentlich andere, nicht minder entscheidende Faktoren, beispielsweise die zweifelhafte Haltung angesehener Persönlichkeiten, durch welche die an sich ohnehin labilen Durchschnittsbürger noch mehr verunsichert wurden. Was sollten sie denken, wenn prominente Künstler Hitler begrüßten und sich in der NSDAP betätigten? Zwar waren es nur wenige Namen, aber sie hatten in der Öffentlichkeit einen Klang, und es kann nicht verkannt werden, daß ihr Beispiel für viele Bürger richtungweisend war – und wenn man nun gar die damals populärste Kunstform, den Film, heranzieht, so kann man sich eines Schauders nicht erwehren: Da gab es die Burgschauspieler Paula Wessely und Attila Hörbiger, die in dem antipolnischen Hetzstreifen »Heimkehr« zum Völkerhaß aufriefen; den altehrwürdigen Rudolf Forster, der in »Wien 1910« vordergründig antisemitisch wirkte; die populären Tragöden Heinrich George und Werner Krauß, die sich in »Jud Süß« für alle Zeiten kompromittierten – und es gab noch unzählige andere Namen, die zur Stärkung des Regimes herhielten, ganz zu schweigen von den Sportlern, Autorennfahrern und dem Heer von sonstigen Publikumslieblingen, die alle dazu beitrugen, der Hitlerdiktatur des Etikett einer volksverbundenen Einrichtung zu verleihen.

Das alles muß bedacht werden, wenn man die Volksstimme jener Zeit ergründen will, und es stellt sich bei alldem eine weitere Frage: Wie steht es mit jenen Künstlern, die sich dem Regime zu völlig unpolitischen, rein unterhaltenden Zwecken zur Verfügung stellten? Haben sie nicht auch ihr Teil zur Etablierung bzw. Hoffähigmachung der Hitlerherrschaft beigetragen?

Diese Frage muß aus heutiger Sicht entschieden verneint werden. Im Gegenteil: Um wieviel trostloser wäre das Leben ohne diese Menschen gewesen! Die bereits genannten Namen von Heinz Rühmann, Theo Lingen und Hans Moser stehen hier für ein Programm, wobei zu bemerken ist, daß alle drei den faschistischen Rassengesetzen unterlagen (Heinz Rühmann hatte eine Vierteljüdin, Theo Lingen eine Halbjüdin und Hans Moser eine Volljüdin zur Frau). Auch Künstler wie Paul Henckels (selbst Halbjude), Georg Alexander (mit Volljüdin verheiratet) und der unvergessene Leo Slezak (ebenfalls mit Volljüdin verheiratet) trugen zur Aufheiterung der Menschen in dieser schweren Zeit bei. Ihr nur aufgrund von Ausnahmegenehmigungen ermöglichtes Wirken ließ jene Freude aufkommen, die damals so bitter notwendig war, und sie stehen in dieser gesellschaftlichen Bedeutung hoch über den oben genannten »seriösen« Künstlern, die ihr Können in den Dienst der faschistischen Propaganda stellten.

Zur Ehre der Urteilskraft der damaligen Bevölkerung muß gesagt werden, daß dieser Unterschied in weitaus großem Maße erfaßt wurde, und die Beliebtheit Leo Slezaks beispielsweise schlug sich in den überaus großen Nachauflagen seiner heiteren Erinnerungsbücher (»Meine sämtlichen Werke«, »Der Wortbruch«, »Der Rückfall«) nieder, die übrigens einen weiteren Beleg für die Humorbereitschaft vieler Bürger in einer objektiv traurigen Zeit darstellen.

Daß angesichts solcher Tendenzen der Flüsterwitz immer weitere Ausbreitung fand, ist verständlich, und das obige Zitat von den »Schnapsreden« Hitlers lenkt auf eine besondere Thematik, nämlich den in der Nazihierarchie verbreiteten Alkoholismus. Hierbei stand eine Person ganz besonders im Vordergrund, Robert Ley, Führer der Deutschen Arbeitsfront, und bekannt durch seinen Ausspruch:

»Ich kenne keine Arbeitgeber!
Ich kenne keine Arbeitnehmer!
Ich kenne nur Soldaten der Arbeit!«

– wobei er ausgerechnet bei den letzten drei Worten ins Schwanken geraten und von seinem Adjutanten aufgefangen worden sein soll.

Dies hatte eine Flut von Witzen zur Folge, von denen nur einige herausgegriffen seien:

Ein altes Mütterchen betritt eine Leihbücherei und sucht sich ein Buch aus. Die Inhaberin erledigt die Formalitäten und übergibt der Kundin das Buch mit den Worten: »Leihfrist drei Wochen!«

»So, jetzt frißt der Ley schon drei Wochen?« ruft das Mütterchen aus. »Sonst hieß es doch immer nur, daß er so lange söffe!«

In einem Betrieb kommen zwei Arbeiter ins Gespräch.

»Ley hat gesagt«, erklärt der eine, »die Deutsche Arbeisfront habe 24 Millionen Mitglieder.«

»Dann sind es in Wirklichkeit nur 12 Millionen«, erwidert der andere.

»Wieso?«

»Na, der Ley sieht doch alles doppelt!«

Die Mitgliedsbeiträge der Deutschen Arbeitsfront wurden zuweilen spöttisch als »Ley-Gebühren« bezeichnet.

Eine andere Figur, die mit starkem Alkoholkonsum in Zusammenhang gebracht wurde, war Göring, bei dem jedoch – wie wir bereits gesehen haben – viele weitere negative Eigenschaften überwogen, und die Summe aller dieser Laster brachte das folgende Wortspiel hervor:

»Welcher Unterschied besteht zwischen China und Göring?«

»China ist das Land des Lächelns und Göring das Lächeln des Landes.«

Zur besonderen Charakterisierung seiner Person wurde eine amtliche Verlautbarung folgenden Inhalts verbreitet:

»Um auch seine Hemden an dem Aufstieg ihres Besitzers teilhaben zu lassen, hat sie Ministerpräsident Göring durch Ministerialerlaß zu Oberhemden ernannt.«

Im Sommer 1934 wurde erzählt, Göring wolle unbedingt sterben.

»Warum?«

»Hindenburgs Beisetzung in Tannenberg hat ihm so gut gefallen!»

Mit dieser Beisetzung hatte es übrigens eine eigene Bewandtnis, und die äußeren Umstände schlugen in der Öffentlichkeit hohe Wellen. Da sich das Ganze auf die Stimme des Volkes entscheidend auswirkte, hier zur Erinnerung einige Fakten:

Am 1. August 1934 wurde durch ein von der gesamten Reichsregierung unterzeichnetes Gesetz das Amt des Reichspräsidenten mit dem des Reichskanzlers vereinigt und ausdrücklich betont, daß die bisherigen Befugnisse des Reichspräsidenten auf den Führer und Reichskanzler Adolf Hitler übergehen würden.

Diese Manipulation gehört selbst nach Meinung bürgerlicher Historiker »zu den dunkelsten Seiten deutscher Gesetzgebung«. An sich hatte beim Tode des Reichspräsidenten bis zu dessen Neuwahl dessen Funktionen der Reichsgerichtspräsident mit wahrzunehmen. Aber Hitler strebte nach vollkommener Macht und ließ sich auch nicht von dem beschämenden Zeitpunkt der Beschlußfassung und Verkündung des Gesetzes beeindrucken: Hindenburg war am 1. August 1934 noch gar nicht tot. Über seinen Kopf hinweg hatte sich die Reichsregierung dem ungesetzlichen Anspruch Hitlers gebeugt. Um den äußeren Eindruck etwas zu kaschieren, wurde dann im Reichsgesetzblatt die Todesnachricht vom 2. August 1934 dem Gesetz vorangestellt.

Durch die Vereinigung der Ämter des Reichspräsidenten und des Reichskanzlers war Hitler als Staatsoberhaupt dem Reichstag nicht mehr verantwortlich und jeder Kontrolle in der Ausübung seiner Macht entzogen. Er war weder einem Mißtrauensantrag des Reichstages ausgesetzt, noch konnte er vor dem Staatsgerichtshof unter Anklage gestellt werden.

»Er handelte damit«, um mit den Worten Fritz von Hippels zu sprechen, »vergleichbar dem Vorsitzenden einer Aktiengesellschaft, der – nachdem er zunächst der Hauptversammlung sich entledigt hätte – nun auch den Posten des Aufsichtsrates dadurch aufheben wollte, daß er ihn mit dem eigenen Vorstandsamt zusammenlegte, mit dem Ergebnis, daß er nunmehr nach freiestem Belieben schalten und walten könnte.«

Um seine Machenschaften zu legalisieren, ließ sich Hitler in einer »Volksabstimmung» am 19. August 1934 die Rechtsgültigkeit seiner Handlungen bescheinigen. Natürlich war eine solche Volksabstimmung (mit »Ja« stimmten 89,93 Prozent) unter den seinerzeitigen Verhältnissen im faschistischen Deutschland eine bloße Farce.

Im selben Erlaß, in welchem er die »freie Volksabstimmung« ankündigte, fügte er einen Passus ein, der in seiner scheinheiligen Aussage verdient, wörtlich wiedergegeben zu werden:

> »Die Größe des Dahingeschiedenen hat dem Titel Reichspräsident eine einmalige Bedeutung gegeben. Er ist nach unser Aller Empfinden in dem, was er uns sagte, unzertrennlich verbunden mit dem Namen des großen Toten. Ich bitte daher, Vorsorge treffen zu wollen, daß ich im amtlichen und außeramtlichen Verkehr wie bisher nur als

Führer und Reichskanzler angesprochen werde.
Diese Regelung soll für alle Zukunft gelten.«

Bemerkenswert ist hierbei, daß er sich später auch in diesem Punkte – nämlich der einmaligen Bedeutung des Titels »Reichspräsident« – über seinen eigenen Erlaß hinwegsetzte und im zweiten Teil seines politischen Testaments vom 29. April 1945 den Großadmiral Dönitz zum Reichspräsidenten ernannte.

Nach Ansicht mehrerer Historiker hat die Volksabstimmung vom 19. August 1934 den Prozeß der Machtergreifung (sprich: Machtübertragung) vollendet. Innerhalb von eineinhalb Jahren war es der Großbourgeoisie gelungen, ihren Popanz mit einer Machtfülle auszustatten, die es ihm ermöglichte, geradewegs auf einen Krieg zuzusteuern, was den Profiten vor allem der Schwerindustrie ungeahnte Möglichkeiten eröffnete.

Damals stellte ein Flüsterwitz fest:

Ganz Deutschland ist eine Straßenbahn.
Vorne steht der Führer.
Hinter ihm steht das Volk.
Wer nicht hinter ihm steht, der sitzt.
Alle paar Minuten wird kassiert.
Das Abspringen während der Fahrt ist verboten!

Und ein anderer lautete: »Das deutsche Volk zerfällt jetzt in zwei Teile: Die einen – marschieren, die anderen – sitzen.«

Das Wort vom »Marschieren« fand Eingang in die mannigfaltigsten Flüsterwitze:

Ein SA-Mann hält ein Auto an. »Wollen Sie mich mitnehmen? Ich habe in Kaiserslautern dringend zu tun.«

»Was sind Sie denn?«

»SA!«

Darauf der Chauffeur: »Hitler sagt, SA marschiert. Wir – fahren!«

Und fährt davon.

Das Auto wurde übrigens schon damals zum Maßstab eines gewissen Lebensstandards. Die Stimme des Volkes konnte an einer solchen Erscheinung nicht vorbeigehen und kommentierte:

»Jeder Deutsche sollte ein Auto haben!« hat Hitler gesagt. Und weil die Nazibonzen besonders gute Deutsche sind, hat jeder von ihnen gleich zwei ...

An diesem Beispiel wird deutlich, daß die Bürger im faschistischen Staat Übung darin erlangt hatten, in jedem Positivum den Pferdefuß zu erkennen, was insbesondere für die zahlreichen auf den ersten Blick human wirkenden Gesetze und Anordnungen zutrifft, die sich bei näherem Hinsehen dennoch als volksfeindlich erwiesen. Hierzu nur ein paar kurze Ausführungen:

Das »Gesetz zur Verminderung der Arbeitslosigkeit« vom 1. Juni 1933 sah zwar die Bereithaltung von einer Milliarde Reichsmark für alle möglichen Instandsetzungs- und Ergänzungsarbeiten vor, doch bedeutete dies letzten Endes für viele, damals hochqualifizierte Proletarier nichts anderes, als daß sie zunächst mit Spaten, Hacke und Schaufel beim Bau von Verkehrsadern, zu Meliorationsarbeiten oder als Landhelfer auf Gütern und bei Großbauern eingesetzt wurden. Die Verminderung der Arbeitslosigkeit und der politische Bedeutungszuwachs des Arbeitsdienstes standen in engem Verhältnis zueinander und wurden von Hitler dementsprechend als Korrelate gewürdigt, so daß er zumeist – wie in seiner Rede am 15. Februar 1933 in Stuttgart – das Wort »Arbeitsdienst« hinzufügte, wenn er von »Arbeitsbeschaffung« sprach, womit sich die ganze Aktion als raffiniert eingefädelte vormilitärische Maßnahme erwies.

Das »Mutterschutzgesetz« vom 17. Mai 1942 degradierte seinem gesamten Inhalt nach die Frau zur »Gebärmaschine« und sprach ihr jede andere Bedeutung ab. Ihre »größte Leistung für die Volksgemeinschaft« bestünde in der »Geburt gesunder Kinder«, und das gesamte Gesetz sei beschlossen worden, »damit sie die Pflichten ihrer Mutterschaft ungefährdet erfüllen« könne. Demzufolge durften werdene Mütter nicht mit schweren körperlichen Arbeiten, z. B. Heben und Tragen schwerer Lasten, beschäftigt werden. Nach der Ausführungsverordnung vom 17. Mai 1942 fanden die Vorschriften des Mutterschutzgesetzes auf Jüdinnen keine Anwendung, und die Häftlinge in den Konzentrationslagern waren ohnehin jedem gesetzlichen Schutz entzogen. Bemerkenswert ist, daß das Gesetz nur die Geburt »gesunder« Kinder hervorhob, alle anderen somit der Vernichtung preisgab. Das »Gesetz zur Verhütung erbkranken Nachwuchses« vom 5. Dezember 1933 hatte bereits jenen Weg eingeschlagen, der später zur Tötung unheilbar Kranker (Euthanasie) führte. Angesichts aller dieser Dinge bekommt das Mutterschutzgesetz den Anstrich der Heuchelei, und was Hitler am 8. September 1934 beim Reichsparteitag auf der Tagung der NS-Frauenschaft von sich gab, mag den Frauen, soweit sie ihren gesunden Menschenverstand bewahrt hatten, wenig zur Ehre gereicht haben:

> »Das Wort von der Frauen-Emanzipation ist nur ein vom jüdischen Intellekt erfundenes Wort, und der Inhalt ist von demselben Geist geprägt. Die deutsche Frau braucht sich in den wirklich guten Zeiten des Lebens nie zu emanzipieren. Sie hat genau das besessen, was die Natur ihr zwangsläufig als Gut zur Verwaltung und Bewahrung gegeben hat ... Denn ihre Welt ist ihr Mann, ihre Familie, ihre Kinder und ihr Haus. Wo wäre aber die größere Welt, wenn niemand die kleine Welt betreuen wollte?
>
> Die Vorsehung hat der Frau die Sorgen um diese ihre eigenste Welt zugewiesen, aus der sich dann

erst die Welt des Mannes bilden und aufbauen kann.

Was der Mann einsetzt an Heldenmut auf dem Schlachtfeld, setzt die Frau ein in ewig geduldiger Hingabe, in ewig geduldigem Leid und Ertragen. Jedes Kind, das sie zur Welt bringt, ist eine Schlacht, die sie besteht für das Sein oder Nichtsein ihres Volkes.«

Es dürfte nicht schwerfallen, derartige Äußerungen den Witzen über das faschistische Deutschland zuzuordnen, doch sei im Zusammenhang mit demagogischen Erlassen, die die Stimme des Volkes entscheidend prägten, noch auf die »Polizeiverordnung zum Schutze der Jugend« vom 10. Juni 1943 eingegangen.

Auf den ersten Blick mag diese nämlich einige akzeptable Regelungen enthalten. Die Verbote der Herumtreiberei (§ 1), der Gaststättenbesuche (§ 2), der Varieté-, Kabarett- und Revuebesuche (§ 4), des Alkoholkonsums in Gaststätten (§ 7) und des öffentlichen Rauchens (§ 8) könnten für sich genommen als durchaus förderliche Maßnahmen betrachtet werden, stünden nicht auch hier erhebliche Bedenken entgegen: Am 28. Dezember 1943 unterzeichnete Himmler eine »Verordnung zur Anwendung des Reichsjugendgerichtsgesetzes in der Wehrmachtsgerichtsbarkeit und der SS- und Polizeigerichtsbarkeit«, nach welcher bei Bestrafung militärischer Verbrechen oder Vergehen der Ausspruch der angedrohten Strafe unabhängig vom Alter des Täters zu sein hatte. Von einem »Schutz« der Jugend war keine Rede mehr; sie wurde in die vorderste Reihe der Opfer gedrängt.

Daß alle diese hier aufgezeigten Widersprüche von weiten Kreisen der Bevölkerung erkannt wurden, ist vor allem ein Verdienst der antifaschistischen Flüsterpropaganda, die zumeist in der Form eines Witzes auf die verbrecherischen Hintergründe hinwies.

Dem stellte die faschistische Agitation Ende 1943 ein Gegenstück – in ihrem Jargon »Mundpropaganda« genannt – entgegen, und ich erinnere mich, daß der für den Wiener Gartenbauwirtschaftsverband zuständige NS-Funktionär Herbrig eines Morgens ausplauderte, die nazistischen Dienststellen hätten Anweisung erteilt, auf die »Mundpropaganda« größeren Wert zu legen. Im wesentlichen waren es Durchhalteparolen, die auf diese Weise popularisiert werden sollten, und auch die Aufblähung kleiner Erfolge zu großartigen Siegen gehörte hierzu. Als beispielsweise nach dem Sturz Mussolinis eine Besetzung italienischer Gebiete durch die deutschen Faschisten erfolgte, erklärte der bereits genannte Oberstleutnant v. Jettmar wörtlich: »Ich bin ein alter Militär – aber daß es so schnell geht, hätte ich nicht gedacht!« Sofort machte diese Bemerkung die Runde, natürlich insgeheim gelenkt von den frischgebackenen Mundpropagandisten, was allerdings am tatsächlichen Verlauf der Dinge nichts änderte. Mein antifaschistisch eingestellter Kollege Rudolf Neudeck quittierte derlei Reden mit der typisch wienerischen Wendung: »Schaun S', man weiß ja eh, wer's sagt!«

In der Tat war es der reale Wahrheitsgehalt, der die antifaschistische Flüsterpropaganda von der nazistischen Mundpropaganda unterschied, und oft wies ein politischer Witz auf Veränderungen der realen Gegebenheiten hin. Als Beispiel hierfür möge die Gegenüberstellung zweier erfundener Inserate dienen:

Inserat 1933: »Echter van Dyck gegen arische Großmutter zu tauschen gesucht!«

Inserat 1943: »Goldenes Parteiabzeichen gegen nichtarische Großmutter zu tauschen gesucht!«

Die veränderte Situation nach der Stalingrader Schlacht kam in diesem Inseratenwitz prägnant zum Ausdruck.

Von entschiedener Opposition gegen das faschistische System zeugt die folgende Begebenheit:

Die vorletzte U-Bahn-Station vor Hamburgs Rathausmarkt, ab 1933 Adolf-Hitler-Platz getauft, heißt Gänsemarkt.

Ein Arbeiter verlangt eine Karte: »Bis Rathausmarkt!«

»Das heißt jetzt Adolf-Hitler-Platz!« wird er belehrt.

Worauf er kühl sagt: »Dann möchte ich am Gänsemarkt aussteigen.«

Die Frage nach dem Unterschied zwischen einem Volksempfänger und einem Übersee-Super wurde kurz und bündig beantwortet:

»Mit dem ersten hört man ›Deutschland über alles‹, mit dem andern alles über Deutschland!«

Himmler beschützt eine Fliege beim Unterzeichnen von Todesurteilen

Die Stimme des Volkes kam hier wie überall zum Durchbruch, und mein Großvater hatte sicherlich recht, wenn er in den Jahren der Hitlerära in seinem unverkennbaren Mansfelder Tonfall wiederholt die Verse rezitierte:

Die Leute sagen immer:
»Die Zeiten werden schlimmer!«
Die *Zeiten* bleiben immer,
die *Leute* werden schlimmer!

Kindermund

Dichtes Gedränge in einer Straßenbahn.

»Mutti, wer ist der Mann da vorne an der Kurbel?«

»Das ist der Führer, mein Kind!«

»Mutti, ist das der Mann, auf den der Papi immer so schimpft?«

Kaum ein anderer Witz konnte die prekäre und zugleich gefährliche Situation, in der sich damals viele Eltern befanden, besser kennzeichnen.

Unschuldige Kinder, die überhaupt nicht ahnen konnten, in welche Lage sie durch ihre Äußerungen sowohl die Eltern als auch andere Personen brachten, spielten eine gesellschaftlich nicht zu unterschätzende Rolle; denn die alte Volksweisheit »Kinder und Betrunkene sagen die Wahrheit«, die freilich nicht in allen Fällen zutrifft, wurde weithin beherzigt. Insbesondere der Flüsterwitz machte sich diesen Umstand zunutze und legte Kindern in den Mund, was Erwachsene nicht sagen durften.

Dabei kam dieser Verfahrensweise sehr entgegen, daß Kindern in der faschistischen Propaganda eine herausragende Rolle zugewiesen war: Auf dem Heldenplatz vor der Wiener Hofburg wurde Hitler am 15. März 1938 von zwei Knaben begrüßt, die ein Transparent mit der Aufschrift trugen: »Die Sudetendeutschen grüßen den Führer«, und auch ansonsten standen bei Besuchen jedweder braunen Prominenz Kinder Spalier und winkten mit kleinen Hakenkreuzfahnen. Hitler selbst ließ sich ausnehmend gern mit Kindern photographieren, tätschelte ihnen die Wangen, ja er hatte sogar einen kleinen Liebling, ein hübsches zwölfjähriges Mädchen, das ihn zusammen mit der Mutter regelmäßig auf dem Obersalzberg besuchte – bis sich herausstellte, daß es eine Halbjüdin war, worüber der »Führer« völlig außer sich geraten sein soll.

Im übrigen waren die nazistischen Ideologen darauf bedacht, ihr Gedankengut möglichst frühzeitig in das menschliche Bewußtsein zu pressen, und die Art und Weise, vermittels welcher so ein Unterfangen bewerkstelligt wurde, ist ein Kapitel für sich.

Da war zunächst die Sammelleidenschaft, die bekanntlich schon im Alter von acht bis zehn Jahren auftritt und die in raffinierter Weise für propagandistische Zwecke genutzt wurde. Zigarettenbildserien kamen in großer Anzahl heraus, zunächst harmlos mit »Das Auto von heute« beginnend, aber schon die Folge »Deutsche Kolonien« weckte gezielt imperialistische Gefühle, und die 1934 erschienene Serie »Deutsche Uniformen« mit ihrem Spezialband »SA-SS-HJ« glorifizierte die Nazipartei mit ihren Gliederungen. Gesund aussehende, pausbäckige Jungen verkörperten die Hitlerjugend, sympathisch aussehende Männer die SA und schneidige Kämpfertypen die SS. Dabei waren die Bildgestalter so vorgegangen, daß die Steigerung der einzelnen Ränge (Scharführer, Truppführer, Sturmführer usw.) auch mit zunehmend reiferen Gesichtszügen der Betreffenden Schritt hielt – und nur der Stabschef der SA und der Reichsführer SS wurden ohne Gesicht (lediglich mit Mütze und Kragenspiegel) abgebildet: weil es mit diesem Rang nur einen gab!

Die Kinder, die sich in Scharen an den Tabakverkaufsständen aufhielten und jeden Kunden mit der Bitte bedrängten: »Onkel, kann ich das Bild kriegen?«, waren auf diese Art zum willfährigen Objekt der faschistischen Propaganda geworden, ohne es natürlich selbst zu wissen.

Ebenso unterschwellig erfolgte die antisemitische Propaganda bereits im Kindesalter, so daß beispielsweise die in hoher Auflage erschienenen Groschenhefte

»Männe und Max«, die tatsächlich nur 10 Pfennig kosteten und jede Woche ein neues in Versen gestaltetes Abenteuer enthielten, als ständige Figur einen ungeschickten Jungen namens Sally Cohn vor Augen führten, der in allen möglichen Situationen Spott und Gelächter erntete.

Auch die kindliche Freude an Zinn- und Bleisoldaten wurde genutzt, und man bereicherte dieses Sortiment durch marschierende oder mit erhobener Hand grüßende SA- und SS-Männer, wobei die blitzenden braunen und schwarzen Uniformen und nicht zuletzt die Miniaturmützen, an denen ein silbern funkelnder Hoheitsadler mit dem Hakenkreuz angebracht war, zur gewünschten Verehrung beitrugen. Nimmt man die Lieder hinzu, die damals gesungen wurden und die einen aus heutiger Sicht kitschigen, damals jedoch durchaus poetisch wirkenden Inhalt hatten (»Als die gold'ne Abendsonne sandte ihren letzten Schein«, »Es pfeift von allen Dächern«, »Siehst du im Osten das Morgenrot?« usw.), so muß man feststellen, daß der demagogische Einfluß auf die Kinderseelen ein ganz gewaltiger war – und der Dramatiker Peter Weiss sprach gewiß eine erschreckende Wahrheit aus, als er im Hinblick auf diese Entwicklung sagte: »Wenn ich nicht das Glück gehabt hätte, zum Vater einen Juden zu haben, wäre ich vielleicht Faschist geworden.«

Man darf nicht vergessen, daß Repräsentanten und Gefolgsleute der Nazipartei in der damaligen Zeit ja nicht als das hingestellt wurden, was sie wirklich waren, sondern in einem verklärten Zustand, und daß es nur wenige gab, die dieses teuflische Spiel durchschauten. Und von diesen wenigen war es wiederum nur ein kleiner Teil, der es wagte, seinen Kindern die Wahrheit zu sagen, zumal bekannt war, daß die Gestapo häufig über die Kinder die politische Einstellung der Eltern zu ermitteln suchte. Der bereits 1933 gedrehte Film »Hitlerjunge Quex« forderte sogar dazu auf, den eigenen Vater zu denunzieren, falls dieser in politischer Opposition stehen sollte.

Die wahrheitsgemäße Instruierung der Kinder war also eine heikle Aufgabe, und der antifaschistische Flüsterwitz nahm sich dieses Themas in vielerlei Varianten an.

Beim Einzug des Führers in eine ins Reich heimgekehrte Stadt stehen in üblicher Weise kleine Mädchen mit Blumen Spalier. Eines davon steckt dem Führer ein Grasbüschel entgegen.

»Was soll ich denn damit tun?« fragt Hitler.

»Essen«, antwortet die Kleine. »Meine Eltern sagen jeden Tag, erst wenn der Führer ins Gras beißt, kommen bessere Zeiten!«

In der Klasse fragt der Lehrer die Schüler: »Wie groß ist das Dritte Reich?«

Alles schweigt.

Endlich hebt Karlchen den Finger: »Das Dritte Reich ist 1,60 m groß!«

»Was soll der Unsinn?« fährt der Lehrer auf.

»Kein Unsinn«, beharrt Karlchen. »Mein Vater ist 1,80 m groß – und dem steht es schon bis zum Halse!«

An dieser Stelle mag eine Begebenheit eingeschaltet werden, die sich auf unserem Eisleber Gymnasium – wir gingen damals in die Quarta, waren also zwölfjährige Jungen – zutrug. Unser Zeichenlehrer, Assessor Frobel, hatte dazu aufgefordert, SS-Männer zu malen. Mein Banknachbar war farbenblind, und so unterlief ihm das Mißgeschick, daß er den SS-Männern grüne Uniformen angedeihen ließ. Lauter kleine grüne Männer bevölkerten das Blatt, und als Assessor Frobel das Malheur sah, rief er wörtlich aus: »Du kriegst jetzt eine gelangt wegen Beleidigung der SS!«

Natürlich klärten wir ihn auf, und die Ohrfeige unterblieb. Aber die Episode als solche hatte schon etwas Komisches, und noch viele Jahre nach dem Krieg hat uns die Erinnerung an jene grünen SS-Männer noch manches Schmunzeln entlockt.

Daß Kinder, obwohl sie selbst Objekte zahlreicher Witze wurden, ihrerseits politische Witze erzählten, habe ich nie erlebt. Das mag vor allem an der einheitlichen Ausrichtung in Schule, Jungvolk und Hitlerjugend gelegen haben, aber auch in einer gewissen Ahnung von der Gefährlichkeit eines solchen Unterfangens begründet gewesen sein. Jedenfalls habe ich den folgenden Witz, den sich vorwiegend Kinder zugetuschelt haben sollen, nie von solchen gehört, obwohl er einer gewissen kindlichen Mentalität zuzuordnen ist:

Zwei Spatzen sitzen auf einem Baum.

»Kennst du den, der da sitzt?« zwitschert der eine. »Das ist Göring!«

Der zweite Spatz sieht den ersten groß an und zwitschert:

»Und da zögerst du noch?«

In der Hauptsache wird man wohl alles das, was unter die Rubrik »Kindermund« fällt, so zu verstehen haben, daß diese Witze Kindern in den Mund gelegt wurden, und zwar aus keinem anderen Grund, als eben auf diese Art die Wahrheit an den Tag kommen zu lassen.

Dazu gehört jene Anekdote, die von einem Schusterlehrling berichtet, der die Abkürzungsmanie der Nazis auf eigene Weise glossierte. Als nämlich Göring – um seine angebliche Volksverbundenheit zu dokumentieren – persönlich in der Schuhmacherwerkstatt erschien und seine Schuhe zur Reparatur überreichte, schrieb der Lehrling auf einen Zettel:

»HJ – SA – BDM«

Göring blickte verständnislos auf die Hieroglyphen und fragte: »Was soll das heißen?«

Lakonisch übersetzte der Lehrling:

»Hermann Jöring – Sohle Absatz – bis Donnerstag morgen«

Auch die Geschichte von jenem Mädchen, dem von seiner Mutter aufgetragen worden war, Pökelfleisch beim Metzger zu kaufen, dürfte in diese Rubrik gehören. Die Kleine hatte das Wort unterwegs vergessen, trat in die Metzgerei und verlangte mit heller Stimme: »Ein Pfund Goebbels-Fleisch!«

Der Metzger ist zunächst sprachlos, dann sagt er zu seiner Frau: »Na, gib ihr mal zwei Drittel Schnauze und einen halben Knochen!«

Kein Witz, sondern erschreckende Realität war der Text des Gebetes, das in den Kindertagesstätten der Faschisten allmorgendlich gesprochen werden mußte:

»Führer, mein Führer, von Gott mir gegeben,
Beschütz und erhalte noch lange mein Leben!
Hast Deutschland gerettet aus tiefster Not,
Dir danke ich heute mein tägliches Brot.
Bleib noch lange bei mir, verlaß mich nicht,
Führer, mein Führer, mein Glaube, mein Licht!
Heil mein Führer!«

Gleichsam als Antwort auf solche Entgleisungen wurde der Kindermund Gegenstand vielfältiger antifaschistischer Attacken.

»Nenne mir die drei besten Photographen der Welt!« fordert der Lehrer einen Schüler auf.

»Mussolini, Hitler und Goebbels«, lautet die Antwort. »Mussolini entwickelt, Hitler kopiert und Goebbels vergrößert.«

Von besonders anschaulicher Art war folgendes geschehen:

Ein alter Mann sieht bei seinem Nachmittagsspaziergang in einer Arbeitersiedlung, wie ein zwölfjähriger Junge von einer Schar Gleichaltriger furchtbar verhauen wird. Er nähert sich der Szene. Sofort stieben alle Kinder bis auf den Verdroschenen davon.

»Warum haben sie dich denn geschlagen, mein Junge?« fragt er ihn.

Schluchzend kommt die Antwort: »Ich – kann doch – gar nichts dafür, daß ich – Adolf heiße ...«

Das Thema der Vornamen spielte auch in einem Schulwitz der Nazizeit eine Rolle:

»Wie lautet dein Vorname, Hinrichs?«

«Baldur.«

»Und deiner, Hartwig?«

»Knut.«

»Und dein Vorname, Rosenzweig?«

»Sie werden lachen, Herr Lehrer: Adolf.«

In dieser Zeit, als noch jüdische Kinder die deutschen Schulen besuchen durften, war auch der folgende Witz angesiedelt:

Klein Moritz erhält vom Lehrer eine Ohrfeige. Dem tut es leid, und er entschuldigt sich. Er möchte nicht, daß es Moritzens Eltern erfahren.

»Ach«, sagt der kleine Moritz, »meine Eltern sind ganz gleichgültig. Aber was wird das Ausland dazu sagen?«

Es dürfte vielleicht nicht uninteressant sein, an dieser Stelle auf merkwürdige Zustände in unserem schon öfter genannten Eisleber Gymnasium, der »Staatlichen Lutherschule«, hinzuweisen. Obwohl der leitende Oberstudiendirektor Dr. Wendt aus dieser Schule eine vorbildliche nationalsozialistische Lehranstalt machen wollte, bestand das Kuriosum, daß die Schülerschaft weder im politischen noch im rassischen Sinne »rein« war: Der Sohn des im Konzentrationslager befindlichen Theologen Fritz Wenck war nach wie vor Gymnasiast, und auch ich wurde – zwar mit einem gewissen Widerwillen, aber immerhin doch – »geduldet«. Wir beiden also waren die schwarzen Schafe, was sich äußerlich dadurch kundtat, daß wir bei besonderen Anlässen, wenn Uniformpflicht herrschte, als einzige in Zivil herumliefen. Sehr empfindlich wirkte sich das bei einer Begebenheit aus, die ich zur Kennzeichnung der Situation etwas näher beschreiben muß:

In gewissen Abständen hatte jede Klasse die Aufgabe, eine Morgenfeier zu veranstalten, die in der Aula stattfand und an der die gesamte Schule teilnahm. Im Herbst 1939 war die Reihe an uns, und die auszugestaltende Feier sollte dem Bakteriologen Robert Koch (dem »Bekämpfer des Todes«, wie ihn ein damaliger Filmtitel bezeichnete) gewidmet sein. Da ich schon frühzeitig literarische Ambitionen hatte und hin und wieder Gedichte schrieb, wurde ich von unserem Klassenlehrer, dem allseits beliebten Studienrat Max Plier, mit der Schaffung eines Gedichtes zu Ehren Robert Kochs beauftragt. Dieses Gedicht schrieb ich dann auch, und es galt als selbstverständlich, daß ich es als Verfasser in der Feierstunde vortragen sollte. Aber da hatten wir die Rechnung ohne Dr. Wendt gemacht, der dagegen Sturm lief, daß ein »Zivilist« unter den Braunhemden stehen und auch noch sein eigenes Gedicht verlesen würde, und überhaupt käme das aus rassischen Gründen schon gar nicht in Frage, das Gedicht solle ein anderer vortragen, und mein Name dürfe auf keinen Fall genannt werden!

Ja, und dann geschah etwas, woran ich noch heute nicht ohne Rührung zurückdenke: Mein Klassenkamerad Bodo Nickel (er wurde später selbst Studienrat und zwar an derselben Schule!) übernahm die Lesung des Gedichts und verkündete von der Bühne herab, ohne sich an die gegebenen Instruktionen zu halten, meinen Namen. Alle blickten in diesem Moment auf Dr. Wendt, der so tat, als habe er es nicht gehört, und auch später die ganze Angelegenheit mit Schweigen überging. Es konnte nicht sein, was nicht sein durfte, und vermutlich kam er mit dieser Handhabung der Dinge am besten weg: Daß man einer Anordnung von ihm nicht Folge leistete, war ein Unding und damit erledigt. Nur eins kam nach: Ein halbes Jahr später wurde ich von der Schule entfernt.

Und was meinen Freund und Kameraden Hans Wenck betrifft, so wurde er – obwohl sein Vater im Konzentrationslager war – noch für würdig befunden, als Soldat in Hitlers Krieg zu ziehen, wo er sein Leben lassen mußte. Kurz zuvor hatte man ihn von der Schule gewiesen mit den Worten, »daß für Kinder von Verbrechern heute kein Platz in einer höheren Schule sei«.

Angesichts solcher Zustände und Vorkommnisse erhebt sich zweifellos die Frage: Wie haben die Schüler damals auf diese Dinge reagiert? Auf welcher Seite stand die Jugend?

Man wird es vielleicht nicht glauben, aber ich muß es immer wieder bezeugen: Die Mehrheit war auf Hans Wencks und meiner Seite! Die Freunde, die Hans Wenck hatte, sind nicht zu zählen, und ich muß vielleicht noch bemerken, daß nicht nur sein Vater, sondern auch seine Mutter von den Faschisten gemaßregelt und zu zwei Jahren Zuchthaus verurteilt worden war. Dennoch blieb er einer der beliebtesten Jungen, hatte starke literarische und künstlerische Interessen und vor allem die Fähigkeit, sich zu freuen, obwohl äußerlich kaum ein Grund dazu vorhanden war.

Das Verhalten der meisten Mitschüler uns beiden gegenüber ist um so bemerkenswerter, als die offizielle Propaganda mit allen Mitteln in die entgegengesetzte Richtung drängte. Das Schlagwort »Flink wie Windhunde, zäh wie Leder, hart wie Kruppstahl« sollte soldatische, rassisch bewußte Menschen erzeugen, und schon der demagogische Rahmen, in den Hitler dieses Schlagwort eingebettet hatte, wies auf bestimmte Absichten hin. Am 14. September 1935 auf dem »Reichsparteitag der Freiheit« sagte er:

»Wir sehen heute nicht mehr im damaligen Bierspießer das Ideal des deutschen Volkes, sondern in Männern und Mädchen, die kerngesund sind, die straff sind. Was wir von unserer deutschen Jugend wünschen, ist etwas anderes, als es die Vergangenheit gewünscht hat. In unseren Augen, da muß der deutsche Junge der Zukunft schlank und rank sein, flink wie Windhunde, zäh wie Leder und hart wie Kruppstahl. Wir müssen einen neuen Menschen erziehen, auf daß unser Volk nicht an den Degenerationserscheinungen der Zeit zugrunde geht.«

Eine solche, durch raffinierte Angriffe auf den »Bierspießer« getarnte Argumentation hatte natürlich einen gewissen Erfolg, und auch die Zukunftsaussichten, die in seiner Ansprache an die Jugend vom 1. Mai 1936 im Berliner Poststadion mitschwangen, mögen ihre Wirkung gehabt haben:

»Meine deutsche Jugend! Noch nie in der deutschen Geschichte war einer jungen Generation ein so schönes Schicksal beschieden als euch. Ihr lebt als Jugend in einem jungen Reich, erfüllt mit einem freudigen Leben, mit einer starken Hoffnung, mit einer unzerstörbaren Zuversicht. Ihr lebt in einem Reich mit jungen, neuen Ideen, erfüllt von jungen, neuen Kräften.«

Die penetrante Wiederholung der Worte »jung« und »neu« inmitten von sich ebenfalls wiederholenden Allgemeinplätzen offenbarte, wie wenig innere Beziehung Hitler zur Jugend hatte.

Beim ersten faschistischen Parteitag nach der Machtübertragung rief Hitler am 2. September 1933 den aufmarschierenden Jugendlichen zu:

»Ihr, meine Jungen, ihr seid das lebende Deutschland der Zukunft, nicht eine leere Idee, kein blasser Schemen, sondern ihr seid Blut von unserem Blut, Fleisch von unserem Fleisch, Geist von unserem Geist, ihr seid unseres Volkes Weiterleben.«

In dieser einen Passage kamen bereits jene Merkmale Hitlerscher Redetechnik zum Ausdruck, die er vor allem gegenüber jugendlichen Zuhörern anwandte: die Aneinanderreihung von Plattitüden bis zu dem von Richard Wagner entliehenen überbetonten Genitiv (»unseres Volkes Weiterleben«).

Später brachte er jedoch zum Ausdruck, daß dieses »Weiterleben« erst in zweiter Linie zählte. Am 9. November 1934 rief er anläßlich der Vereidigung der jüngsten Parteimitglieder, die aus der HJ hervorgegangen waren, aus:

»Ihr werdet, ich weiß es, genau so treu sein, genau so tapfer sein wie unsere alten Kameraden! Und ihr werdet Kämpfer sein müssen! Denn noch sind viele, viele Gegner unserer Bewegung in Deutschland vorhanden. Sie wollen nicht, daß Deutschland stark sei. Sie wollen nicht, daß unser Volk einig sei. Sie wollen nicht, daß unser Volk seine Ehre vertritt.

Sie wollen nicht, daß unser Volk frei sein soll. Sie wollen es nicht, aber wir wollen es, und unser Wille wird sie niederzwingen! Und euer Wille wird mit uns sein, und ihr werdet mithelfen, den Willen von damals zu erhalten und zu verewigen. Wir werden auch diese Letzten beugen unter diesen Willen.«

Kaum eine andere Stelle wie diese beweist besser, daß die Jugend für Hitler nur Mittel zum Zweck war.

Im § 2 des Gesetzes über die Hitlerjugend vom 1. Dezember 1936 hieß es:

»Die gesamte deutsche Jugend ist außer in Elternhaus und Schule in der Hitlerjugend körperlich, geistig und sittlich im Geiste des Nationalsozialismus zum Dienst am Volk und zur Volksgemeinschaft zu erziehen.«

Wie diese Erziehung wirklich aussah, wurde mir zum Teil von meinen Klassenkameraden berichtet, die beispielsweise jeden Sonnabend (dem sogenannten »Staatsjugendtag«) zum HJ-Dienst mußten und deshalb schulfrei hatten, während Hans Wenck und ich von einem besonders für uns abgestellten Studienrat namens Herrmann unterrichtet wurden, der sich dieser Aufgabe allerdings ziemlich einfach entledigte und uns das Morse-Alphabet und ähnliche Dinge beibrachte. Wir nutzten diese Zeit also weitaus besser als die HJ-Mitglieder, die außer der obligatorischen Schulung regelmäßig sogenannte »Freßfeste« veranstalteten, wo es zu Tischsprüchen folgender Art kam:

»Es ißt der Mensch, es frißt das Pferd –
heut ist es grade umgekehrt!«

»Bescheidenheit, Bescheidenheit,
verlaß mich nicht bei Tische –
und gib, daß ich zur rechten Zeit
das größte Stück erwische!«

»Und schlägt der Arsch auch Falten –
wir bleiben doch die alten!«

Diese von meinen Klassenkameraden weitererzählten Tischsprüche trug ich meinem Großvater vor, der sie gewissenhaft aufschrieb und dem Oberstudiendirektor Dr. Wendt als Dokumentation der Hitlerjugenderziehung unterbreitete. Dr. Wendt soll auf diese Lektion hin ziemlich kleinlaut geworden sein und lediglich geantwortet haben, die Jugend ginge ihre eigenen Wege, und man solle solche Dinge nicht überbewerten.

Immerhin werfen diese Kostproben ein bemerkenswertes Licht auf den geistigen Zustand, der in der Hitlerjugend herrschte, und nimmt man die in der Hauptsache vulgären Unterhaltungsspiele hinzu, so kann man sich ein ungefähres Bild von der Erziehungsarbeit dieser als vorbildlich gegoltenen Jugendorganisation machen.

Wen wundert es angesichts der vielfältigen Parolen und politischen Bemühungen, die auf die Kinder und Jugendlichen im faschistischen Deutschland einstürmten, daß der Flüsterwitz diese Verhältnisse unter die Lupe nahm und sie auf seine Art attackierte:

»Mein Vater ist SA-Mann, mein ältester Bruder in der SS, mein kleiner Bruder in der HJ, die Mutter in der NS-Frauenschaft, und ich bin im BDM.«

»Ja, seht ihr euch denn bei dem vielen Dienst auch einmal?«

»O ja! Wir treffen uns jedes Jahr auf dem Parteitag in Nürnberg.«

Ein anderes BDM-Mädchen verlangt in einer Buchhandlung Eichendorffs Dichtung »Aus dem Leben eines Taugenichts.«

Der Buchhändlerlehrling, der nur einen Teil der Worte verstanden hat, stürzt übereifrig zum Regal – und was erhält das Mädchen? Hitlers »Mein Kampf«.

Auch Stilblüten in Schulaufsätzen spielten eine Rolle, wovon folgendes Beispiel zeugt:

»Die Juden wollten das deutsche Volk aussaugen, aber Hitler ist ihnen zuvorgekommen.«

Zuweilen wurden Kindern Gedanken in den Mund gelegt, die an sich eine durchaus ernste Berechtigung hatten, in der Form eines Witzes jedoch das Ganze rundum populärer machten:

»Mutti, wenn der Führer nun zufällig Piefke geheißen hätte, müßten wir dann auch alle sagen: ›Heil Piefke!‹

oder ›Heil Meyer!‹ oder ›Heil Müller!‹ oder ›Heil Schulze!‹?«

»Junge, rede nicht soviel dummes Zeug zusammen! Wenn das der Onkel Gestapo hört, wirst du noch ins schwarze Loch gesteckt!«

»Ich bin ja schon ganz still, Mutti. Aber sag mir doch noch, wie grüßt nun der Führer selbst? Sagt er: ›Heil ich!‹?«

Irgendwie erinnert dieser Witz an jenen naiven Jungen, der sich nicht genug über den Zufall wundern konnte, daß der Entdecker der Röntgenstrahlen ausgerechnet Röntgen hieß, aber er trifft die Wahrheit, wie in dieser Episode:

Ein ABC-Schütze sollte vor versammelter Klasse irgendein Gedicht aufsagen. Er deklamierte:

»Unsre Katz' hat Junge,
sieben an der Zahl,
eins davon ist Sozi,
sechs sind national.«

Der Lehrer ist äußerst zufrieden, und als ein paar Tage später der Schulrat zur Visite kommt, wird der Junge nach vorn gerufen, um sein Gedicht zu wiederholen. Diesmal deklamiert er:

»Unsre Katz' hat Junge,
sieben an der Zahl,
sechs davon sind Sozi,
einer national.«

Leichenblaß wendet sich der Lehrer an den unglückseligen Rezitator: »Das vorige Mal hast du doch von ganz anderen Katzen geredet!«

»Damals waren sie auch noch blind«, erwidert der Junge, »inzwischen sind ihnen die Augen aufgegangen.«

Die Form eines Kinderliedes war es auch, welche die Gefährlichkeit des Lebens in der faschistischen Ära in lakonischen, aber dafür um so eindringlicheren Strophen vor Augen führte:

Zehn kleine Meckerlein,
die saßen mal beim Wein.
Der eine machte Goebbels nach,
da waren es nur noch neun.

Neun kleine Meckerlein,
die haben sich was gedacht.
Dem einen hat man es angesehn,
da waren es nur noch acht.

Acht kleine Meckerlein,
die hatten was geschrieben.
Bei einem ist es rausgekommen,
da waren es nur noch sieben.

Sieben kleine Meckerlein,
die fragte man: »Wie schmeckt's?«
Der eine sagte: »Schweinefraß!«
Da waren es nur noch sechs.

Sechs kleine Meckerlein,
die sah'n 'nen Hitlerpimpf.
Der eine sagte: »Lausejung!«
Da waren es nur noch fünf.

Fünf kleine Meckerlein,
die spielten mal Klavier.
Der eine spielte Mendelssohn,
da waren es nur noch vier.

Vier kleine Meckerlein,
die kamen zur Partei.
Der eine sagte: »Bonzentum!«
Da war's mit ihm vorbei.

Drei kleine Meckerlein,
die hörten Radio.
Der eine stellte Moskau ein,
da waren es nur noch zwo.

Zwei kleine Meckerlein
die glaubten, es hört sie keiner.
Der eine hat 'nen Witz erzählt,
da war es nur noch einer.

Ein kleines Meckerlein
ließ diese Verse sehn.
Da sperrt man ihn in Dachau ein,
und jetzt – sind's wieder zehn.

Eine Anekdote aus einer kleinen deutschen Stadt möge die Rubrik »Kindermund« beschließen:

Der Besuch des Gauleiters ist angekündigt. Ein Lehrer wird vom Kreisleiter beauftragt, die Schüler zu informieren. Instruktionsgemäß erklärt er ihnen: »Wenn morgen der Gauleiter kommt, wird er euch fragen, wer euer Vater ist. Dann habt ihr zu antworten: ›Unser Führer!‹ Auf die Frage nach eurer Mutter lautet die Antwort: ›Die nationalsozialistische Bewegung!‹ Habt ihr das verstanden?« Die Schüler bejahen.

Am nächsten Tag erscheint der Gauleiter und wendet sich – wie mit dem Kreisleiter vorher abgesprochen – an den ersten Schüler:

»Wer ist dein Vater?«

»Unser Führer!«

»Wer ist deine Mutter?«

»Die nationalsozialistische Bewegung!«

»Was möchtest du gern werden?«

»Vollwaise, Herr Gauleiter!«

Der jüdische Witz

Ungefähr Mitte der Dreißigerjahre, als von den Anschlußplänen Hitlers bereits hier und dort in Österreich gemunkelt wurde, ereignete sich auf einer Wiener Kleinkunstbühne das Folgende:

Der Kabarettist Fritz Grünbaum ließ sich – wie in seinen damaligen Programmen üblich – vom Publikum Stichworte (und zwar aus mehreren Begriffen zusammengesetzte Hauptwörter) zurufen, die er in seiner Eigenschaft als Schnelldichter sofort zu prägnanten Reimen verarbeitete.

An jenem Abend nun befand sich unter den Zuhörern ein faschistischer Provokateur, der ihm als Stichwort zurief: »Judenbengel!«

Grünbaum erschrak, stutzte einen Augenblick, dann zog er die in seinem Knopfloch befindliche Rose heraus und deklamierte:

»Hier ist die Blüte – und da ist der Stengel!«

Nun zeigt er auf sich und anschließend auf den Zurufer:

»Hier ist der Jud' – und da ist der Bengel!«

Auf diese Art hatte er das Stichwort »Judenbengel« geistesgegenwärtig pariert, und es sei bemerkt, daß es sich hier keinesfalls um eine Anekdote handelte, sondern der Vorfall ist authentisch verbürgt. Mein Vater, der in dieser Veranstaltung zugegen war, erinnerte sich sogar noch an die Mimik Grünbaums, an sein vor Schreck erblaßtes Gesicht und das krampfhafte Nachdenken, und ich habe diese Episode nicht ohne Grund an den Anfang dieses Kapitels gesetzt: Sie ist ein Musterbeispiel des jüdischen Witzes, nämlich einer geistigen Reaktion auf geistlose Angriffe – und von Karl Schnog wissen wir, daß jener Fritz Grünbaum noch im Konzentrationslager

Dachau die Kraft aufbrachte, seine Mithäftlinge durch improvisierte Vorträge aufzuheitern.

Dieses trotz allem den Humor bewahrende Element habe ich bei meiner Wiener Großmutter, nachdem sie die Hölle von Theresienstadt überlebt hatte, mit einer gewissen Fassungslosigkeit bewundert. Obwohl drei ihrer Töchter von den Faschisten vergast worden waren und zwei Söhne (darunter mein Vater) das bittere Los der Emigration auf sich nehmen mußten, hatte sie sich ihren optimistischen Lebenswillen bewahrt und konnte sich, als ich sie im Frühjahr 1948 nach vielen Jahren wiedersah, so von Herzen freuen, daß niemand annehmen konnte, sie habe alles das, was ich soeben beschrieben habe, durchgemacht.

Und das ist, glaube ich, ein Kernpunkt bei Betrachtung des jüdischen Witzes: daß wir es hier mit Menschen zu tun haben, die sich durch geistige Reflexion über die Alltagsschwierigkeiten erheben, die vor allem über sich selbst lachen können. Der Glaube an das Gute im Menschen, ohne den weder Witz noch Humor möglich sind, hielt sie aufrecht, und er schimmert selbst dann durch, wenn es sich nur noch um eine Art Galgenhumor zu handeln scheint. Aber letzteres waren Ausnahmen, und die meisten antifaschistischen jüdischen Witze waren geschliffene Attacken, die auf ihre spezielle Weise die betreffenden nazistischen Maßnahmen bloßstellten.

Die erste antijüdische Aktion der Hitlerregierung war bekanntlich der als Boykott getarnte Pogrom vom 1. April 1933. In einer Besprechung zwischen Hitler und Goebbels am 26. März 1933 in Berchtesgaden war der Beschluß gefaßt worden, eine »gewaltige Volksbewegung zum Boykott jüdischer Geschäfte in Deutschland« zu organisieren, und der Antisemit Nr. 1, Julius Streicher, wurde an die Spitze der Aktion gestellt. Die Organisierung des Boykotts erfolgte in einem 11-Punkte-Programm der Parteileitung der NSDAP vom 28. März 1933, in welchem es unter anderem hieß, »daß ein jüdischer Krieg gegen Deutschland das Judentum in Deutschland selbst träfe«.

Während die »Reichsvertretung der deutschen Juden« sich gegen diesen Vorwurf verwahrte und darauf hinwies, daß im Kriege von den fünfhunderttausend deutschen Juden zwölftausend ihr Leben hingegeben hätten, betonte die Fuldaer Bischofskonferenz die Loyalität der katholischen Kirche mit dem »Führer der Bewegung«, dessen »öffentlichen und feierlichen Erklärungen« sie vertraue.

Solchermaßen bestärkt, setzte der Boykott – nicht nur der jüdischen Geschäfte, sondern auch der Ärzte und Rechtsanwälte – am 1. April 1933 um 10 Uhr morgens ein, wobei sich die ausgegebene Parole »Krümmt keinem Juden ein Haar!« als scheinheilige Phrase erwies. So wurde in Kiel der Sohn eines jüdischen Möbelhändlers, der Rechtsanwalt Schumm, der sich schützend vor den Laden seines Vaters gestellt hatte, nach Einlieferung ins Polizeigefängnis von der »erregten Menge« durch Revolverschüsse getötet. Inwieweit diese »erregte Menge« überhaupt in das Gefängnis eindringen konnte, steht auf einem anderen Blatt.

Unter dem Motto »Kein Deutscher kauft bei einem Juden!« ergoß sich eine Flut von Flugblättern und Plakaten über die Bevölkerung, rollte eine Lawine von Zehntausenden von Massenversammlungen durch das Land.

Natürlich nahm sich der Volkswitz dieses Themas an, und es entstand die Losung:

> Deutsche Hausfrauen!
> Kauft deutsches Obst in deutschen Geschäften!
> Die deutschen Birnen sind die weichsten!

Weiß Ferdl berichtete von einem Vogelfutterverkäufer, dessen Vögel den Kunden die Körnlein von der Hand pickten und der an seinem Stand an der Kurpromenade folgenden Vers angebracht hatte:

Ich hab' die Vöglein für dich dressiert.
Drum kauf bei mir 's Futter, damit sich's rentiert!
(Arisches Geschäft)

Ein jüdischer Witz glossierte die gesamte Aktion des 1. April 1933 mit einem an die Parteileitung gerichteten Telegramm: »Schickt sofort Juden – stop – sonst Boykott unmöglich!«

Und da Julius Streicher als Hauptinitiator bekannt war, wurde berichtet, er sei schweißgebadet in seinem Bett aufgewacht.

»Schlechten Traum gehabt, Herr Gauleiter?« fragt sein Adjutant.

»Entsetzlichen Traum! Einfach nicht auszudenken! Mir träumte, daß es keine Juden mehr auf der Welt gäbe ...«

In der Tat war dies ein Problem, und mancher kleine Ort war froh, wenigstens einen Juden in seinen Mauern zu bergen, der angeblich nach allen Kräften gehätschelt und gepflegt wurde, um hin und wieder Zielscheibe von Provokationen sein zu können.

Es spricht für sich, daß diese Thematik sogar Eingang in die faschistische Strafrechtspraxis gefunden hat und beispielsweise ein Meidlinger Bäcker im Jahre 1942 zu zehn Monaten Gefängnis verurteilt wurde, weil er die Bemerkung gemacht hatte, er sei neugierig, wem man jetzt, da es keine Juden mehr gibt, die Schuld in die Schuhe schieben werde, wenn die Wirtschaft zusammenbricht.

In einem Scheidungsprozeß am 24. Mai 1940 witzelte ein sachverständiger Zeuge, die Wissenschaft sei noch nicht so weit, jüdisches Blut von arischem zu unterscheiden, worauf der Rechtsanwalt Dr. Ludwig Bondi ergänzte: »Wenn wir schon so weit wären, dann gäbe es

Gespräch im Berliner Zoo

keine Pg. mehr.« Das Urteil gegen Dr. Bondi: Vier Monate Gefängnis wegen Heimtücke.

Zu welch grotesken Erscheinungen die nazistische Rassenpolitik führte, zeigt der Fall eines Berliner Bildhauers, der – nach einem Bericht Thomas Manns – zur Sicherung seiner Professur und seines weiteren Fortkommens im Juni 1933 öffentlich erklärte, seine Frau sei allerdings Jüdin, aber er habe seit fünf Jahren nicht mit ihr verkehrt.

Ein noch groteskeres Bild bietet die Trauerfeier für den Reichsprotektor Heydrich, der bekanntlich wegen seiner eigenen rassischen Belastung besonders begierig die Abstammungsverhältnisse führender Persönlichkeiten erforscht hatte und ebensosehr über Hitlers ungeklärte Herkunft wie über jüdische Spuren in der Verwandtschaft Himmlers orientiert war. Ausgerechnet Himmler machte nach Heydrichs Beisetzung seinem Leibarzt Felix Kersten gegenüber die Bemerkung, »er sei sich etwas komisch vorgekommen, als er mit zwei Mischlingen an der Hand hinter dem Sarg hergegangen wäre«.

Die rassische Komponente nahm also auch innerhalb der Nazihierarchie einen bedeutenden Platz ein, und die führenden Vertreter versuchten alles, diese Dinge von sich abzuhalten, unter anderem mit der Methode, indem sie antisemitische Anrempeleien im »unteren Bereich« schürten. Ein Flüsterwitz schildert in dieser Hinsicht einen seltsamen Vorfall:

Ein jüdisch aussehender Herr wird auf dem Kurfürstendamm von Nazis belästigt. Der Herr ist entrüstet und weist sich als der ägyptische Gesandte aus. Daraufhin wird der Führer der Nazibande höflich: »Entschuldigen Sie, Ew. Exzellenz, so etwas kann in Zukunft nicht mehr vorkommen, denn bald werden wir alle Juden ausgerottet haben.«

Lächelnd erwidert der Gesandte: »Das haben wir Ägypter vor 4000 Jahren auch schon versucht. Sie sehen, was der Erfolg gewesen ist.«

Die historischen Wurzeln des Antisemitismus, die in diesem Witz leicht angedeutet werden, haben natürlich eine gewisse Bedeutung; denn der Antisemitismus ist keine Erfindung Hitlers oder der faschistischen Partei, wenngleich er hier seine schlimmste Entartung gefunden hat. Im Grunde handelt es sich um die Fortsetzung der Traditionslinie der chauvinistisch-antidemokratischen und rassistischen Varianten der imperialistischen Ideologie des 19. und des beginnenden 20. Jahrhunderts.

Bereits Friedrich Engels hatte darauf hingewiesen, daß das »aus der Bigotterie des Mittelalters überkommene Volksvorurteil gegen die Juden« ökonomischen Grundlagen entsprang und der »bis ins Lächerliche übertriebene Judenhaß« eine »wo nicht spezifisch preußische, so doch spezifisch ostelbische Eigenschaft« sei. Diese Bemerkung war zwar auf den speziellen Antisemitismus gerichtet, »den Herr Dühring bei jeder Gelegenheit zur Schau trägt«, aber der Hinweis auf Ostelbien mit seinen Junkern und Rittergutsbesitzern verdeutlicht den ökonomischen Charakter des Problems. Er ist zugleich eine Attacke gegen die Auffassungen bürgerlicher Philosophen, die den Antisemitismus als Ausfluß jüdischer Selbstbehauptung betrachten, unter völliger Außerachtlassung der politischen und wirtschaftlichen Motive. Das Bestehen der durch die Jahrhunderte gewahrten jüdischen Eigenart wurde schon von Karl Marx mit einer äußerst tiefsinnigen Sentenz gekennzeichnet: »Das Judentum hat sich nicht trotz der Geschichte, sondern durch die Geschichte erhalten. Aus ihren eigenen Eingeweiden erzeugt die bürgerliche Gesellschaft fortwährend den Juden.«

Was hier Marx in zwei lapidaren Sätzen ausdrückt, ist die Entlarvung des Antisemitismus als eigenständige, originäre Aktion und steht im Einklang mit dem berühmten Ausspruch von Renan: »Die besonderen Züge der Juden und ihre Lebensordnung sind viel mehr das Ergebnis der sozialen Bedingungen, die jahrhundertelang auf sie eingewirkt haben, als eine Rassenerscheinung«, auf den sich Lenin in seiner Schrift »Über die Judenfrage« bezieht.

Wollte man hinsichtlich der antisemitischen Propaganda eine persönliche Eigenheit Hitlers entdecken, müßte man zwischen Form und Motivation unterscheiden. In der Form machte sich eine primitive, vulgäre Ausdrucksweise breit, die im Gegensatz zu dem erniedrigenden Selbstgefühl stand, das er zu den als (uneingestandenermaßen) überlegen empfundenen Juden hegte. Ihm war nicht entgangen, daß der Prozentsatz der Juden in den demokratischen und proletarischen Bewegungen überall höher war als der Prozentsatz der Juden in der Gesamtbevölkerung, ganz zu schweigen von ihrem Anteil in den intellektuellen Berufen. Dieses Gefühl des Unterlegenseins kompensierte er mit einer grenzenlosen Hetze, wobei fast alle seine diesbezüglichen Ausdrücke (»Bazillenträger«, »Spaltpilz», »Ratte« usw.) dem Bereich der Parasitologie entstammten. Der Jude als zu vernichtendes Ungeziefer wurde zu einem – wenngleich nicht immer so kraß ausgesprochenen – Symbol, und ein bitterer Witz jener Zeit machte die Situation auf seine Weise deutlich:

Göring und Goebbels begegnen einem Juden, der sich furchtsam zur Seite drückt. »Sieh dir den Kerl an!« sagt Goebbels. »Wie der vor Frechheit zittert!«

Auch jene Zeitungsnachricht, welche den Abwehrversuch eines Juden gegen den wütenden Angriff eines Wolfshundes mit den Worten kommentiert: »Jüdischer

Hausierer beißt wehrlosen deutschen Schäferhund!« dürfte unter diese Rubrik fallen.

Als mit Wirkung vom 30. September 1933 die jüdischen Rechtsanwälte ihre Zulassung verloren, kam es zu folgendem Dialog:

»Wie geht's Ihnen?«

»Wie einem jüdischen Rechtsanwalt.«

»Wieso?«

»Na, ich kann nicht klagen!«

Daß besonders dieser Berufsstand rassistischen Anfeindungen ausgesetzt war, ergab sich nicht nur aus der Tatsache, daß viele Juden Rechtsanwälte waren, sondern vor allem im Hinblick darauf, daß die anwaltliche Tätigkeit im allgemeinen mit »jüdischer Rabulistik« gleichgesetzt wurde, was in vielen Filmen und Theaterstücken zum Ausdruck kam. Um einen Begriff von dieser Verfahrensweise zu vermitteln, sei die Figur des von Werner Krauß gespielten Sekretärs Levy im Film »Jud Süß« genannt, der auf die Einwendung des Schmiedes Bogner, sein Haus stünde nicht auf der Straße, vielmehr ginge die Straße im Bogen um das Haus herum, mit entsprechenden Gesten folgendermaßen argumentierte:

»Die Straße geht im Bogen herum, aber sie geht im Bogen herum, weil die Leute sind im Bogen herumgelaufen um dein Haus. Von Natur geht die Straße grade. Is e Bach im Weg, daß die Straße krumm gehen muß? Is e Berg im Weg, daß die Straße krumm gehen muß? Näh! Aber dein Haus, das is im Weg, und darum muß die Straße krumm gehen. Warum steht dein Haus ausgerechnet auf de Straße?«

Juristische Spitzfindigkeiten im Stile einer Händlermentalität sollten hier besonders abschreckend wirken, vergleichbar einem Dialog aus dem Film »Heimkehr« zwischen der von Paula Wessely gespielten Lehrerin Marie und einem jüdischen Krämer:

»Nee, Salomonsson, Sie wissen ja, wir kaufen nicht bei Juden!«

»Wie kennen Se reden so harte Wörter, Fräulein Doktor, wo gerade ich gerne mach'e Geschäft mit den Deitschen. Und warum? Weil se sin ehrlich! Deitsches Volk e großes Volk, e stolzes Volk, na und der Fihrer, der Hitler, ein genialer Mann, ein großer Mann. Nur schade, daß er nichts will wissen von uns arme Jiden!«

»Ich werd's ihm schreiben, Salomonsson!«

Hier wurde die Diktion des jüdischen Witzes für vordergründige profaschistische Tendenzen genutzt – eine Methode, derer sich die faschistischen Filmschöpfer mit besonderer Vorliebe bedienten.

So kam es in dem Film »Die Rothschilds« zu folgendem Dialog:

> *Bronstein*: »Wird Nathan Rothschild endlich einsehen, daß man nicht wegwischen kann, wenn man in der Judengasse in Frankfurt geboren ist ... Ich sag Ihne, wennse hoch und höher steigen, wennse groß werden in England, Se werden trotzdem bleiben a großer Bocher aus der Judengasse in Frankfurt.«
>
> *Rothschild*: »Bronstein, sehense sich an, Sie sehen aus wie ein Schnorrer, Se sind mies und nicht ganz sauber, aber – Ihr Sohn wird sich Gentleman nennen, und Ihr Enkel kann vielleicht schon ein Lord sein in diesem Lande, und alles *damit*!«
>
> (Er läßt eine Guinee klingen)

Auf einer völlig anderen Linie lag die Verwendung des jüdischen Witzes in dem Film »Robert und Bertram«, und da es sich hier um ein Musterbeispiel nazistisch genutzter Elemente des jüdischen Humors handelt, sei auf diesen Streifen, der zu Kriegsbeginn in den deutschen Kinos anlief, etwas näher eingegangen.

Aufschlußreich und bezeichend ist zunächst die Tatsache, daß das dem Film zugrunde liegende gleichnamige Bühnenstück von Gustav Raeder in keiner Weise antisemitisch war. Es wurde am 6. Februar 1856 im Königl. Hoftheater zu Dresden uraufgeführt, im gleichen Jahr, als auch Nestroys »Judith und Holofernes« (Posse mit Gesang nach einem Trauerspiel von Hebbel) zum erstenmal über die Bühne ging. In beiden Stücken wurden jüdische Personen als Hauptfiguren einer Komödienhandlung eingesetzt, über die das Publikum herzhaft lachte, die aber dennoch mit Antisemitismus nicht das geringste zu tun hatten.

Der jüdische Witz, der »Robert und Bertram« kennzeichnet, ist kein antijüdisches Element, sondern ein das Judentum seiner Zeit glossierender Faktor, der bekanntlich von den Juden selbst weidlich genutzt und meisterhaft gehandhabt wurde. Inwieweit ein solcher Witz eine antisemitische Wirkung erzielen kann, hängt von den jeweiligen Umständen ab, vor allem, unter welchen äußeren Gegebenheiten er verbreitet wird. Charakteristisch für die faschistische Kulturpolitik war, daß jedweder ursprünglich jüdische Humor in antisemitische Hetze umgemünzt wurde, was sich an »Robert und Bertram« sehr deutlich nachweisen läßt.

Bei einem Vergleich des Bühnenstücks mit der faschistischen Verfilmung fällt zunächst eine quantitative Verschiebung ins Auge: Während bei Raeder das jüdische Milieu nur einen kleinen Aspekt ausmachte, nimmt dieses im Film ein Drittel der gesamten Handlung in Anspruch. Von 2456 Filmmetern entfallen 834 auf die antisemitischen Sequenzen. Diese Konzentration wird ermöglicht durch das Auswalzen widerlicher Details, die im Stück überhaupt nicht vorkommen, aber der beabsichtigten Aussage – nämlich der »Rechtmäßigkeit« der Aneignung jüdischen Vermögens – sehr dienlich sind.

Um die so entstandene Anhäufung wenigstens geistig zu reduzieren, wandten die Filmschöpfer ein Mittel an, das später in »Der ewige Jude« wiederholt wurde und einen Kontrast zum übrigen Geschehen darstellen sollte: Sie beschrieben die Wandlung eines »Muttersöhnchens« zum »kernigen Soldaten« (von welcher bei Raeder nicht im entferntesten die Rede ist).

Diese Figur namens Michel wird sogar an den Anfang des Films gestellt. In einem Gespräch zwischen Michels Freundin Lenchen und dem reichen Biedermeier sagt diese, sie wolle keinen weichherzigen Burschen. »Er muß ein Mann sein!«

Die unmittelbar darauffolgende Szene zeigt Michel bei den Soldaten. »Haben Sie denn keine Spiegel?« fragt er weinerlich. »Auch noch«, erwidert der Unteroffizier. »Wie du aussehen wirst, bestimmen wir!«

(Daß Michel gegen Ende des Films als »fescher Soldat« zurückkommt und seinem Lenchen stolz verkündet: »Was die Preußen alles aus einem machen können!«, sei nur der Vollständigkeit halber erwähnt.)

Wesentlich ist der dramaturgische Übergang zum »jüdischen Milieu«, der im Film konsequenter durchgeführt wird als im Bühnenstück. Genauer gesagt, besteht ein solcher Übergang im Stück überhaupt nicht, vielmehr dringen Robert und Bertram völlig unvermittelt – lediglich in der Absicht, anläßlich eines Karnevals »abzusahnen« – beim Bankier Ipelmeyer ein. Der Film schafft hier einen geschickten Übergang: Die Vagabunden Robert und Bertram stehlen dem reichen Biedermeier die Brieftasche und finden darin einen Brief Ipelmeyers, worin dieser mitteilt, daß er den Wechsel nicht verlängert. Dadurch gerät Lenchens Vater, der bei Biedermeier verschuldet ist, in Bedrängnis, zumal letzterer darauf aus ist, Lenchen zu heiraten. Um dem Mädchen zu helfen, beschließen Robert und Bertram, nach Berlin zu Ipelmeyer zu fahren und bei dieser Gelegenheit die »Geschäftspraktiken« dieses Mannes zu studieren.

Sie entdecken ihn im Café »Kranzler«. Auf Roberts Frage, ob er das wirklich ist, erwidert Bertram: »Dem Profil nach zu urteilen!«

Diese Antwort wird unterstrichen durch die Offenbach-Karikatur, die dem Darsteller des Ipelmeyer (Herbert Hübner) zuteil wurde.

Charakteristisch sind die ersten Worte, die der Kinobesucher aus dem Munde Ipelmeyers vernimmt: »Bringense mir e Glas Cherry und e Kaviarbrötchen!«

Sie waren in lässiger Form an den herbeieilenden Ober gerichtet und sollten offenbar dieselbe Wirkung erzielen wie die ersten Worte Shylocks in Shakespeares »Kaufmann von Venedig«. Als unnötiger Zusatz mußte deshalb empfunden werden, daß Ipelmeyer im sich sofort anschließenden Gespräch zu Bertram sagt: »Soll ich Ihnen e Geheimnis verraten? Ich bin e Jied!« – worauf Bertram flüstert: »Soll *ich* Ihnen ein Geheimnis verraten?« und auf Ipelmeyers erwartungsvollen Blick trocken hinzufügt: »Ich hab' einen Bauch!«

Eine ähnliche Dialogsituation wird im Verhältnis zu Robert geschaffen, der in Bewunderung des Ipelmeyerschen Palastes von einem »Tempel« spricht, worauf der Hausherr aufhorchend fragt: »Sind Sie auch ...?« Robert winkt ab: »Wie könnte ich!« Darauf Ipelmeyer: »Kann mer wissen? Ich kenne einen Erzbischof Cohn.«

Der »jüdische Witz« wird während des Maskenballes fortwährend strapaziert, wobei die Raedersche Fassung völlig außer Betracht geblieben ist. Auf Ipelmeyers Bemerkung: »Von hinten siehste aus wie Napoleon« und die Erwiderung seiner Frau: »Reden wir nicht von Napoleon! Napoleon war e Antisemit«, kontert er: »Deshalb ist er auch pleite gegangen in Moskau!«

Von ausgeprägt rassistischem Charakter war ein Zwiegespräch zwischen Frau Ipelmeyer und dem kostümierten Prokuristen ihres Mannes.

»Nehmense de Hände weg, Forchheimer!«

»Sie haben mich erkannt? Woran?«

»An de Fieß.«

Auf Ipelmeyer selbst wird ein Schatten der versuchten »Rassenschande« geworfen. Er fordert eine Tänzerin auf, mit ihm in sein Arbeitszimmer zu kommen. Auf ihre Bemerkung »Ich muß mich erst umziehen« erwidert er mit entsprechendem Gesichtsausdruck: »Wenn man da dabei sein könnte!«

Aber auch seine intellektuelle Moral wird attackiert. Als sein Buchhalter während eines Streites gegen ihn sein Theaterschwert zieht und es mutlos wieder fallen läßt, lacht der Bankier erleichtert auf: »Na also! Sie junger Mann, ich wer' Ihnen mal was sagen: Wenn Se jemand etwas antun wollen, nehmen Se kei' Schwert, nehmen Se Tinte und Feder!«

Um die später von Robert und Bertram vollzogene Ausplünderung psychologisch vorzubereiten, wurde ein Gespräch zwischen einem jüdischen Gast und dem (gleichfalls jüdischen) Prokuristen Forchheimer eingebaut. Ersterer sagt, das Palais habe Ipelmeyer sicherlich ein Vermögen gekostet, worauf Forchheimer erwidert: »Es hat sogar mehrere gekostet, aber nicht von Herrn Ipelmeyer, sondern von den Leuten, die er hereingelegt hat.« Diese Erklärung rechtfertigt das Betrugsmanöver, das die Vagabunden ihrerseits inszenieren, um sich Ipelmeyers Vermögen anzueignen.

In Weiterentwicklung dieser Argumentation ließen die Filmschöpfer den Vorgang bis zu Sr. Majestät bringen, die tiefgründig resümierte: »Die Sache liegt also so, daß ein großer Gauner, der sich nicht erwischen läßt, Kommerzienrat werden kann, während diese kleinen Gauner, wenn man sie erwischt, für lange Zeit eingesperrt werden, obwohl sie ihre kleinen Gaunereien nicht zum eigenen Vorteil ausgeführt haben. Da stimmt doch etwas nicht!«

Während das Bühnenstück die Herkunft des Reichtums in keiner Weise zur Diskussion stellt, sondern nur den Reichtum als solchen der Lächerlichkeit preisgibt – und hier besonders Ipelmeyers Stolz auf diesen Reichtum –, verwendet der Film mehrere Attacken, meist kombiniert mit der dem Reichtum gegenüberstehenden »Unbildung«. Diese Dinge spielen zwar auch in Raeders Posse eine Rolle, aber hier war es – insbesondere da die Figur des Ipelmeyer zumeist von jüdischen Schauspielern dargeboten wurde – eine humorige Selbstkarikierung, während der Film die Grenze zur antisemitischen Hetze gezielt übersprang.

Die angebliche Wirklichkeitstreue, mit der die Darsteller das Gehabe typischer Juden wiederzugeben suchten, fand bei den Filmkritikern große Beachtung. Hans Hömberg rühmte im »Völkischen Beobachter« den »Kommerzienrat, der uns in der Maske Offenbachs kömmt und mit beachtlicher Fertigkeit die fettige Kunst des Tarnopoler Jüdelns beherrscht. Was hier Herbert Hübner als Sadduzäer über die lispelnde Zunge bringt, ist keine Karikatur, sondern satirische Charakterisierung«. Ernst Jerosch fand den Darsteller »vollendet in Maske und Spiel« und bemerkte lobend: »Er vergißt dabei niemals, daß er nur einen Juden zu spielen hat, und läßt leichte ironische Lichter aufblitzen, wie es eben nur ein guter Schauspieler vermag.« Erstmals tauchte die Überlegung auf, daß es einen arischen Schauspieler viel Selbstüberwindung kosten müsse, einen Juden zu spielen. Die Darstellerin der Isidora, die spätere »Insulanerin« Tatjana Sais, verriet in einem Interview, das im Tobis-Presseheft, S. 17, abgedruckt wurde: »Ich habe beinahe geweint, als die Dreharbeit für mich zu Ende war, so gut hat es mir gefallen. Dabei hat mich die Rolle zuerst, noch ehe ich das Drehbuch kannte, manche schlaflose Nacht gekostet ... Wissen Sie, es ist ein etwas heikles Gefühl, als Judenmädchen in das Bewußtsein des Publikums einzugehen. Mir wurde das an den entsetzten Blikken klar, mit denen uns die vielen Besucher während der Drehzeit musterten. Wir sahen wirklich aus wie waschechte Mischpoke.«

In der Filmgeschichte nimmt »Robert und Bertram« zweifellos eine Sonderstellung ein, die vor allem in der Kombination zweier Elemente zu erblicken ist: Zum einen wurde im Rahmen einer Lustspielhandlung die in der faschistischen Propaganda immer wieder erscheinende These illustriert, daß der Jude zwar schlau, aber nicht klug sei und die nordische List den jüdischen Dreh besiegt (in »Jud Süß« sagt Landschaftskonsulent Sturm zum Bräutigam seiner Tochter: »Die Juden sind ja gar nicht klug, die sind nur schlau!«), zum andern kam es den Filmschöpfern – und im Hintergrund natürlich dem Propagandaministerium – darauf an, ganz konkret auf die »Rechtmäßigkeit« der Aneignung jüdischen Vermögens, die zu dieser Zeit in großem Umfange im Gange war, aufmerksam zu machen. Daß sich die »Arisierer« auf diese Weise allerdings mit Vagabunden auf eine Stufe stellten, verleiht der Aussage des Films eine unter damaligen Verhältnissen mehr als pikante Note.

Die allgemeine Arisierung der Wirtschaft hatte ein Jahr vor der Uraufführung des Films begonnen, ausgelöst durch den Pogrom vom 9. November 1938, dem die faschistische Mundpropaganda die verharmlosende Bezeichnung »Reichskristallnacht« zukommen ließ (als hätte es sich nur um ein paar zerbrochene Fensterscheiben gehandelt).

Die Vorgeschichte dieses Novemberpogroms gehört zu den dunkelsten Kapiteln politisch-konspirativer Tätigkeit. Die Frage »cui bono?«, welche schon im Reichstagsbrandprozeß durch Dimitroffs unerschrockene Verteidigung eine große Rolle spielte, stellt sich natürlich auch hinsichtlich der Tat des damals siebzehnjährigen Juden Herschel Grynszpan, und der erste Jurist, welcher Zweifel an der »selbständigen« Handlung des jugendlichen Attentäters anmeldete, war Friedrich Karl Kaul, der in einer detaillierten Forschungsarbeit (»Der Fall des Herschel Grynszpan«) die politischen Hintergründe dieser für das Judentum so folgenschweren Handlungsweise aufzuhellen bemüht war.

Danach ist unbestreitbar, daß die gesamte Anlage und Durchführung der Tat »geradezu nahtlos in die politische Konzeption Nazideutschlands hineinpaßte, wie das beim Reichstagsbrand schon einmal der Fall gewesen war«. Damals war eine Isolierung der Kommunisten, diesmal eine Isolierung der Juden beabsichtigt und schließlich auch erreicht. Die Analogie beider Ereignisse führte die französische Zeitung »Aux Ecoutes« am 19. November 1938 zu der Behauptung, »daß der Mord von den Nazis selbst angezettelt wurde«.

Diesen und anderen Verdachtsmomenten widmet Kaul ausführliche Recherchen und untersucht dabei vor allem das Verhalten des faschistischen Reichssicherheitshauptamtes, das seltsamerweise an einer publizistischen Ausweitung des Falles, ja nicht einmal an einer Exekution des Attentäters Interesse zeigte. Es deckte gleichsam mit einem Mantel des Schweigens die Akte zu. »Am Ende des Falles Grynszpan«, schreibt Kaul, »steht das Reichssicherheitshauptamt. Läßt das die Folgerung zu, daß es auch hinter dem Anfang gestanden hat?«

Diese Frage bleibt ohne sichere Antwort. Dazu reichen die Fakten nicht aus. Was feststeht, ist die Tatsache, daß die faschistische Führung das Attentat so ausgenützt hat, als ob es von ihr eingefädelt worden wäre – und insofern ist die Person des Attentäters von geringerer Bedeutung; man hätte auch einen anderen Anlaß finden können.

Seltsamerweise entzündete sich der jüdische Witz vor allem an der Person des Attentäters Grynszpan, und im Hinblick auf die bereits an anderer Stelle erwähnte von Göring verfügte Zahlung einer Milliarde Reichsmark als Buße für das Attentat wurde die Frage gestellt: »Wer ist der größte Alchimist?«

»Göring«, lautete die Antwort, »denn er hat aus Grünspan eine Milliarde gemacht.«

Auch der Name des Opfers, des deutschen Legationsrats vom Rath, wurde in einem Wortwitz verwendet: »Guter Rath ist teuer«, sagte man resigniert.

Die Tatsache, daß einige Jahre zuvor in der Schweiz ein anderer Nazifunktionär namens Gustloff einem Attentat zum Opfer gefallen war, wurde in folgenden Flüsterwitz einbezogen:

In der Reichskristallnacht sagt ein höherer SA-Führer zu seinen Leuten: »Nun ist es aber genug! Jetzt geht ihr aber mal nach Hause, ja.«

Darauf ein Plünderer: »Wat heeßt hier jenug? An Justloffen denkste wohl jar nich, wat?«

Während des gesamten Pogroms wurden etwa siebeneinhalbtausend jüdische Geschäfte geplündert und zerstört, fast dreihundert Synagogen in Brand gesetzt, annähernd dreißigtausend jüdische Bürger verhaftet und einundneunzig getötet.

Die faschistische Filmpropaganda konnte sich nicht enthalten, in einem fünf Jahre später gedrehten Streifen (»Wien 1910«) in spöttischer Form an diese Vorgänge zu erinnern, indem einer ähnlichen Situation erschreckende historische Parallelen zugeordnet wurden. Hier verwüsteten Antisemiten das Redaktionsbüro des jüdi-

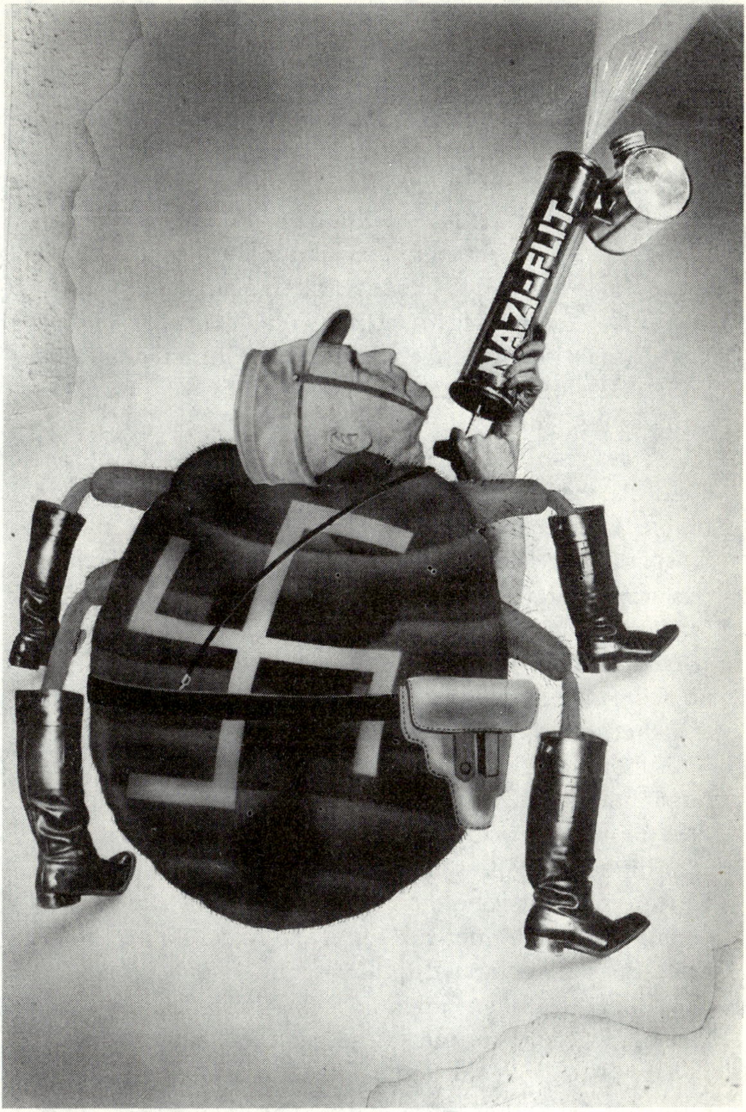

Die Wanze als Kammerjäger

schen Sozialdemokraten Dr. Adler, und anderntags schildert ihm sein Gehilfe Aaronsohn zitternd den stattgefundenen Pogrom:

»Wie es ist gekommen, Herr Doktor, weiß ich nich. Als wenn e Wind fährt über die Straße und ins Haus hinein, und es war auf einmal schwarz von Menschen, und sie sind gewesen im Nu im Zimmer und haben alles demoliert ... Es ist gewesen, daß keiner hat gewußt, wohin er soll fliehen ... Mich habense ins Gesicht geschlagen.«

Auf Dr. Adlers Frage nach der Polizei jammert er weiter: »Aufgerufen haben wir se – aber gekommen is keine Polizei, wo wir doch zahlen ebenso gutes Geld als Steuern wie die Gois.«

Die gesamte Szene war so angelegt, daß der Kinobesucher über das zittrige Gestammel Aaronsohns lachen mußte. Gespenstischer konnte es in einem Spielfilm, der Anspruch auf künstlerische Qualität erhob – immerhin wirkten Darsteller wie Rudolf Forster, Heinrich George, O. W. Fischer und Lil Dagover mit –, nicht zugehen.

Die Parallele zum Novemberpogrom der Faschisten liegt auf der Hand, und die Vorgänge in Eisleben entsprachen völlig diesem Bericht: Der Konzertflügel der jüdischen Familie Graumann (Schwiegersohn des später enteigneten Kaufhausbesitzers Goldstein) wurde aus dem Fenster geworfen und zerschellte am Boden. Das Schuhgeschäft Moses Burak in der Sangerhäuser Straße wurde völlig ausgeräumt und einige Tage später gewitzelt, die Fußballer der Eisleber »Spielvereinigung« seien plötzlich alle mit neuen Fußballschuhen erschienen. Soweit die betroffenen Juden nicht in Konzentrationslager kamen, wurden sie zum Straßenkehren eingesetzt, wo sich gewisse Teile der Bevölkerung über sie lustig machten – wie sie es auch gegenüber jener jungen Frau taten, die sich mit einem polnischen Fremdarbeiter eingelassen hatte und daraufhin mit geschorenem Kopf und dem umgehängten Schild »Polenliebchen« von dem Parkwächter Kleindienst durch die Straßen der Stadt geführt wurde.

Übrigens wurde gegen keinen der an den Novemberpogromen beteiligten Mörder ein ordentliches Gerichtsverfahren durchgeführt, vielmehr wurden alle Fälle dem Naziparteigericht überwiesen, das ihnen denn auch bestätigte, sie seien »aus anständiger nationalsozialistischer Gesinnung« lediglich »über das Ziel hinausgeschossen«.

Die unterschiedliche Behandlung durch die Gerichte brachte damals ein bitterer jüdischer Witz folgendermaßen zum Ausdruck:

Ein Mann steht vor dem Richter. »Sind Sie Jude?« fragt ihn der Vorsitzende, »oder sonstwie vorbestraft?«

Auch das Überhandnehmen der Haussuchungen bei jüdischen Bürgern fand Eingang in den Bereich des Flüsterwitzes.

Bei einem Berliner Juden findet Haussuchung statt. Die Gestapobeamten finden auch ein Hauptbuch und hoffen, seinen Schiebergewinnen auf die Spur zu kommen. Aber als sie es aufschlagen, steht auf der ersten Seite:

Gott erhalte Adolf Hitler!

Auf der zweiten:

Gott erhalte Hermann Göring!

Auf der dritten:

Gott erhalte Dr. Goebbels!

Sie geben das Buch zurück und verabschieden sich freundlich, von der Loyalität des Mannes überzeugt.

»Gott der Gerechte«, sagt der Jude zu seiner Frau, »welch Glück, daß sie nicht weitergeblättert haben!«

Er zeigt ihr die vierte Seite, darauf steht ebenfalls:

Gott erhalte Ernst Röhm!

Aber darunter nachgetragen:

Bereits erhalten am 30. Juni 1934.

Ein in der Aussage ähnlicher Witz kursierte unmittelbar nach dem mißglückten Münchner Attentat auf Hitler im November 1939:

In einem Eisenbahnabteil sitzen sich ein Jude und ein SA-Mann gegenüber. Der Jude spricht ununterbrochen vor sich hin: »Hitler soll leben!«

Wütend fährt ihn der SA-Mann an: »So eine Unverschämtheit! Früher hast du anders gebetet. Da hieß es: Rathenau soll leben!«

Darauf antwortet der Jude: »Na, und – lebt er?«

Von einem in New York lebenden jüdischen Emigranten wurde berichtet, daß seine Wohnung von einem großen Hitlerbild verunziert werde.

»Wieso hast du den hier hängen?« wird er gefragt.

»Gegen das Heimweh«, war seine Antwort.

Ein anderer Emigrantenwitz besagte, daß in New York ein neueingewanderter Jude eine Eisdiele eröffnet habe. Über der Eingangstür befestigte er ein großes Schild: »Juden ist der Eintritt verboten!«

Natürlich gab es in der jüdischen Gemeinde große Erregung. Man schickte zu dem Juden eine Delegation.

»Aber meine Herren«, erwiderte der Jude, nachdem er sich die Vorwürfe geduldig angehört hatte, »haben Sie denn mein Eis schon einmal gekostet?«

In drastischer Weise ging der folgende Flüsterwitz auf das Leben nach dem Novemberpogrom ein:

Ein Schweizer besucht einen jüdischen Freund. »Wie kommst du dir vor unter den Nazis?«

»Wie ein Bandwurm: ich schlängle mich Tag und Nacht durch die braunen Massen und warte, daß ich abgeführt werde.«

Grün trifft Blau. »Hast du schon gehört«, sagt er zu ihm, »Cohn hat sich umgebracht.« Blau zuckt mit den Schultern. »Wenn er sich verbessern kann.«

Zwei Juden beschließen, einen Ausreiseantrag direkt

an Hitler zu richten. Aber wie sollen sie ihn anreden? »Mein Führer« dürfen sie nicht schreiben, »Exzellenz« geht auch nicht, »Majestät« schon gar nicht. Schließlich verfallen sie auf einen Ausweg: »Sehr geehrter Herr! Durch Ihre Broschüre ›Mein Kampf‹ auf Sie aufmerksam geworden ...«

Die Isolierung, in welche die Juden nach und nach immer mehr getrieben wurden, war ebenfalls Gegenstand bitterer Glossen.

Ein Jude liest folgendes Plakat: »Ein Deutscher lügt nicht!«

Nachdenklich meint er: »*Ein* Deutscher lügt nicht! Mieses Perzent für achtzig Millionen!«

Es war jene Epoche angebrochen, die der stellvertretende US-Ankläger bei den Nürnberger Prozessen, Robert M. W. Kempner, mit ergreifenden Worten überaus plastisch schilderte:

»Man hat ihnen die Berufe genommen, das Besitztum gestohlen, sie durften nicht erben oder vererben, sie durften nicht auf Parkbänken sitzen oder einen Kanarienvogel halten, keine öffentlichen Verkehrsmittel benutzen, keine Restaurants, keine Konzerte, Theater oder Kinos besuchen, für sie galten bestimmte Rassengesetze, ihnen wurden sämtliche staatsbürgerlichen Rechte entzogen, die Freizügigkeit wurde ihnen genommen, ihre Menschenrechte und ihre Menschenwürde wurden in den Staub getreten, bis sie in Konzentrationslager deportiert wurden und in die Gaskammern kamen.«

Und vieles davon vollzog sich unter den Augen der Öffentlichkeit!

Am 28. April 1935 rief der »Westdeutsche Beobachter« dazu auf, beim Delikt der »Rassenschande« zur Namensnennung der Juden und Christenmädchen überzugehen, da dies »im öffentlichen Interesse« erforderlich sei.

Dementsprechend verkündete die »National-Zeitung« vom 30. August 1935:

»Fräulein Rosel Wessel aus der Gustavstraße verbrachte ihren 14tägigen Sommerurlaub in Holland, um dort vermeintlich ungesehen und ungeniert mit einem Juden das Strandleben auszukosten. Das artvergessene Mädel wurde zu jeder Zeit in Gesellschaft des Juden beobachtet. Ihr Arbeitgeber erteilte die richtige Antwort auf dies Verhalten, indem er die fristlose Entlassung aussprach. An Stelle des Judenliebchens Rosel, die aus Essen verwiesen ist, nimmt jetzt eine deutschdenkende Frau deren Arbeitsplatz ein.«

»Das »Berliner Tageblatt« vom 24. Juli 1935 meldete, daß in Leverkusen zwei Mädchen im Alter von 19 und 25 Jahren »wegen Umgangs mit Nichtariern in Schutzhaft genommen« worden seien.

Geradezu pervertiert berichtete die Westfälische Landeszeitung »Rote Erde« vom 22. Juli 1935 unter der Überschrift »Geständnisse jüdischer Wüstlinge« und den Zwischentiteln »Protokolle schamloser Verbrechen« und »Juden schänden deutsche Frauen und Mädchen« mit voller Namensnennung über angebliche sexuelle Ausschweifungen, wobei auf widerliche pornographische Ausmalungen nicht verzichtet wurde. Der Artikel endet mit dem Aufruf: »Immer wieder müssen wir predigen, und gerade aus den oben geschilderten Tatsachen geht es hervor: Frauen und Mädchen, die Juden sind euer Verderben!«

Daß bereits vor dem erwähnten Aufruf des »Westdeutschen Beobachters« öffentliche Anprangerungen erfolgten, geht aus den Meldungen des Hessischen Staatspolizeiamts Darmstadt hervor, von denen 3 als besonders aufschlußreich herausgegriffen seien.

15. März 1934: »Am 10. März 1934 wollte ein Jude aus Mainz-Kastel mit einem christlichen Mädchen die Ehe

schließen. Es kam vor dem Standesamt zu einer größeren Menschenansammlung. Da die Sicherheit des Brautpaares gefährdet war, wurde der Bräutigam vorübergehend in Schutzhaft genommen.«

9. April 1934: »Am 24. März 1934 wurde eine Frau, die mit Juden verkehrt hatte, von SA-Leuten, die je ein Schild mit der Aufschrift ›Judenliebchen‹ trugen, durch Groß-Karben geführt.«

16. April 1934: »Der Jude Willi Benndorf aus Ober-Ramstadt wurde in Schutzhaft genommen, weil er mit einem 17jährigen christlichen Mädchen den Beischlaf ausübte.«

Mit welchen Mitteln und Methoden auf die Standesbeamten Einfluß genommen wurde, zeigt ein im »Hamburger Tageblatt« vom 25. Juli 1935 erschienener Artikel, der unter der Überschrift »Fragen an einen Standesbeamten« und dem Untertitel »Martha Franziska Klinkforth war einmal eine Deutsche« folgende Ausführungen enthält:

»Drei Personen gehören in Deutschland immer noch dazu, um eine Ehe zu schließen. Mann, Frau und der Standesbeamte. Der Mann, Donat Wolf, war niemals für uns da, denn er ist Jude. Die Frau, Martha Franziska Klinkforth, ist nicht mehr für uns da, denn sie ist eine Verräterin. Der Standesbeamte aber ist Deutscher. Wir fragen ihn, ob er seine Hand reichen will, um diese Rassenschande gutzuheißen, ob er sich mitschuldig machen will an dieser Tat? Wir wissen, es gibt kein geschriebenes Gesetz, das ihn hindert, diese Ehe gutzuheißen. Aber, Herr Standesbeamter, eine Frage, ohne Haß und ohne damit einen Gewissenszwang auf Sie ausüben zu wollen: Werden Sie als Deutscher, nicht als Beamter, die feindliche Handlung vollziehen? Schreit in Ihnen nicht jeder Tropfen Blut, daß Sie nicht dürfen, daß hier Paragraphen nicht sprechen können, sondern das Gewissen?

Sagt Ihnen Ihr Gewissen nicht, daß Sie mitschuldig werden, wenn Sie dieses Aufgebot hängen lassen? Sind Sie nicht *erst* Deutscher, Volksgenosse, Kamerad unter Kameraden und dann erst Beamter? Sie werden uns sagen, Sie täten nur Ihre Pflicht? Vielleicht haben Sie recht, wenn Sie die Beamtenpflicht damit meinen und in Paragraphen denken. Wir sagen, Sie *versäumen* Ihre Pflicht. Dabei meinen wir Ihre Pflicht als Deutscher und setzen das Blut über Paragraphen.«

Unter dem Eindruck solcher Anwürfe gingen immer mehr Standesbeamte dazu über, derartige Aufgebote zu verweigern. Kam es dieserhalb zu Anklagen, wurden sie – beispielsweise vom Amtsgericht Bad Sülze – freigesprochen.

Zur Unterstützung einer solchen pervertierten Einstellung zum Recht wurde unter Mitwirkung der faschistischen Justizpressestelle ein Spielfilm gedreht, der den bezeichnenden Titel »Stärker als Paragraphen« führte und in seiner Aussage auf eine Negierung des Rechts hinzielte.

Am 15. September 1935 wurde durch das »Reichsbürgergesetz« und das »Gesetz zum Schutze des deutschen Blutes und der deutschen Ehre« die Verfolgung sogar in »rechtliche« Bahnen gelenkt.

Sowohl die Heirat als auch der außereheliche Verkehr zwischen Juden und sogenannten Ariern wurden unter Strafe gestellt, wobei die angedrohte Gefängnis- oder Zuchthausstrafe nach Kriegsbeginn von der Todesstrafe verdrängt wurde, was durch Heranziehung der »Verordnung gegen Volksschädlinge« vom 5. September 1939 möglich war.

Eine besondere Verächtlichmachung der jüdischen Bürger lag in der Vorschrift des § 3 des Blutschutzgesetzes, wonach ihnen die Beschäftigung weiblicher »arischer« Staatsangehöriger unter 45 Jahren in ihrem Haushalt verboten war. Ebenso zynisch war der Inhalt des § 4, der Juden das Hissen der Reichs- und Nationalflagge untersagte, dagegen das Zeigen der jüdischen Farben gestattete.

Das Blutschutzgesetz selbst hat eine Fülle außerrechtlicher Maßnahmen nach sich gezogen, wobei die Einlieferung der »Rassenschänder« in ein Konzentrationslager mit die schwerwiegendste war. Die aus solchen Gründen eingelieferten Frauen wurden hier mitunter zu Tode gepeitscht.

Es soll im folgenden nicht weiter auf das unermeßliche Leid eingegangen werden, das die faschistische Rassenpolitik den Menschen brachte (dazu gibt es eine umfangreiche Literatur), aber einige Auswüchse auf dem Gebiet der höchstrichterlichen Rechtsprechung seien zur Illustration der damaligen Verhältnisse – und auch zum Verständnis dessen, wie der jüdische Witz trotz aller Tragik auf solche Dinge reagierte – kurz aufgezeigt:

Das nur vorübergehende einmalige Zusammentreffen eines Juden mit einer berufsmäßigen »arischen« Dirne, bei dem es überhaupt nicht zum Geschlechtsverkehr kam, wurde im Urteil des II. Strafsenats des Reichsgerichts vom 7. Januar 1937 als versuchte Rassenschande gewertet, da »nicht die Rassenehre und Rassereinheit des einzelnen, sondern die Rassenehre des deutschen Volkes« geschützt werden müsse. »Ein Angriff auf das deutsche Blut und die deutsche Ehre kann deshalb auch dann vorliegen, wenn der Staatsangehörige deutschen Blutes selbst unwürdig, artvergessen ist.«

Nach einem Urteil des III. Strafsenats vom 9. Dezember 1937 war selbst bei einer Verweigerung durch den anderen Teil die Strafbarkeit gegeben, da »das Rechtsgut, das die Strafvorschrift schützen soll«, durch die Handlung des Angeklagten »bereits unmittelbar gefährdet« war.

Da das Verbot, deutschblütige weibliche Hausangestellte unter 45 Jahren zu beschäftigen, keinen Geschlechtsverkehr voraussetzte, wurde am 8. Oktober 1937 vom IV. Strafsenat ein jüdischer Rittergutsbesitzer lediglich deshalb verurteilt, weil er eine deutschblütige Hausschneiderin mehrere Wochen lang beschäftigt hatte.

In welch willkürlicher Weise sich das Reichsgericht über geltendes Recht hinwegsetzte, zeigt ein Urteil des II. Strafsenats vom 5. Dezember 1940, das »bei einer zur Umgehung des Blutschutzgesetzes im Auslande geschlossenen Ehe«, den ausländischen oder staatenlosen jüdischen Teil trotz der neuen Fassung des § 4 Abs. 3 StGB für strafbar erklärte. In Anbetracht der besonderen Bedeutung dieses Falles aus rechtshistorischer Sicht soll hier auf die Begründung näher eingegangen werden.

Das Urteil hatte sich mit dem Tatbestand auseinanderzusetzen, daß ein »Arier« im September 1938 in Prag eine staatenlose Jüdin geheiratet hatte. Wörtlich wird hierzu ausgeführt: »Da die ausländische Gesetzgebung, insbesondere die der Tschechoslowakei, kein der deutschen Gesetzgebung entsprechendes Rasserecht gekannt hat, war die Tat nach dem Rechte des Tatortes nicht mit Strafe bedroht (§ 3 Abs. 2 StGB n. F.). Gleichwohl zeigt schon die Tatsache, daß das Blutschutzgesetz die Auslandsehe ausdrücklich erfaßt, daß eine solche Tat nach dem gesunden Empfinden des deutschen Volkes auch unter Berücksichtigung der besonderen Verhältnisse des Tatortes ein strafwürdiges Unrecht ist.« Das Urteil kommt dann zu dem Schluß: »Bei der Bedeutung, die das Blutschutzgesetz als eines der Grundgesetze des nationalsozialistischen Staates hat, kann es keinem Zweifel unterliegen, daß das Verbrechen der Rassenschande nach gesundem Volksempfinden mindestens dann strafwürdig ist, wenn es im Auslande zur Umgehung des Blutschutzgesetzes begangen wird.«

Dieses Urteil ist insofern bedeutsam, als zum einen vom Blutschutzgesetz als einem »Grundgesetz des nationalsozialistischen Staates« gesprochen, zum andern das »gesunde Volksempfinden« als integrierender Bestandteil der faschistischen Rechtsprechung behandelt wird.

Daß der »Tatort Ausland« nicht nur hinsichtlich der Eheschließung, sondern auch des geschlechtlichen Verkehrs eine Rolle spielte, zeigt ein Urteil des Reichsgerichts vom 9. Februar 1940, wonach ein österreichischer Jude, der im Juli 1937 und Mai 1938 in der Tschechoslowakei mit einem »arischen« Mädchen verkehrt hatte, als strafbar galt. Als Begründung wurde angeführt: »Die Erreichung des Zieles des Blutschutzgesetzes, nämlich die Reinhaltung des deutschen Blutes, wäre aufs äußerste gefährdet, wenn Taten wie diese straflos blieben.«

Bemerkenswert ist in diesem Zusammenhang ein Beschluß des Großen Senats für Strafsachen vom 23. Februar 1938, nach welchem ein Jude deutscher Staatsangehörigkeit, der mit einer Staatsangehörigen deutschen Blutes im Ausland außerehelich verkehrte, strafbar war, »wenn er die deutsche Staatsangehörige veranlaßt hat, zu diesem Zwecke vorübergehend zu ihm ins Ausland zu kommen.« Mit peinlicher Genauigkeit folgerte der IV. Strafsenat in seinem Urteil vom 14. Oktober 1938: »Die im Ausland begangene Tat wurde nicht nur an dem Ort begangen, an dem sich der Geschlechtsakt vollzog, sondern auch im Gebiete des deutschen Reiches als dem Orte des strafbaren Erfolges.«

Daß das deutsche Reich nach dieser Definition in die Geschlechtsorgane der »Rassenschänderin« verlegt wurde, enthüllt eine besondere Seite der faschistischen Rabulistik und gehört – wenn man von den unmenschlichen Motiven absieht – in den Bereich des unbeabsichtigten politischen Witzes. Tiefer konnte eine Rechtsprechung nicht fallen, und der jüdische Witz, soweit er sich auf die Rassengesetze bezog, suchte vor allen Dingen den Widersinn solcher Auffassungen herauszustellen. Unter den Wiener Juden beispielsweise kursierte, als die Nürnberger Gesetze verkündet wurden und Österreich somit noch nicht zu Hitlerdeutschland gehörte, der folgende Witz:

Ein Pariser, ein Wiener und ein Berliner unterhalten sich über die Frauen.

»Bei uns«, sagt der Pariser, »schätzt man am meisten die reife, mondäne Frau.«

»Bei uns«, sagt der Wiener, »hat man die jungen, feschen und reichen Maderln am liebsten.«

»Bei uns«, sagt der Berliner, »ist die begehrteste Frau augenblicklich die arische Großmutter.«

Später erfuhr dieser Witz eine Erweiterung. Noch begehrter sei die »jüdische Urgroßmutter«, hieß es: Sie hat das Geld in die Familie gebracht und schadet nicht mehr!

Da die jüdische Herkunft, wie bereits erwähnt, anhand der Religionszugehörigkeit der Vorfahren nachgewiesen wurde und zum religiösen Ritus der Juden bekanntlich die Beschneidung gehört, verkündete ein Flüsterwitz, der deutsche Buchhandel sei von Goebbels aufgefordert worden, in Zukunft nur noch broschierte Bücher auf den Markt zu bringen, da jede Art von beschnittener Literatur mit Recht als volksfremd empfunden wird!

Dem willkürlich geschaffenen deutschen Rassenbewußtsein setzten die Juden in persiflierender Form ein eigenes entgegen, indem sie beispielsweise sagten:

»Ich bin stolz, daß ich ein Jude bin! Wenn ich nicht stolz bin, bin ich auch Jude. Da bin ich schon lieber gleich stolz!«

Auch die Anekdote von jenem jüdischen Reisenden,

der zu spät auf den Bahnsteig kommt und beim Anblick der in der Ferne verschwindenden letzten Wagen des Zuges ausruft: »Alles Antisemitismus!«, ist in diesem Zusammenhang zu nennen.

Die gleiche Selbstironie kam in der Schaffung der legendären Gestalt des sogenannten »Büfett-Juden« zum Ausdruck, eines tragikomischen Mannes, der immer wieder erklärte, er könne ja emigrieren, aber in die neue Wohnung, die man ihm in Aussicht stellte, passe sein Büfett nicht hinein – und so bleibe er lieber in Deutschland.

Die Nürnberger Gesetze brachten natürlich auch den Gerüchten von einer jüdischen Abstammung Hitlers neuen Auftrieb, schon um von diesem Aspekt her die nazistische Rassenpolitik ad absurdum zu führen. Hierzu gab es folgenden Witz:

Ein Jude hört, es würde fest behauptet, daß auch Hitler jüdisches Blut in den Adern habe. Da erbleicht er und stöhnt: »Das ist nicht recht, daß man uns den auch noch in die Schuhe schieben will!«

Je länger die Zeit der Verfolgung dauerte, um so größer wurde der Zusammenhalt der Juden untereinander, und es kam zu einer Gemeinschaft, wie sie vorher nie vorhanden war. Auch dies wurde Thema des jüdischen Witzes:

Ein Jude kommt an einem Bettler vorüber, welcher auf der Brust eine Tafel mit der Aufschrift trägt: »Vollständig blind. Nehme nichts von Juden.«

Der Jude tritt nervös auf den Mann zu und flüstert: »Ich gebe Ihnen fünf Mark – aber bitte, entfernen Sie die Tafel.«

»Auf Ihre Ezes habe ich gewartet«, entgegnet der blinde »Nazi«. »Wollen Sie mich lehren, wie man bei diesen Banditen bettelt!«

Die gemeinsame Not verhalf zu vielerlei Listen, und als die Deportationen in die Vernichtungslager begannen, gelang es nicht wenigen Juden, irgendwo unterzutauchen, wobei viele Bürger unter Einsatz ihres Lebens Hilfe leisteten.

Erstaunlich und vielleicht sogar einmalig ist es, daß selbst bei diesem Stand der Entwicklung der jüdische Witz nicht zum Schweigen kam. So wurde erzählt, ein Jude habe sich, als er bei einem aus seiner Schulzeit bekannten Freund um Unterschlupf bat und dieser ängstliche Bedenken äußerte, resigniert verabschiedet, nicht ohne jedoch eine Flasche Wein zurückzulassen.

»Was soll ich damit?« fragte der Freund verständnislos.

»Dann kannst du später mit gutem Gewissen behaupten«, erklärte der Jude, »du hättest im Keller einen gewissen Oppenheimer versteckt gehabt!«

An die Grenze des Makabren ging ein Witz, der jedoch zugleich zeigte, wie selbst in Stunden höchster Gefahr eine Art geistigen Obsiegens erfolgte:

Zwei Juden sollen von einer faschistischen Militäreinheit erschossen werden.

Kurz vor der Exekution wird ihnen eröffnet, daß sie nicht erschossen, sondern erhängt werden sollen.

»Siehst du«, sagt der eine Jude zum andern, »nicht einmal Munition haben sie mehr!«

Ein anderer Witz spielte ebenfalls am Ende des Krieges. Hitler ist wegen der aussichtslosen militärischen Lage völlig verzweifelt und erinnert sich an jenen Wunderrabbi in Theresienstadt, den er schon einmal konsultiert hatte. Er läßt ihn zu sich bringen und fährt ihn an: »Eins will ich jetzt klipp und klar wissen! Wer ist schuld daran, daß alle meine Armeen geschlagen worden sind?«

»Die jüdischen Generäle«, erwidert der Wunderrabbi.

»Ich habe überhaupt keine jüdischen Generäle!« brüllt Hitler.

»Sie nicht, Herr Führer, aber die anderen!»

Frühlingsreinemachen

Epilog

Köpfe abschlagen ist nicht sehr klug.
Die Stecknadel, der man den Kopf abschlug,
Fand, der Kopf sei völlig entbehrlich,
Und ward nun vorn und hinten gefährlich.

Diese Worte Erich Kästners könnten ein Fazit sein. Aber nicht nur das. Sie sind Anklage und Fazit zugleich. Der politische Witz im faschistischen Deutschland ist nicht von selbst entstanden, er war keine egoistische Eigengeburt: er wurde herausgefordert. Herausgefordert von einem System, das über Leichen ging und am Ende Millionen von Opfern hinterließ. Die Opfer gehörten verschiedenen Völkern an, verschiedenen Rassen, verschiedenen Klassen, verschiedenen Religionen, verschiedenen Anschauungen. Was sie einte, war das gemeinsame Schicksal. Auch der gegen Hitler gerichtete Flüsterwitz machte keine Unterschiede. Er verband alle: den Arbeiter und den Intellektuellen, den Kommunisten und den Juden, den Ungläubigen und den Christen; denn er hatte mit ihnen einen gemeinsamen Feind: den menschenverachtenden Faschismus. Dieser reagierte brutal. Er schlug der Stecknadel den Kopf ab – und nun ward sie »vorn und hinten« gefährlich. Man hat gesehen, wie gefährlich sie wurde. Sie durchdrang alle Schichten und stach überall zu. Und den letzten Stich vollführte sie gegen Hitler selbst. Er – nicht sie – fiel zu Boden! Und mit ihm eine fluchbeladene, gräßliche Weltmacht. Die Stecknadel ist geblieben, spitz an beiden Enden, und wer Lust und Muße hat, kann sie betrachten. Sie hat vielerlei Farben (je nachdem, welches Licht auf sie fällt), und sogar im vielzitierten Heuhaufen würde man sie wiederfinden: denn sie kann reden! Ihre Sprache ist der Flüsterton, doch zuweilen klingt er wie ein Schrei. Und oft wie ein Lachen, wie ein freies, ungebundenes Lachen. Dann ist es das Lachen derer, denen es einst aus der Kehle drang und von denen viele nicht mehr leben. An sie sei erinnert, wenn wir dieses Buch aus der Hand legen …

Quellenverzeichnis der Bilder

Seite 10 John Heartfield AIZ Nr. 1 v. 3. 1. 1935, Fotomontage
31 Walter Trier, 1944. Aus: »Das große Trierbuch« Eulenspiegelverlag 1984
45 Carl Meffert. Aus der Folge: »Mein Kampf« 1938/39
63 Walter Trier. Aus: »Das große Trierbuch« Eulenspiegelverlag 1984
81 George Grosz, 1935. »Interregnum«, New York 1936
93 Walter Trier. Aus: »Nazi-Duitsch in 22 Lessen« 1944
105 Walter Trier, 1944. Aus: »Das große Trierbuch« Eulenspiegelverlag 1984
118 John Heartfield. AIZ Jg. XIII Nr. 14 v. 5. 4. 1934, Fotomontage
125 John Heartfield. AIZ Jg. XIII Nr. 27 v. 5. 7. 1934, Fotomontage
144 John Heartfield. Fotomontage für die AIZ, 1934
154 Urheber unbekannt. In: AIZ, 1933, Nr. 16, S. 300
155 Urheber unbekannt.
156 Urheber unbekannt.
157 Urheber unbekannt.
187 Urheber unbekannt. In: »Die Karikatur des 3. Reiches«, simplicus-Verlag, Prag 1934
201 Walter Trier, 1944. Aus: »Das große Trierbuch« Eulenspiegelverlag 1984
223 John Heartfield. AIZ v. 7. 6. 1934, Fotomontage
237 John Heartfield. Fotomontage für die AIZ, 1933
251 Walter Trier, 1945. Aus: »Das große Trierbuch« Eulenspiegelverlag 1984

Wir danken dem Heartfield-Archiv der Akademie der Künste, Berlin, für die freundliche Bereitstellung des Bildmaterials.

Übersicht